中国轻工业“十四五”规划立项教材
“互联网+”新形态立体化教学资源特色教材

仓储与配送管理实务

主　编◎王海英　井　莉　申纲领
副主编◎范方舟　马　萌　邢祥焕　张丛珍
参　编◎刘秀敏　张洋洋

中国轻工业出版社

图书在版编目（CIP）数据

仓储与配送管理实务 / 王海英，井莉，申纲领主编
. —北京：中国轻工业出版社，2023.2
ISBN 978-7-5184-4103-7

Ⅰ. ①仓… Ⅱ. ①王… ②井… ③申… Ⅲ. ①仓库管理—高等职业教育—教材②物资配送—物资管理—高等职业教育—教材 Ⅳ. ①F253②F252.14

中国版本图书馆CIP数据核字（2022）第152776号

责任编辑：张文佳　　责任终审：张乃柬　　整体设计：锋尚设计
文字编辑：韩　泽　　责任校对：吴大朋　　责任监印：张　可

出版发行：中国轻工业出版社（北京东长安街6号，邮编：100740）
印　　刷：三河市国英印务有限公司
经　　销：各地新华书店
版　　次：2023年2月第1版第1次印刷
开　　本：787 × 1092　1/16　印张：16.75
字　　数：400千字
书　　号：ISBN 978-7-5184-4103-7　定价：49.80元
邮购电话：010-65241695
发行电话：010-85119835　传真：85113293
网　　址：http://www.chlip.com.cn
Email：club@chlip.com.cn
如发现图书残缺请与我社邮购联系调换
211631J2X101ZBW

前言

仓储与配送活动作为现代物流系统中的重要环节，涉及物流管理和物流技术等多个领域，对保持社会再生产的顺利进行起着非常重要的作用。现代物流业的发展，为国民经济和企业的发展带来了巨大的经济效益，成为我国经济发展的一个新的增长点。本书根据仓储与配送活动和仓储与配送管理的特点，深入浅出，系统全面地介绍了仓储及仓储管理、配送及配送中心的知识技能体系，包括仓储管理概述、商品的出入库管理、商品的储存、配送与配送中心认知、订单处理作业、配送成本与绩效管理、配送中心客户及营销管理等。

本书的特点主要体现在以下几个方面：

（1）本书根据高等职业教育人才培养目标，从职业岗位分析入手，以掌握实践技能为目的，以“必需、够用、适用”为原则，确定课程内容。

（2）突出案例和实训环节，可操作性强。在编写体例上突出了“互动性”和“应用性”，各项目均设置了案例导入、项目小结、知识巩固、技能实训等栏目。

（3）本书编写均以国家最新颁布或者修改的物流专业术语为内容，使教材具有鲜明的新颖性和实用性。

本书可供高等职业院校现代物流管理、工商管理、电子商务、跨境电子商务等专业的学生使用，也可作为相关专业学生及相关从业人员、管理者的学习用书。全书根据高等职业教育的特点，精选和提炼教学内容，尽量反映配送和仓储管理实践中的最新成果，理论联系实际，注重实际应用，力求提高学生的实践技能。

本书由商丘职业技术学院王海英、井莉，郑州升达经贸管理学院申纲领担任主编；商丘职业技术学院范方舟，新乡职业技术学院马萌，山西铁道职业技术学院邢祥焕，新疆大学张丛珍担任副主编；商丘职业技术学院刘秀敏、张洋洋参编。具体编写及分工如下：申纲领编写了项目一、项目二、项目三、项目四，马萌、邢祥焕编写了项目五，张丛珍编写了项目六、项目七，王海英编写了项目八，刘秀敏编写了项目九，范方舟编写了项目十，井莉编写了项目十一、项目十四，张洋洋编写了项目十二、项目十三。

在编写过程中参阅了大量的著作、文献，借鉴了国内外同行专家的很多研究成果，得到了有关部门及学校领导、专家和教师的大力支持，并提出了许多宝贵的意见和建议，在此一并致谢！

由于作者水平和编写时间有限，书中难免存在不足之处，恳请广大读者批评指正。

编者

目录

上篇 仓储

上篇

仓储

项目一 仓储管理概述

【知识目标】

1. 明晰仓储管理的含义
2. 熟悉仓储的种类
3. 了解仓储的基本功能

【技能目标】

1. 能识别各种仓库
2. 能简单规划仓库
3. 能制定仓储组织的目标

【素质目标】

1. 明确保管员的岗位职责，应做到遵纪守法、爱岗敬业
2. 形成一定的创新精神，提高实践能力

思维导图

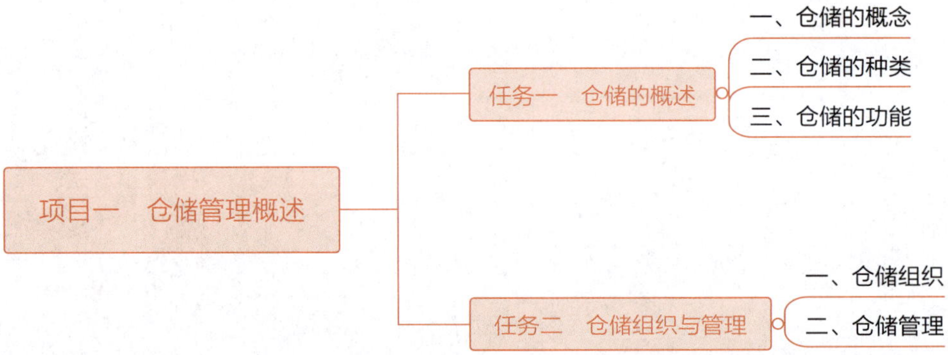

案例导入

许昌某医疗用品公司的库存管理

许昌某医疗用品公司2022年经营的产品有56个品种，共有69个客户购买其产品，年营业额为2800万元人民币。对于这样的公司而言，由于产品交货期较长，库存占用资金大，因此库存管理显得尤为重要。

该公司按销售额的大小，将其经营的56个品种排序，划分为ABC三类。排序在前5位的产品占到总销售额的80%，因此把它们归为A类产品；第6～15种产品占到总销售额的15%，把它们归为B类；其余的41种产品（共占销售额的5%），将其归为C类。

对于A类产品，公司实行了连续性检查策略，每天检查库存情况，随时掌握准确的库存信息，进行严格控制；在满足客户需要的前提下维持尽可能低的经常量和安全库存量，通过与供应商的协商，对运输时间做了认真的分析，算出了该类产品的订货前置期为1个月（也就是从下订单到货再到仓库，需要1个月的时间）。

由于该公司的产品每个月的销售量不稳定，因此每次订货的数量就不同，需要按照实际的预测数量进行订货。为了预防预测的不准确和工厂交货的不准确，还要保持一定的安全库存，安全库存是下一个月预测销售数量的1/3。

该公司实行了产品库存的ABC管理以后，虽然A类产品占用了最多的时间、精力进行管理，但得到了满意的库存周转率。而B类和C类产品，虽然库存的周转率较慢，但相对于其很低的资金占用和很少的人力支出来说，这种管理也属于好的方法。

问题提出：

1. 什么是仓储管理？
2. 仓储管理的功能有哪些？
3. ABC管理法的目的是什么？

任务一　仓储的概述

一、仓储的概念

“仓”也称为仓库，是存放物品的场地或建筑物；“储”表示收存以备使用，具有收存、保管、交付使用的意思。仓储是对流通中的商品进行检验、保管、加工、集散和转换运输方式，并解决供需之间和不同运输方式之间的矛盾，提供场所价值和时间效用，使商品的所有权和使用价值得到保护，加速商品流转，提高物流效率和质量，促进社会效益的提高。

仓储是连接生产、供应、销售的中转站，对提高生产效率起着重要的辅助作用。同时，围绕着仓储实体活动，清晰准确的报表、单据账目、会计部门核算的准确信息也在进行着，因此仓储是物流、信息流、单证流的合一。仓储是商品流通的重要环节之一，也是物流活动的重要支柱，是加快资金周转，节约流通费用，降低物流成本和提高经济效益的有效途径。

中华人民共和国国家标准《物流术语》（GB/T　18354—2021）给仓储下的定义是：“利用仓库及相关设施设备进行物品的入库、存贮、出库的活动。”

二、仓储的种类

（一）按仓储经营主体划分

1. 企业自营仓储

企业自营仓储包括生产企业和流通企业的自营仓储。生产企业自营仓储是生产企业使用自有的仓库设施对生产使用的原材料、生产的中间产品、最终产品实施储存保管的行为，其储存的对象较为单一，以满足生产为原则。流通企业自营仓储是流通企业以其拥有的仓储设施对其经营的产品进行储存保管的行为，仓储对象种类较多，其目的是支持销售。

企业自营仓储行为不具有独立性，仅仅是为企业的产品生产或商品经营活动服务。相对来说，规模小、数量众多、专用性强，而仓储专业化程度低，设施简单。企业自营仓储为自用仓储，一般不开展商业性仓储经营。

2．商业营业仓储

仓储经营人以其拥有的仓储设施，向社会提供商业性仓储服务的仓储行为。仓储经营人与存货人通过订立仓储合同的方式建立仓储关系，并且依据合同约定提供服务和收取仓储费。商业营业仓储的目的是在仓储活动中获得经济回报，实现经营利润最大化，包括采取提供货物仓储服务和提供仓储场地服务。例如，中国物资储运公司就是典型的向社会提供以仓储服务为主的物流服务企业，该公司在全国20多个城市有物流中心64个，各地仓储设施占地1300万平方米，其中，货场面积450万平方米，库场面积200多万平方米，仓储面积居全国同类企业之首，年吞吐货物5300万吨，年平均库存300万吨。

3．公共仓储

公共仓储是公用事业的配套服务设施，为车站、码头提供仓储配套服务，其运作的主要目的是保证车站、码头的货物作业，具有内部服务的性质，处于从属地位。但对于存货人而言，公共仓储也适用营业仓储的关系，只是不独立订立仓储合同，而是将仓储关系列在作业合同之中。

4．战略储备仓储

国家根据国防安全、社会稳定的需要，对战略物资实行储备而产生的仓储。战略储备由国家政府进行控制，通过立法、行政命令的方式进行。战略储备特别重视储备品的安全性，且储备时间较长。战略储备物资主要有粮食、油料、能源、有色金属等。

（二）按仓储对象划分

1．普通物品仓储

普通物品仓储为不需要特殊保管条件的物品仓储。一般的生产物资、普通生活用品、普通工具等杂货类物品，不需要针对货物设置特殊的保管条件，采取无特殊装备的通用仓库或货场存放。

2．特殊物品仓储

特殊物品仓储为在保管中有特殊要求和需要满足特殊条件的物品仓储，如危险物品仓储（需要用监控、调温、防爆、防毒、泄压等装置）、冷库仓储、粮食仓储等。特殊物品仓储一般为专用仓储，按照物品的物理、化学、生物特性，以及法律规定进行仓库建设和实施管理。

（三）按仓储物的处理方式划分

1．保管式仓储

保管式仓储为以保管物原样保持不变的方式所进行的仓储。保管式仓储也称为纯仓储，存货人将特定的物品交由保管人进行保管，到期保管人将原物交还存货人。保管物除了所发生的自然损耗和自然减量外，数量、质量、件数不发生变化。保管式仓储又分为仓储物独立保管仓储和将同类仓储物混合在一起的混藏式仓储。

2. 加工式仓储

加工式仓储是指保管物在保管期间，保管人根据委托人的要求对保管物的外观、形状、成分构成、尺度等进行加工，使仓储物发生委托人所希望的变化。例如，木材的加工仓储：保管人可以针对造纸厂的需要将木材磨成木屑，进行压缩装载；针对家具厂的需要将原木材加工成板材或剪切成不同形状的材料；针对木板厂的需要将树枝、树杈、碎木屑以及其他材料制成复合木板等。

3. 消费式仓储

消费式仓储为保管人在接收保管物时，同时接收保管物的所有权，保管人在仓储期间有权对仓储物行使所有权，在仓储期满，保管人将相同种类、品种和数量的替代物交还给委托人所进行的仓储。消费式仓储特别适合于保管期较短的物资（如农产品）和市场供应价格变化较大的商品长期存放，具有一定的商品保值和增值功能，是仓储经营人利用仓储物开展经营的增值活动，已成为仓储经营的重要发展方向。

三、仓储的功能

（一）仓储的基本功能

1. 储存功能

储存是指在特定的场所，将物品收存并进行妥善的保管，确保被储存的物品不受损害。现代社会生产的一个重要特征就是专业化和规模化生产，劳动生产率高、产量大，绝大多数产品都不能被及时消费，需要经过仓储手段进行储存，这样才能避免生产过程堵塞，保证生产过程能够继续进行。因为有了产品剩余，需要将剩余产品收存，就形成了仓储。储存的对象必须是有价值的产品，要在特定的场地和必须将存储物移到存储地进行，储存的目的是确保存储物的价值不受损害，保管人有绝对的义务妥善保管好存储物：存储物始终属于存货人所有，存货人有权控制存储物。

物品的储存有可能是长期的储存，也有可能只是短时间的周转储存。进行物品储存既是仓储活动的表征，也是仓储最基本的任务。

2. 保管功能

（1）数量管理。仓储的数量管理包括两个方面：一方面是存货人交付保管的仓储物的数量和提取仓储物的数量必须一致；另一方面是保管人可以按照存货人的要求分批收货和分批出货，对储存的物品进行数量控制，配合物流管理的有效实施，同时向存货人提供存货数量的信息服务，以便客户控制存货。

（2）质量管理。生产出的产品在消费之前必须保持其使用价值，否则将会被废弃。这项任务就需要由仓储来承担，在仓储过程中对产品进行保护、管理，防止损坏而丧失价值，因此在保管过程中就要选择合适的储存场所，采取先进的技术、合理的保管措施、合适的养护措施，妥善和勤勉地保管仓储物，以保证仓储物的质量不发生变化。仓储物发生危险时，保管人不仅要及时通知存货人，还需要及时采取有效的措施减小损失。

3．流通调控功能

仓储的时间既可以长期进行也可以短期开展，存期的控制自然就形成了对流通的控制。另外，由于流通中的需要，决定了在一定时期内物品是储存还是流通，这也就是仓储的“蓄水池”功能；当交易不利时，将物品储存，等待有利的交易机会。流通控制的任务就是对物品是仓储还是流通做出安排，确定储存时机、计划存放时间，当然还包括储存地点的选择。对于销售过程来说，储存尤其是季节性储存可以为企业的市场营销创造良机。

（二）仓储的增值服务功能

1．交易中介功能

仓储经营人不但拥有大量存放在仓库里的有形资产，同时还拥有与物品使用部门广泛的业务联系，因此具有开展现货交易中介较为便利的条件。这样不但便于物品使用部门的使用，更有利于吸引仓储和加速仓储物的周转。仓储经营人利用仓储物开展物品交易不仅会给仓储经营人带来收益，还能充分利用社会资源，加快社会资金周转，减少资金沉淀。交易功能的开发是仓储经营发展的重要方向。

2．流通加工功能

流通加工将部分产品加工工序从生产环节转移到了流通环节。加工本是生产的环节，但是随着满足消费多样化、个性化、变化快的产品生产的发展，又为了严格控制物流成本，生产企业可以将产品的定型、分装、组装、装潢等工序留到最接近销售的某些环节进行。由于仓储环节中物品处于停滞状态，很适合在这一地点进行流通加工，这样既不影响商品的流通速度，又能满足客户的需要，因此仓储成为流通加工的重要环节。

3．配送功能

一些从事原材料、零部件或产成品生产的仓储区被设置在距离生产和消费地区比较近的地方，这样的仓储区就可以把对生产车间和销售点的配送作为自己的一项基本业务。仓储配送业务的发展，有利于生产企业降低存货，减少固定资金投入，实现准时制生产；零售企业也可以减少存货，降低流动资金使用量，且能保证销售。

4．运输整合和配载功能

基于运输的费用率随着运量的增大而减少的规模经济现象，尽可能大批量的运输是节省运费的有效手段。将连续不断产出的产品集中成大批量提交运输，或者将众多供应商所提供的产品整合成一票运输等运输整合需要通过仓储来进行。在运输整合中还可以对产品进行成组、托盘化等作业，使运输作业效率提高。

大多数运输转换仓储都具有配载的任务。货物在仓库集中集货，按照运输的方向进行分类仓储，当运输工具到达时出库装运。而在配送中心就是在不断地对运输车辆进行配载，确保配送的及时进行和运输工具的充分利用。

5．仓单质押功能

（1）仓单质押的含义。仓单质押是最近几年刚刚兴起的新型物流服务。仓单质押是客户把商品存储在仓库中，然后可以凭借仓库开具的商品仓储凭证——仓单向银行申请贷款，银行根据存储商品的价值向客户提供一定比例的贷款，同时由仓库代理监管商品。

（2）仓单质押的业务过程。仓单是仓库接受客户委托，将货物收存入库后向存货人开具的证明存货情况的存单。它是提取寄存货物的证明文件，表明了仓库与客户之间的委托关系。

（三）仓储增值服务的主要途径

1．增加便利性的服务

一切能够简化手续、简化操作的服务都是增值性服务。简化是相对于消费者而言的，并不是说服务的内容简化了，而是指为了获得某种服务，以前需要消费者自己做的一些事情，现在仓储服务提供商以各种方式代替消费者做了，从而使消费者获得的这种服务变得简单，而且更加方便，这自然增加了商品或服务的价值。在提供仓储服务时，推行一条龙的门到门服务、提供完备的操作或作业提示、免费培训、包维修、省力化设计或安装、代办业务、24小时营业、自动订货、传递信息和转账［可利用电子订货系统（EOS）、电子数据交换（EDI）等］、物流全过程追踪等都是对客户有用的增值性服务。

仓单质押

2．加快反应速度的服务

快速反应已经成为物流发展的动力之一。仓储企业作为物流系统的重要组成部分也要适应这种发展要求。传统的观念和做法将加快反应速度变成单纯对快速运输的一种要求，而现代物流的观点认为，可以通过两种途径使过程变快：一是提高运输基础设施和设备的效率，如修建高速公路、铁路运行提速、制定新的交通管理办法、提高运输工具本身的行驶速度等，这是一种速度的保障。但这种依靠基础设施效率的提高来保障速度，在大多数情况下仓储企业本身并没有办法保证，在需求方对速度的要求越来越高的情况下，它就变成了一种约束，因此必须想其他的办法来提高速度。二是具有重大推广价值的增值性服务方案，应该是优化仓储中心、配送中心、物流中心网络，重新设计适合客户的流通渠道，以此来减少仓储过程中的环节，简化仓储管理的过程，从而提高整个仓储系统的快速反应能力。

3．降低仓储成本的服务

通过提高增值性仓储服务，寻找能够降低仓储成本的解决方案。可以考虑的解决方案包括：采用第三方物流服务来获得仓储设计方案；采用比较适合企业能力但投资较少的仓储设施和设备，或推行现代仓储管理技术，如运筹管理技术、单品管理技术、条码技术和信息技术等，提高仓储作业的效率和效益，降低仓储成本。

4．延伸服务

运用计算机管理的思想，向上可以延伸到市场调查与预测、采购及订单处理，向下可以延伸到仓储咨询、仓储系统设计、仓储方案的规划与选择、库存控制与决策建议、贷款回收与结算、教育与培训等。关于结算功能，仓储的结算不仅仅是仓储费用的结算，在从事代理、配送的情况下，仓储企业还要替货主向收货人结算货款。关于需求预测功能，仓储企业应该负责根据仓库的进货、出货信息来预测未来一段时间内的商品进出库量，进而预测市场对商品的需求，从而指导客户订货。关于仓储系统设计咨询功能，仓储企业要充当客户的仓储管理专家，为客户设计仓库系统，代替他们选择和评价运输网、仓储网和其他物流服务供应商。关于培训与教育功能，仓储企业的运作需要得到客户的理解与支持，通过向客户提供仓储知识培训服务来培养其对仓储经营者的认同感，提高客户的仓储管理水平，并将仓储经营管理者的要求传达给客户，这样便于确立仓储作业标准。延伸服务最具有增值性，但也是最难提供的服务。目前，能否提供此类增值服务已作为仓储企业是否真正具有竞争力的评价标准。

任务二　仓储组织与管理

一、仓储组织

（一）仓储组织的概念

仓储组织就是按照预定的目标，将仓库作业人员与仓库储存手段有效地结合起来，完成仓库作业过程各环节的职责，为商品流通提供良好的储存劳务。

（二）仓储组织的目标

仓储组织的目标是按照仓储活动的客观要求和仓储管理上的需要，把与仓储有直接关系的部门、环节、人和物尽可能地合理组织搭配起来，使他们的工作协调、有效地进行，加速商品在仓库中的周转，合理地使用人力、物力，以取得最大的经济效益。用一句话来说明合理进行仓储组织的目标就是实现仓储活动的“快进、快出、多储存、保管好、费用省”。

1. 快进

物品运抵到港口、车站或企业仓库专用线时，要以最快的速度完成物品的接运、验收和入库作业活动。

2. 快出

物品出库时，要及时、迅速和高效率地完成备料、复核、出库和交货清理作业活动。

3. 多储存

在库容合理规划的基础上，最大限度地利用有效的储存面积和空间，提高单位面积的储存量和面积利用率。

4. 保管好

按照物品的性质和储存条件的要求，合理安排储存场所，采取科学的保管方法，使其在保管期内质量完好、数量准确。

5. 费用省

物品输入和输出，即物资吞吐运行过程中各业务作业环节，都要努力节省人力、物力和财力消耗，以最低的仓储成本取得最好的经济效果。

（三）仓储组织的原则

1. 保证仓储作业过程的连续性

连续性是指物品在仓储作业过程中的流动，在时间上是紧密衔接的、连续的。物品在库存期间经常处在不停的运动之中，从物品到库后的卸车、验收、库内搬运、堆码，再到出库时的备料、复核、装车等，都是一环紧扣一环，互相衔接的。因此，在组织仓储作业过程时，要求物品在各个环节或工序之间的流动，在时间上尽可能衔接起来，不发生或少发生各种不必要的停顿或等待时间。

2．实现仓储作业过程的比例性

比例性是指仓储作业过程的各个阶段、各个工序之间在人力、物力的配备和时间的安排上必须保持适当的比例关系。例如，验收场地和保管场地之间、运输力量和搬运力量之间、验收人员和保管人员之间、验收时间和收发货时间之间等，都要有一个适当的比例。保持作业过程的比例性，可以充分利用人力和设备，避免和减少物资在各个作业阶段与工序的停滞和等待，从而保证作业过程的连续性。

（四）仓储组织活动

从整个仓储活动来看，仓储组织活动可分为作业过程的空间组织和时间组织。

1．空间组织

仓储作业过程的空间组织就是正确确定仓储作业的路线，保证物品在空间上的最短运动路线和仓储空间的有效利用。例如，在安排仓储作业路线时，应避免物品在作业过程中的迂回和往返运动。作业过程的空间组织主要通过仓储作业场地的合理布置和作业班组的合理划分来实现，即在划分生产过程中，应根据物品仓储的特点，使物品在生产过程中径直前进，避免往返运转。为此，一方面要合理地划分作业班组；另一方面，要保证仓储设施的合理布局。作业班组的设置主要根据仓库的吞吐规模、储存物品类别和生产流程的特点等因素而建立，一般按照专业化形式设置班组。例如，装卸搬运队专门负责物品的装卸、搬运、堆码；验收组专门负责物品的验收等。

2．时间组织

仓储作业过程的时间组织就是通过各个环节作业时间的合理安排和衔接，保证作业的连续进行。前者要求最大限度地节省时间，后者要求作业连续进行，尽可能消除或减少作业过程中的停顿或等待时间。物品仓储作业的时间，主要取决于供货合同的规定，但仓储活动的各环节是否合理，同样影响着作业时间，特别是急需物品，各道工序的结合方式直接影响作业时间。有的仓库实现一次性作业，卸车验收、搬运等可连续进行，一次进入货位堆码。当然，在工序时间上的结合方式与机械化程度、设备能力、工人技术水平有关。作业过程的时间组织是一个比较复杂的问题，为此仓储作业过程的时间组织应综合考虑各方面的条件和可能。

二、仓储管理

（一）仓储管理的含义

仓储管理是对仓库及仓库内的物品所进行的管理，是仓储机构为了充分利用所具有的仓储资源，提供高效的仓储服务，所进行的一系列计划、组织、控制和协调的过程。具体来说，仓储管理包括仓储资源的获得、经营决策、商务管理、作业管理、仓储保管、安全管理、人力资源管理、经济管理等一系列管理工作。

仓储管理的内涵随其在社会经济领域中作用的不断扩大而变化。仓储已经从单纯意义上的对货物的存储管理发展成为物流过程的中心环节，它的功能已不是单纯的货物存储，而是兼有包装、分拣、流通加工、配载、仓储金融等多种增值服务功能。因此，广义的仓储管理还包括对这些工作的管理。

（二）仓储管理的任务

1．配置仓储资源

配置仓储资源也应依据所配置的资源来获得最大效益为原则。仓储管理就需要营造本仓储机构的局部效益空间，吸引资源的投入，具体任务包括：根据市场供求关系确定仓储的建设；依据竞争优势选择仓储地址；以生产差别产品决定仓储专业化分工和确定仓储功能；以所确定的功能决定仓储布局；根据设备利用率决定设备配置等。

2．组建仓储管理机构

仓储管理机构是开展有效仓储管理的基本条件，是一切管理活动的保证和依托。仓储管理机构的确定需围绕着仓储经营的目标，以实现仓储经营的最终目标为原则，依据管理幅度、因事设岗、责权对等的原则，建立结构简单、分工明确、互相合作的管理机构和管理队伍。

仓储管理机构因仓储机构的属性不同，分为独立仓储企业的管理机构和附属仓储机构的管理机构。一般都设有内部行政管理机构、商务机构、库场管理、机械设备管理、安全保卫、财务及其他必要的机构。仓储内部大都实行直线职能管理制或事业部制的管理机构。

3．开展仓储商务活动

仓储商务活动是仓储对外的经济联系，包括市场定位、市场营销、交易和合同关系、客户服务、争议处理等。仓储商务活动是经营仓储生存和发展的关键工作，是经营收入和仓储资源充分利用的保证。

4．组织仓储生产

仓储生产包括物品入仓、堆存、出仓的作业，仓储物验收、理货交接和在仓储期间的保管照料、质量维护、安全防护等。仓储生产的组织遵循高效、低耗的原则，充分利用机械设备、先进的保管技术和高效的管理手段，实现仓储快进、快出，提高仓储利用率，降低成本，防止发生差、损、错事故，保持连续、稳定的生产。

5．树立仓储企业形象

企业形象是指企业展现在社会公众面前的各种感性印象和总体评价的整合，包括企业及产品的知名度、社会的认可程度、美誉度、企业的忠诚度等方面。企业形象是企业的无形财富，良好的形象可以促进产品的销售。作为产业服务的仓储业，其企业形象所面向的对象主要是生产和流通经营者，其企业形象的建立主要通过服务质量、产品质量、诚信和友好合作获得，并通过一定的宣传手段在潜在客户中推广。在现代物流管理中，对服务质量的高度要求、对合作伙伴的充分信任促使作为物流业的仓储企业形象的建立极为必要，具有良好形象的仓储经营人才能在物流体系中占据一席之地，适应现代物流的发展。

6．提高仓储管理水平

某仓库储存空间分析

任何企业的管理都不可能一成不变，需要随着形势的发展不断发展，从而适应新的变化。仓储管理也要根据企业经营目标的改变和社会需求的变化而改变面貌。管理也不可能一步到位，一开始就设计出一整套完善的管理制度实施于企业，这样不仅教条，而且不可执行。仓储管理要从简单管理到复杂管理、从直观管理到系统管理，在管理实践中不断补充、修正、完善，不断提高，实行动态的仓储管理。

7．提高仓储企业员工素质

员工的素质包括员工每个人的技术素质和精神素质。通过不断的、系统的培训和严格的考核，保证每个员工熟练掌握其应有的操作技能、管理技术和理论知识，且要求精益求精，跟上技术和知识的发展并保持不断更新；了解岗位的工作制度和操作规程；明确岗位所承担的责任。

（三）仓储管理的基本原则

1．效率原则

仓储的效率原则表现在仓容利用率、货物周转率、进出库时间、装卸车时间等指标上，表现出“快进、快出、多储存、保管好”的高效率仓储。

2．经济效益原则

厂商生产经营的目的是追求获得最大化利润，这是经济学的基本假设条件，也是社会现实的反映。利润是经济效益的表现，实现利润最大化就需要做到经营收入最大化和经营成本最小化。作为参与市场经济活动主体之一的仓储企业，也应围绕着获得最大经济效益的目的进行组织和经营。

3．服务原则

仓储活动本身就是向社会提供服务产品。服务是贯穿仓储中的一条主线，从仓储的定位、仓储的具体操作，到对储存货物的控制都围绕着服务进行。仓储管理就需要围绕着服务定位，如何提供服务、改善服务、提高服务质量开展管理，包括直接的服务管理、以服务管理和以服务为原则的生产管理。

仓储的服务水平与仓储经营成本有着密切的相关性，两者互相对立，服务好、成本高、收费则高。仓储服务管理就是在降低成本和提高（保持）服务水平之间保持平衡。

（四）仓储合理化的标志

1．质量标志

保证被储存物的质量，是完成储存功能的根本要求。因为只有这样，物品的使用价值才能在通过物流之后得以最终实现。如果质量得不到保证，在储存中增加了多少时间或是得到了多少利润都无从谈起。所以，在仓储合理化的主要标志中，为首的应该是反映使用价值的质量。

2．数量标志

在保证被储存物质量功能实现的前提下，有一个合理的数量范围。存储数量过少，可能会导致客户有需求时无法及时供货，产生缺货成本（包括失销成本、延期交货成本、仓储企业声誉的损失等）；存储数量过大，又会产生过高的库存成本（仓库的设备及人工使用费，存货所占用资金的机会成本，存货的失效、损坏和丢失费用等）。因此，要将存货的数量控制在一个合理的水平上。

3. 时间标志

另外，还要寻求一个合理的储存时间，这是和数量有关的问题。储存量越大，消耗速率越慢，则储存的时间必然长；相反，则必然短。在具体衡量时，往往用周转速度指标来反映时间标志，如周转天数、周转次数等。

在总时间一定的前提下，个别被储物的储存时间也能反映仓储管理的合理程度。如果一些物品被长期储存，成了呆料、废料（如生命周期短暂的电子产品的过时失效、食品的损坏），即使数量较少也会造成一定的损失。虽然数量不大，可能影响不了宏观周转指标，但也标志着储存存在不合理之处。

4. 结构标志

结构标志是从被储物不同品种、不同规格的储存数量的比例关系上对储存合理性的判断，尤其是那些相关性很强的各种物资之间的比例关系更能反映出储存的数量结构是否合理。由于这些物资之间相关性很强，只要有一种物资出现耗尽，即使其他物资仍有一定数量，也会无法投入使用。所以，不合理的储存结构不仅仅影响某一种物资，而且还是有着扩展性的，严重时甚至影响整个储存系统的有效性。结构标志的重要性也可由此确定。

5. 分布标志

分布标志是指不同地区储存的数量比例关系。储存是否合理，可以从储存量与当地需求的对比、储存量对需求的保障程度进行判断。

6. 费用标志

费用标志包括仓租费、维护费、保管费、损失费以及资金占用利息支出等，都能从实际费用上判断出储存的合理与否。

（五）不合理仓储的表现形式

1. 仓储组织和管理不合理

（1）储存时间过长。储存时间从两方面影响储存的效果：一方面是经过一定的时间，被储存物品可以获得“时间效用”；另一方面是随着储存时间的增加，有形及无形损耗的加大，是“时间效用”的一个逆因素。从“时间效用”角度来考察，储存一定时间，效用可能增大，也可能出现效用增加减缓或降低。因而储存的总效果是确定储存最优时间的依据，一旦储存时间超过储存最优时间区域，被储存物品损耗加大，就会对物流系统的效益造成负面影响。

（2）储存数量过大。储存数量也从两方面影响储存的效果：一方面是储存以一定数量形成保证供应、保证生产、保证消费的能力；另一方面是储存的损失（存货的失效、损坏和丢失费用等）随着储存数量增加而基本上成比例增加，储存数量越大，损失量也越大。如果管理力量不能按比例增加的话，可能出现储存数量增加到一定程度，损失陡增的现象。因而可以肯定地说，超出一定限度的储存数量是有害而无益的。

（3）储存数量过低。从刚才的分析可以看出，储存数量过低会严重降低储存对供应、生产和消费的保证能力，同时储存数量过低，储存的各种损失也会越低。两者彼此消长的结果是，储存数量降到一定程度，由于保证能力的大幅度削弱会引起巨大损失，其损失远远超过由于减少储存量、防止库损、减少利息支出等带来的收益。所以，储存量过低，会大大损害总效果的不合理现象。

当然，如果能够做到降低储存数量而不降低保证能力的话，数量的降低则是绝对好的现象。在仓储管理中所追求的零库存，就是出于这个道理。所以这里的不合理储存所指的“数量过低”是有前提条件的，即保证能力由数量决定而不是由其他因素决定。

（4）储存条件不足或过剩。储存条件也从两方面影响储存的效果，这两方面利弊消长的结果，决定了储存条件只能在恰当范围内：条件不足或过分，都会使储存的总效益下降，因而是不合理的。

储存条件不足是指不能为储存物品提供良好的储存环境及必要的储存管理措施，因而往往造成被储存物品的损失或整个储存工作的混乱，使储存后的工作受到损失。储存条件不足主要表现在储存场所简陋、储存设施不足以及维护保养手段与措施不力，不足以保护被储存物品。储存条件过剩指的是储存条件大大超过需要，从而使被储存物品负担过高的储存成本，使被储存物品的实际劳动投入大大高于社会平均必要劳动量，从而出现亏损。

（5）储存结构失衡。储存结构是被储存物品在品种、规格、储存位置等方面的比例关系。储存结构失衡主要表现在以下方面：一是储存物品不同品种、规格的储存量失调；二是储存物品不同品种、规格的储存期失调；三是储存物品储存位置的失调。

2．物品在储存期间可能发生的质量变化

在储存期间，物资的质量变化主要是由以下因素引起的：

（1）储存时间。物品在储存过程中，内部物质运动不断进行，这种变化是由量变到质变的过程，储存期越长，这种变化的聚集就越大，最终可能引起质量指标的变化。

（2）储存环境。物品储存环境可能促进或减弱上述变化的趋势。不良的储存环境，可能大大加速质量从量变到质变的过程。

（3）储存操作。储存过程中，要经常作业于被储存物品，这可能造成突发性碰撞、磨损、冲击、混合等，从而使质量迅速发生变化。

物品有可能在物理和机械方面发生质量的变化。例如，物品在温度、湿度、压力的影响下，由于挥发、融化、熔融，其物理存在状态发生变化，从而改变或失去了物品原来的价值；由于仓库密封不善，或包装破损，造成物品的渗漏变化；一些物品吸附了有味气体或液体，从而失去或降低使用价值；物品在储存过程中受外力作用造成形体的破裂，如破损、掉边、折角等。

物品还有可能在化学方面发生一些质量的变化，如分解与水解、水化、锈蚀、老化等。

粮食等物资还有可能受到外界生物的影响，发生霉变、发酵、腐败等生化变化，也会引起使用价值的严重变化。

此外，由于鼠类、害虫、蚁类等生物侵入，也会造成被存物的损失。

3．货物在储存期间可能发生的价值损失

（1）呆滞损失。储存的时间过长，虽然原物资的使用价值并未变化，但随着时间的推移，社会的需要可能会发生变化，从而使该物资的效用降低，无法按原价值继续在社会上流通，形成长期聚集在储存领域的呆滞物资。这些物资最终要进行降低价格处理或报废处理，所形成的损失为呆滞损失。有许多呆滞物资同时也存在物理、化学和生化的变化，使损失叠加，问题更为严重。

（2）时间价值损失。物资储存实际也是货币储存的一种形式。资金的时间价值决定，每存放一定时间，资金就按一定规律减值。所有被存物都必然占用资金，而资金的使用要付出一定的利息，储存时间越长、数额越大，利息支付就越多；或储存时间越长、数额越大，资金的机会投资损失就越大。这是储存时不可忽视的损失。

（3）过高的储存成本。一是库存会引起仓库建设、仓库管理、仓库工作人员工资、福利等项费用开支。二是储存物资占用资金的利息，以及这部分资金如果用于另外项目的机会损失。三是陈旧损坏与跌价损失。物资在作为库存期间可能发生各种物理、化学、生物、机械等损失，严重者会失去全部价值及使用价值。随着储存时间的增加，存货无时无刻不在发生陈旧，一旦错过有利销售期，就会不可避免地出现跌价损失。四是保险费支出。近年来为分担风险，我国已开始对储存物采取投保缴纳保险费的方法。保险费支出在有些国家、地区已达到很高比例。五是进货、验收、保管、发货、搬运等工作费用。上述各项费用支出都是降低企业效益的因素，再加上在企业全部运营中，储存占用达到40%～70%的高比例，在非常时期，有的企业库存竟然占用了全部流动资金，使企业无法正常运转。

富日物流的商业模式

项目小结

仓储管理是每一个物流系统不可或缺的组成部分，在以最低的总成本提供令人满意的客户服务方面具有举足轻重的作用。它是生产者与客户之间一个主要的联系纽带。最近几年以来，随着供应链管理思想的应用，仓储管理在企业物流系统中已经发展成为其重要的职能之一。

不合理仓储的表现证实了仓储的确具有降低物流系统效益的有害性，这说明了仓储管理的必要性。科学的仓储管理研究，就是要在物流系统中充分发挥仓储的积极作用而扼制其消极作用，更好地为社会经济活动和物流过程服务。

重点概念：仓储管理　战略储备仓储　企业自营仓储　商业营业仓储　公共仓储　配置仓储资源

知识巩固

一、不定项选择题

1．从整个物流过程看，仓储是保证这个过程正常运转的基础环节之一。仓储的价值主要体现在其具有的基本功能和（　　）两方面。

A．增值服务功能　B．保管功能　C．销售功能　D．生产功能

2. 用一句话来说明合理进行仓储组织的目标就是实现仓储活动的“快进、快出、多储存、保管好、(　　)”。

A. 服务好　　B. 费用省　　C. 效率高　　D. 能力强

3. 客户把商品存储在仓库中，然后可以凭借仓库开具的商品仓储凭证——仓单向银行申请贷款，银行根据存储商品的价值向客户提供一定比例的贷款，同时由仓库代理监管商品，这种物流服务是(　　)。

A. 物质抵押　　B. 物质保险　　C. 仓单质押　　D. 库存保险

4. 对仓库及仓库内的物质所进行的管理是(　　)。

A. 企业管理　　B. 宏观管理　　C. 供应管理　　D. 物流管理

5. 因为有了(　　)，需要将剩余产品收存，就形成了仓储。

A. 产品剩余　　B. 剩余价值　　C. 价值　　D. 产品价值

6. 经过一定的时间，被储存物品可以获得(　　)。

A. 产品效用　　B. 时间效用　　C. 产品价值　　D. 产品

7. 实现利润最大化就需要做到经营收入(　　)和经营成本最小化。

A. 效用　　B. 价值　　C. 最大化　　D. 合理

8. 储存条件(　　)，指的是储存条件大大超过需要，从而使被储存物品负担过高的储存成本，使被储存物品的实际劳动投入大大高于社会平均必要劳动量，从而出现亏损。

A. 过大　　B. 理想　　C. 优化　　D. 过剩

9. 在总时间一定的前提下，个别被储物的储存时间也能反映仓储管理的(　　)。

A. 合理程度　　B. 管理水平　　C. 现代化　　D. 科学性

10. (　　)是从被储物不同品种、不同规格的储存数量的比例关系上对储存合理性的判断。

A. 合理性　　B. 结构标志　　C. 现代管理　　D. 科学性

二、判断题

1. 粮食保管数量没有问题就算保管好了。(　　)

2. 商品霉变是微生物造成的。(　　)

3. 物品分解与水解、水化、锈蚀、老化等，是在化学方面发生一些质量方面的变化。(　　)

4. 仓储费用主要是指保管费。(　　)

5. 仓储的服务水平与仓储经营成本有着密切的相关性，两者互相对立，服务好、成本高、收费则高。仓储服务管理就是在降低成本和提高(保持)服务水平之间保持平衡。(　　)

三、简答题

1. 如何理解仓储作业的功能？

2. 仓储管理的任务有哪些？

3. 简述仓储管理的基本原则。

4. 不合理储存的表现形式有哪些？

四、分析思考题

南京某仓库的8部曲关键管理模式

第一部曲：追。仓储管理应具备资讯追溯能力，前伸至物流运输与供应商生产出货状况，与供应商生产排配和实际出货状况相衔接。同时，仓储管理必须考虑：离开供应商工厂出货的码头多少量？离开供应商外包仓库的码头多少量？第三方物流与第四方物流载具离开出发地多少量？第三方物流与第四方物流载具抵达目的地多少量？抵达公司工厂的码头多少量？抵达公司生产线边仓多少量？

第二部曲：收。仓库在收货时，应采用条码或更先进的RFID扫描来确认进料状况，关键点包括：在供应商送货时，送货资料没有采购VPO号，仓库应及时找相关部门查明原因，确认此货物是否今日此时该收进；在清点物料时，如有物料没有达到最小包装量的散数箱时，应开箱仔细清点，确认无误后，方可收进；收货扫描确认时，如系统不接受，应及时找相关部门查明原因，确认此货物是否收进。

第三部曲：查。仓库应具备货物的查验能力，对于A类物料（只有几家供应商可供选择的有限竞争市场和垄断货源的独家供应市场的A类物料）特别管制，严控数量，独立仓库，24小时保安监控；建立包材耗材免检制度，要求供应商对于线边不良包材耗材无条件及时补货退换；对于物料储存时限进行分析并设定不良物料处理时限。

第四部曲：储。物料进仓做到不落地或至少做到（储放在栈板上，可随时移动），每一种物料只能有一个散数箱或散数箱集中在一个栈板上，暂存时限自动警示，尽量做到储位管制。

第五部曲：拣。拣料依据工令消耗顺序来做，能做到依灯号指示拣料则属上乘，拣料时最好做到自动扫描到扣账动作，及时变更库存信息告知中央调度补货。

第六部曲：发。仓库发料依据工令备拣单发料，工令、备料单与拣料单应三合一为佳，做到现场工令耗用一目了然，使用自动扫描系统配合信息传递运作。

第七部曲：盘。整理打盘始终遵循散板、散箱、散数原则。例如，1种物料总数103个，是10箱（每箱10个）加3个零数，在盘点单上盘点数应写成：10（箱）×10（个）+3（个）=103（个）。对于物料要进行分级分类，从而确定各类物料盘点时间，定期盘点可分为日盘/周盘/月盘；日盘点搭配Move List（库存移动单）盘点；每月1号中午12点结账完成的目标要设定。

第八部曲：退。以整包装退换为处理原则，处理时限与处理数量应做到达到整包装即退或每周五下午3点整批退光，做到 Force Parts（线边仓自动补换货）制度取代RMA（退料确认，Return Material Authorization）做法，与退货暂存区共享原则，要求供应商免费供应包装箱。

思考

根据上面的文字，谈谈你对仓储管理的看法。

• 技能实训

一、实训目标

某仓库拟招聘保管员，需要应聘者写出保管员的任务和岗位职责，并提出完成保管任务的措施。

二、实训步骤

1. 学生自由组合成小组，每组约为8个人，各组分别扮演招聘方和应聘方。
2. 招聘方成员写出保管员的任务和岗位职责，并提出完成保管任务的措施。
3. 招聘方准备笔试和面试考题，以及评分方法。
4. 举办招聘会。

三、实训要求

1. 了解本次实训的目的。
2. 学生在模拟招聘过程中应做好记录。
3. 写出保管员的任务和岗位职责，并提出完成保管任务的措施。

四、实训评价

评分表

考评人		被考评人	
考评地点			
考评内容			
考评标准	具体内容	分值	实际得分
	招聘方案设计	30	
	应聘方整体表现	30	
	应聘方能力考核	30	
	团队合作和职业素养表现	10	
合计		100	

五、实训报告

实训报告

班级		姓名		时间	
实训目的					
实训步骤					
实训内容					
我的做法					
我的结论					
我的想法					

项目二　仓库选址规划和仓储企业岗位

【知识目标】

1. 掌握仓库选址的各种影响因素
2. 掌握仓库作业区域的规划
3. 了解仓库主管及仓管员的岗位职责

【技能目标】

1. 学会仓库选址的决策分析方法
2. 学会仓库选址的基本条件

【素质目标】

1. 培养学生爱岗敬业的精神
2. 培养学生成为高素质的仓储企业应用型人才

思维导图

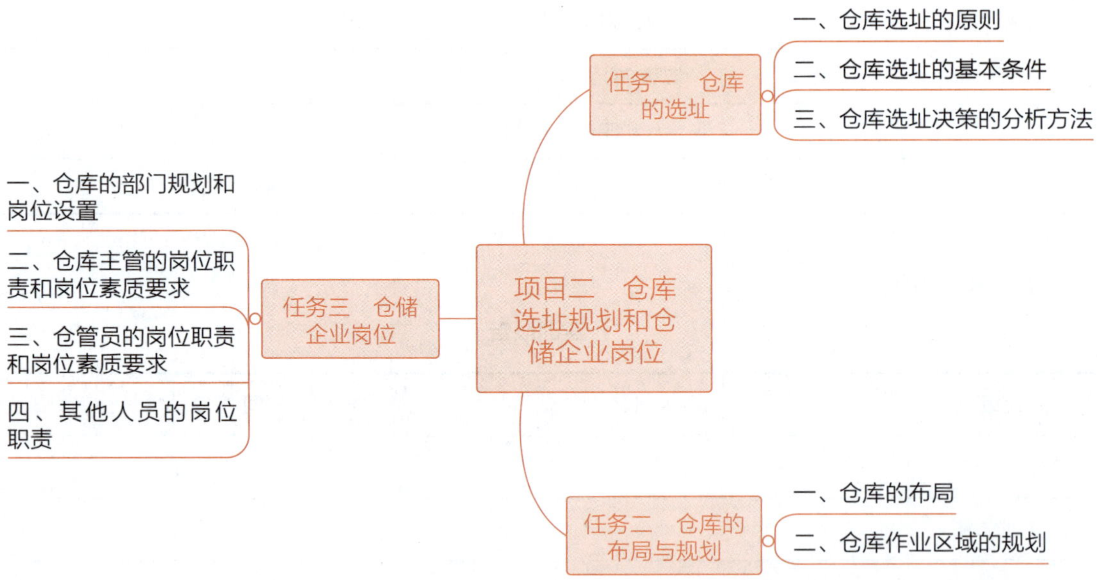

案例导入

上海某制造公司仓储作业流程

上海某制造公司是一家中日合资企业，主要采用日本技术，生产适合超市使用的制冷设备，员工600人，现在年销售额4亿元，每年以30%的速度递增。该公司从成立之日起，就与一些大客户保持密切联系，像上海华联、沃尔玛、家乐福等每开一家分店都会从该公司订购大量的产品。

该公司采购员每周一通过公司的计算机生产管理系统打印零部件需求订单，然后将订单传递给供应商，供应商按订单安排生产、发货，外地供应商通过铁路、公路、航空将零部件发到当地中转站，再由公司派车提货；本地供应商将零部件直接送到公司的仓库，零部件仓库保管人员负责验收零部件、上架，录入计算机仓库管理系统，仓库人员根据生产计划，一般提前两天按计算机计算的领料单，备好零部件，提前半天送到生产线。在每周二至每周五期间，采购人员处理因生产计划调整，而追加订货和调整交货期与供应商沟通和协调。

成品从生产线下线后，在包装区域内包装、贴上标签，进入成品库，成品库保管人员验收、入库，并录入计算机管理系统，发货人员根据计划科转来的客户订单，安排发货车辆，按订单的数量、交货日期准备发货。

该公司为了保证生产继续进行，储存了约14000种零部件，零部件库房面积约6600平方米，库房高度是8米，货架区货架是3层，有效高度是2.5米，人工上架，散货区使用液压手动叉车摆放和移动托盘，只能放单层托盘，有效高度为1.5米，零部件库存金额约4500万元，保管员16人，每天处理2000个零部件，人均月工资1800元，取暖、空调、照明等费用每年约30万元。在零部件仓库拣货时，保管员推着平板车或扛着手动液压叉车，把零部件从货架上搬下来，取出所需数量，再把余下的零部件放回架子上。

问题提出：

1. 仓库选址的基本条件有哪些？
2. 企业的生产与仓储有哪些业务联系？

任务一　仓库的选址

仓库的选址和规划直接影响仓储货物的质量、安全以及仓库将来的运作成本、发展潜力，是仓库运作的先决因素。

一、仓库选址的原则

仓库的选址过程应同时遵守适应性原则、协调性原则、经济性原则和战略性原则。

（一）适应性原则

仓库的选址需要与国家以及省市的经济发展方针、政策相适应，与我国物流资源分布和需求分布相适应，与国民经济和社会发展相适应。

（二）协调性原则

仓库的选址应将国家的物流网络作为一个大系统来考虑，在地域分布、物流作业生产力、技术水平等方面互相协调。

（三）经济性原则

仓库的选址定在市区、近郊区或远郊区，其未来物流活动辅助设施的建设规模及建设费用，以及运费等物流费用是不同的，选址时应以总费用最低作为仓库选址的经济性原则。

（四）战略性原则

仓库的选址应具有战略眼光：一是要考虑全局，二是要考虑长远。局部要服从全局，当前利益要服从长远利益，既要考虑当前的实际需要，又要考虑日后发展的可能。

二、仓库选址的基本条件

当企业决定建立仓库后，面临的第一个问题就是仓库的选址问题。进行仓库选址首先要确定仓库所在的区域，其次要确定仓库的具体位置。在选定区域中，要使建立的仓库在仓储运作、服务、经济、战略远景等方面具有合理性。一旦决定了仓库所在的大致位置，接下来就需要确定仓库的具体地点了，此时要考虑仓库建设和运营的各种成本以及具体影响仓库正常运营的各种因素。下面列出了影响仓库选址的一些常见因素。

（一）物品因素

储存物品的特性不仅直接影响仓库的形态，而且与仓库地点的选择有极大的联系。例如，主要用于存储大宗物资，进行进出口业务的仓库，其选址应在港口边，它不仅能利用廉价的水运资源，还能直接配合散装船的装卸，简化作业的时间。

（二）经济因素

1．宏观经济政策

在进行选址决策时，要充分考虑当地政府的政策法规等因素，仓库规划建设必须与国家以及省市的经济发展方针、政策相适应。例如，有些地区的政府为了促进当地经济的发展，对物流业采取比较积极的态度，鼓励在特定区域进行仓库的建设，并在税收、土地、资本等方面提供比较优惠的政策。

2．建设和运营成本

在进行选址决策时，成本的核算也是非常重要的一项。仓库的建设和运营成本不仅包括建筑及购置设备方面的成本，还包括土地成本、运输成本、人工成本、原材料供应方面的成本等。

（三）环境因素

1．地理因素

（1）地质条件。仓库应建在地质坚实、干燥、平坦的地点，其地基应具有较高的承载力。仓库必须避免建在有不良地质现象或地质构造不稳定的地段。

（2）水文及水文地质条件。在沿江河地区选择建筑仓库时，要调查和掌握有关的水文资料，特别是汛期洪水最高水位等情况，防止洪水侵害。同时，在水文地质条件方面要考虑地下水位的情况，水位过高的地方不宜建仓库。另外，还要考虑排水情况。

（3）气候条件。仓库的选址应考虑当地的自然气候环境条件，如空气的湿度、盐分、降雨量、风向、风力、瞬时风力等。

2．配套设施

（1）交通运输条件。仓库的地点应具有良好的交通运输条件，仓库应靠近水陆空交通运输线，对于大型仓库还应考虑铺设铁路专用线或建设专用水运码头；道路的顺畅、平稳可降低仓库的运作成本，同时有助于吸引更多的客户。

（2）水电供应条件。仓库应选择靠近水源、电源的地方（尽量靠近工业用电线路），以保证方便和可靠的水电供应。仓库内的水源主要供生活和消防用水，因此要了解和掌握仓库供水系统以及周围用水单位的情况，调查用水高峰期间消防用水的保障程度，以防紧急情况下供水不足。例如，某棉纺公司原计划在A地建设仓库，后来经过调查发现A地每天在上午6:30 ~ 8:30，17:00 ~ 19:00由于供水沿线的用水总需求量非常巨大，水压无法达到消防要求，最终放弃了在A地建设仓库的计划。

（3）其他配套设施。其他配套设施如通信、能源等方面的基础设施越完善，对仓库的选址越有利。

3. 环境安全

仓库选址要考虑安全条件。仓库应与周围其他单位、居民区保持一定的安全距离。为了方便消防，周围建筑物和道路必须保证交通通畅。另外，还要分析相邻单位的生产性质与排污状况，以避免储存物品遭到不必要的侵蚀和污染。

4. 竞争因素

（1）竞争对手因素。竞争对手的仓库选址对企业的选址工作也有一定影响。竞争对手的竞争策略，与竞争对手的实力对比，与竞争对手的差异等，都会影响到企业的选址工作。

（2）服务水平。为了能够更好地服务客户，提高对客户需求的反应速度，许多企业都会将仓库建立在服务区域的附近。一般来说，仓库越接近市场，其运输成本就会越低，不过越接近市场的土地可能相对昂贵，两者之间的取舍必须加以评估。

（3）市场需求性。当发现某一地区的仓储市场颇佳，即使是其他条件略差，仍然值得认真考虑。反之，即使其他仓库选址因素均具备，但若不具有市场需求性时，该地点也不宜作为仓库设置地点。

（4）企业的实力。企业的人力、物力、财力也是影响仓库选址和建设的关键因素之一。

某仓库货位管理的分析

三、仓库选址决策的分析方法

针对仓库选址的方案进行分析评价，以确定最优方案，是仓库选址决策的关键步骤。一般来说，仓库选址的决策方法可采用定性的方法，定性和定量相结合的方法以及定量分析法。

（一）定性的方法

定性的方法是指公司的关键领导、物流高管或相关专家根据自身经验选定仓库建设地点的方法。此方法看似不科学，决策过于随意，其实也有一定的道理，因为其在选址决策时无形地已将公司的战略或竞争要求、仓库所要达到的服务水平，结合拟定选址地点的经济状况、环境状况、配套设施建设情况考虑进去。但是由于人的经验有一定局限性，不一定能真实地理解实际情况，因此定性的方法在现实当中主要运用于确定仓库的大致区域或用于一些小型仓库的选址决策。

（二）定性和定量相结合的方法

为了弥补定性法仓库选址的不足，有人将定性的方法和定量的方法相结合进行选址决策。

1. 单项指标评价分析法

单项指标评价分析是指多个选址方案中的某些指标基本相同，只有某项主要指标不同时，可以比较该项指标的优劣情况而取舍方案。围绕仓库选址问题的主要评价指标为服务水平和成本因素。当方案达到的服务水平相似，而成本相差较大时，则根据成本的大小来判断方案的优劣；当方案的成本相近，而服务水平相差较大时，则根据服务水平的高低来判断方案的优劣。单项指标评价方法适用于要求具体、目的明确的选址方案，常见的按市场营销定位的仓库、按生产制造定位的仓库和以迅速配送为目标的仓库多用此法选址。

2. 综合指标评价分析法

在现实中，影响仓库选址的因素众多，且极为复杂，很难找到除了某项主要指标不同而其他各项指标相近的两个方案，单项指标评价分析无法使用，故一般采用综合指标评价分析法。

综合指标评价分析法首先将影响仓库选址的众多因素罗列出来，然后对各个因素的重要性打分，即对各个影响因素分配权重（通常满分为10分，最低分大于0分），再将各因素按分值的高低由高到低排列，以此法确定哪些是影响仓库选址的关键因素，哪些是次要因素。当时间和精力不允许时，可主要分析排在前几位的关键影响因素，而忽略次要因素。然后，对各选址方案按关键影响因素一一评价，评价等级的含义及评分见表2–1。

表2–1 要素评价等级、含义及分值

等级	含义	评价分值
优	近于完美	5
良	特别好	4
中	达到主要效果	3
尚可	效果一般	2
差	效果欠佳	1

最后，将各方案中每一影响因素的得分值乘以该影响因素的权重，将其加总后得出每一方案的分值，然后选择分值最大的选址方案。

例如，某企业根据实际情况找出其仓库选址的关键影响因素依次为物流服务水平、交通运输条件、备选仓库地点的地质条件、土地成本以及当地的宏观经济政策，并分别为其赋予了权重5、4、3、2、1，备选方案I对以上5个因素的评价等级分别为优、良、中、良、良，其分别对应的分值为5、4、3、4、4，用各因素的权重乘以其方案评价分值得出加权分值，分别为25、16、9、8、4，最后将其加总得出方案Ⅰ的总得分为62；同理可得到方案Ⅱ和方案Ⅲ的总得分，分别为64、65；所以，最优的选址方案为方案Ⅲ，详见表2-2。

表2-2　仓库选址综合指标评价分析表

序号	评价因素	评价因素权重	备选方案Ⅰ			备选方案Ⅱ			备选方案Ⅲ		
			评价等级	评价分值	加权分值	评价等级	评价分值	加权分值	评价等级	评价分值	加权分值
1	服务水平	5	优	5	25	良	4	20	良	4	20
2	交通运输条件	4	良	4	16	优	5	20	良	4	16
3	地质条件	3	中	3	9	良	4	12	优	5	15
4	土地成本	2	良	4	8	良	4	8	优	5	10
5	宏观经济政策	1	良	4	4	良	4	4	良	4	4
总分					62			64			65

（三）定量分析法

单项指标评价分析法和综合指标评价分析法虽然较定性的方法看似更科学，但其仍含有许多主观成分，如对选址的关键影响因素的选定、分配权重，以及对每个方案中各关键影响因素的评分，都会因人而异。为了避免人的主观因素的影响，仓库选址问题引入了数学分析，即定量分析法。常见的定量分析选址的方法有重心法、网格法、数值分析法、图表技术分析法、近似法等。定量分析法通常计算复杂，多使用计算机完成。

任务二　仓库的布局与规划

一、仓库的布局

仓库布局包括仓库内库房、料棚、货场、收发料区等的具体位置和存储物品的规划，以及库房、料棚、货场内的货垛、货架、通道、作业区、设备等的合理规划、配置和安排。仓库合理布置对提高物资保管质量、加速物资收发、提高仓库作业效率、降低仓储费用等具有重要意义。

（一）仓库布局条件

一个合理的仓库布局应满足以下条件：

（1）适应仓储作业过程的要求，有利于仓储业务的顺利进行。合理布置企业的入库检查区、存货区、理货区、备货区以及辅助作业区，使物流流向单一，防止各项作业间发生冲突，方便日常盘点和收发，同时使装卸搬运次数最少，货物在仓库中的移动距离最短。

（2）有利于节省投资。充分利用现有的资源和外部条件，根据设计规划任务和库存物品的性质选择配置设备，以便最大限度发挥其效能。例如，仓库储存的物资为中、小件物品，就没有必要设置大型的龙门吊车，否则将浪费资金和仓库储存空间。

（3）最大限度地利用仓库空间。仓库空间是指仓库内的立体空间，既要考虑仓库的平面面积，又要考虑仓库储货的垂直高度。因此，不但应合理地安排货垛、通道、垛间距、收发货区，充分利用仓库的平面面积，还应合理地使用货架，充分利用仓库的垂直空间。

（4）有利于充分利用仓库设施和机械设备。尤其是仓库中固定的设施和机械，必须事先考虑好各种使用情况，放在最能充分使用的位置。

（5）有利于保证仓库的安全和职工的健康。仓库应严格按照“建筑设计防火规范”的规定建设，并且作业环境的安全卫生标准也要符合国家的有关规定。

（二）仓库布局的基本原则

（1）根据货物特性分区储存，将性质相近的物品集中存放。

（2）将单位体积大，单位质量大的物品存放在货架底层，并且靠近储存区和作业通道。

（3）将周转率大的物品放在储库装卸搬运最便捷的位置，一般靠近门口。

（4）将同一供应商或同一客户的物品集中存放，以便于进行分拣及配货作业。

二、仓库作业区域的规划

仓库作业区域的规划包括仓库的整体规划和储存区域的规划。

（一）仓库的整体规划

1. 仓库作业功能区域的划分

一个功能齐全的仓库通常包括以下区域：

（1）收、发货区。收货区是收货、验货、卸货、搬运的场所。在此区工作人员需要完成接收货物的任务和货物入库之前的准备工作，用于临时存放商品之用，如入库登记和验货操作等。它的主要设施有卸货站台、验货场区和卸货工具。

发货区是工作人员将组配好的货物装车外运的作业场所。发货区和收货区的设备相似，所不同的是，进货区位于整个作业区的首端，而发货区位于整个作业区的末端。当收货和发货作业互相干扰甚小，收货区和发货区也可以共用，称为收发货区，一般设在作业区的中间。

收、发货区的位置应靠近库门和运输通道。对靠近铁路专用线的仓库，收货区应设在专用线的一侧，发货区设在靠近公路的一侧。如果铁路专用线进入仓库，收货区应设在专用线的两侧。

（2）储存区。储存区是仓库的主要作业区域，用于长时间、大批量存放货物。储存区通常建有多个库房、料棚或货场。库房、料棚或货场中有时也再次划分成小型的收货区、储存区、理货区、发货区等。

（3）理货区。理货区是进行拣货和配货作业的场所。

（4）加工区。加工区是进行必要的生产性和流通性加工的场所。流通加工是物流环节中货物增值最快的环节。现代仓库越来越多地设置了加工区，用于货物的分装、包装、贴标签等作业活动。

（5）退货区。退货区是仓库在收到退货良品、次品或者废品后进行处理的作业场所。由于配送中商品破损、变质或污染而被验出，或者由于错误的配送，或者由于店铺平衡库存的需要、营销的需要等因素，具有配送功能的仓库常常收到退货，这些物品往往要等厂商送货时，退还给厂商，因此应专门划出一块区域，用于临时存放这些物品。

（6）废物区。废物区是对废弃包装物、破碎货物、变质货物、加工残屑等废料进行清理或回收复用的场所。

（7）设备存放及维护区。设备存放及维护区是仓库中用来存放叉车、托盘等设备及其维护（充电、充气等）工具的场所。

（8）办公区。办公区是指挥和协调仓库作业营运的区域，是员工处理行政工作与管理业务的场所，信息处理、业务洽谈、订单处理以及指令发布都是在办公区进行的。办公区可设在库房内，也可设在库房外。总体来看，管库人员的办公室设在库内特别是单独隔成房间是不合理的，既不经济又不安全。

（9）辅助服务区。辅助服务区是为员工提供饮食、休息、盥洗、接待、娱乐等各项服务的区域。

2. 仓库作业区域的整体规划

现代仓库已由传统的储备型仓库转变为以收发作业为主的流通型仓库。现代仓库一般储存区面积占总面积的40%～50%，通道面积占总面积的8%～12%，收、发货区占总面积的10%～15%，理货区、加工区占总面积的10%～15%，退货区及废物区占总面积的5%～10%.

按照仓库内作业功能的不同，根据各项作业的流程，仓库（或库房）的作业平面可以规划为图2–1所示。

仓库内道路的布局，应根据商品流向的要求，结合地形、面积、各个库房建筑物、货场的位置来决定道路的走向和形式。汽车道主要用于起重搬运机械设备的调动以及防火安全，同时也要考虑保证仓库和行政区、生活区之间的畅通。仓库道路分为主干道、次干道、人行道和消防道等。主干道应采用双车道，宽度在6～7m；次干道为3～3.5m的单车道；消防通道的宽度不得少于6m。另外，仓库内若有铁路专线，库内铁路线最好是贯通式，一般应顺着库长方向铺设，并应使岔线的直线长度达到最大限度，其股数应根据货场和库房宽度及货运量来决定。

（二）储存区域的规划

对于储存区，又可根据实际需要，按照储存物资的自然属性分区（如体积、重量、吸湿

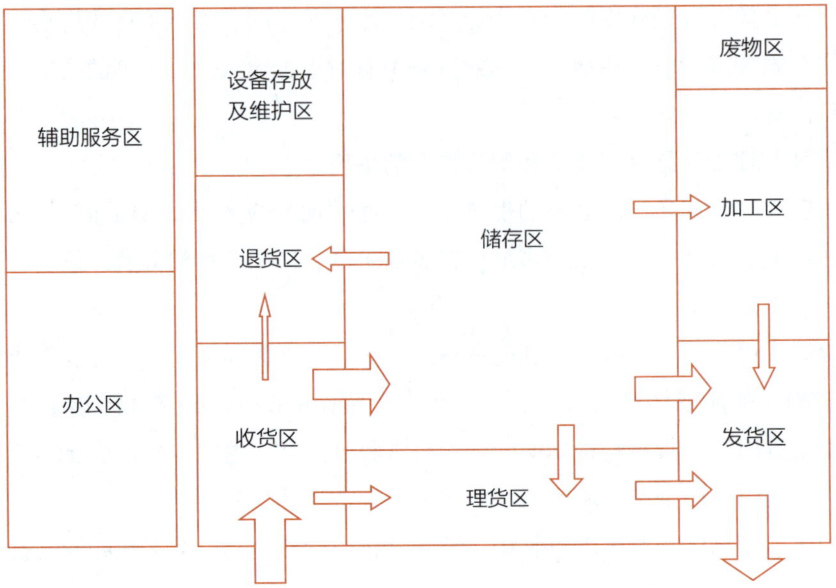

图2-1　仓库作业功能区域示意图

性、易燃易爆性、氧化性等)，可分为金属材料储存区、非金属材料储存区、机电产品储存区、木材区等；按照储存物资的用途分区，可分为通用物资储存区和专用物资储存区；按照储存物资使用方向分区，可分为生产资料储存区和生活资料储存区等。一般情况下，多按照物资的自然属性划分储存区。

某种商品应储存在什么地方，应综合考虑各方面的因素，如商品的理化性质、加工程度、本身价值、用途和作用、批量大小、单位重量和体积，其中理化性质是主要依据。此外，商品在库保管时间的长短、仓库所在地的地理气候条件、储存商品的季节等，也是必须要考虑的因素。

1. 库房、料棚和货场的选择

一个储存区通常拥有几栋库房、料棚或货场。库房有钢结构、钢筋混凝土结构、砖石结构等，其防护条件最好；料棚次之，仅能防止雨雪渗透；货场(露天堆场)的防护条件最差。各类物资能否被合理地分配到库房、料棚或货场，对提高保管质量、便利仓库作业和降低保管费用有直接的影响。

一般来说，若风吹、日晒、雨淋及温湿度变化对物资无显著影响，则此类物资可放在露天货场，如生铁锭、钢轨、原木、大型钢材、大型粗制配件、水泥管等；对于受日晒、雨淋易变质损坏，而温湿度对其影响不大者，可置于料棚保管，此类物资如中型钢材、钢轨配件、优质木材、耐火砖、电缆等；对受雨雪侵袭、风吹日晒及温度的影响易造成损害的物资，应存入普通库房，此类物资如优质钢材、金属制品、机械设备、车辆配件、水泥、化工原料等；对于受风吹、日晒、雨淋及温湿度变化的影响容易损坏的物资，特别是对温度变化比较敏感的物品，应存入保温库房，此类物资如精密仪器仪表、电子元器件、高精度量具等；对于易燃易爆或有毒有害及放射性的物品，应存入专用库房，此类物资如汽油、炸药、液化气体等。

2. 多层仓库楼层的分配

在建筑层数选择方面，单层仓库和多层仓库各有其优缺点。从装卸货物的效率考虑，最好选择单层仓库，但由于土地紧张和地价的限制，一般采用多层仓库。多层仓库多为3～5层，各层的保管条件和作业条件不同，应合理分配各层用途。

（1）楼库的底层。由于底层库房具有地面承载能力强（平均每平方米负荷为2.5～3t），楼层净空较高（通常为5.5～7m），两侧和两面均可设库门和站台，收发作业方便的优点，因此底层库房常用来储存大批量、单位重量大、体积大、收发作业频繁的物品；但是，由于底层库房又具有地坪易反潮、易受库边道路灰尘的影响等缺点，所以只能储存要求一般保管条件的商品。底层库房常储存的物品，如金属材料、金属制品等。

（2）楼库的中间层。中间层库房相对底层库房来说比较干燥，采光和通风良好，受外界温湿度的影响小，保管条件较好；但是，由于楼板承载能力有限（2层平均每平方米负荷为2～2.5t，3层以上平均每平方米负荷为1.5～2t），楼层净空也较底层库房低（2层通常为5～6m，3层以上通常为5～5.5m），同时由于增加了垂直方向的搬运，收发作业不方便。因此，中间层适合存放体积较小、重量较轻、要求保管条件比较高的商品，如电工器材、仪器仪表、医药等。

（3）楼库的最顶层。楼库的最顶层条件与中间层基本一致，但对保管和作业更为不利。楼库的最顶层由于直接受日光照射，受温度的影响更大，冬凉夏热，而且由于楼层更高，收发作业更加不方便。因此，最顶层适合存放收发不太频繁、要求一般保管条件的轻体商品，如纤维制品、塑料制品等。

3. 库房内部的平面规划

库房内可使用面积分为保管面积和非保管面积。保管面积是指库内料架和料垛所占的面积，其他的则为非保管面积。非保管面积主要包括通道、墙间距、收发料区、仓库人员的办公区等。库房内部规划的主要目的是在保证作业要求的情况下尽量扩大库房内的保管面积。由于库房内的收发料区相对较小，仓库人员的办公区现在多设在库房外面，现主要对其储存区进行规划。

（1）货垛、货架的布置。常见的货垛、货架平面布置形式有垂直布置和倾斜布置两种。货垛、货架的垂直式布置和倾斜式布置各有其特点。

①垂直式布置是指货垛（或货架）的长度方向与库墙和通道互相垂直。垂直布置可分为横列式布置、纵列式布置、纵横式布置（图2–2）。

横列式布置是指货垛（或货架）的长度方向与库房的长度方向互相垂直。

横列式布置方式的优点是：主通道（运输通道）长且宽，副通道（作业通道）短，整齐美观，便于机械化作业，有利于对商品的盘点、维护保养及存取作业；通风和自然采光良好。其主要的缺点是：主通道占用面积多，仓库面积利用率较低，尤其在土地使用费用日益见涨的今天，资源浪费较多（图2–2a）。

纵列式布置是指货垛（或货架）的长度方向与库房的长度方向互相平行，如图2–2b所示。纵列式布置的优缺点与横列式正好相反，其优点为运输通道较短，占用面积少，仓库面积利用率较高；缺点是作业通道较长，物资存取不方便，通风采光不良。因此，可根据库存物品的不同在库时间和进出频率安排货位：在库时间短、进出频繁的物品可放置在主通道两侧；在库时间长、进出不频繁的物品可放置在里侧。

纵横式布置是指同一保管场所内，横列式布置和纵列式布置兼而有之，是两种方式的结合，兼有两种布置方式的特点。纵横式布置如图2-2c所示。

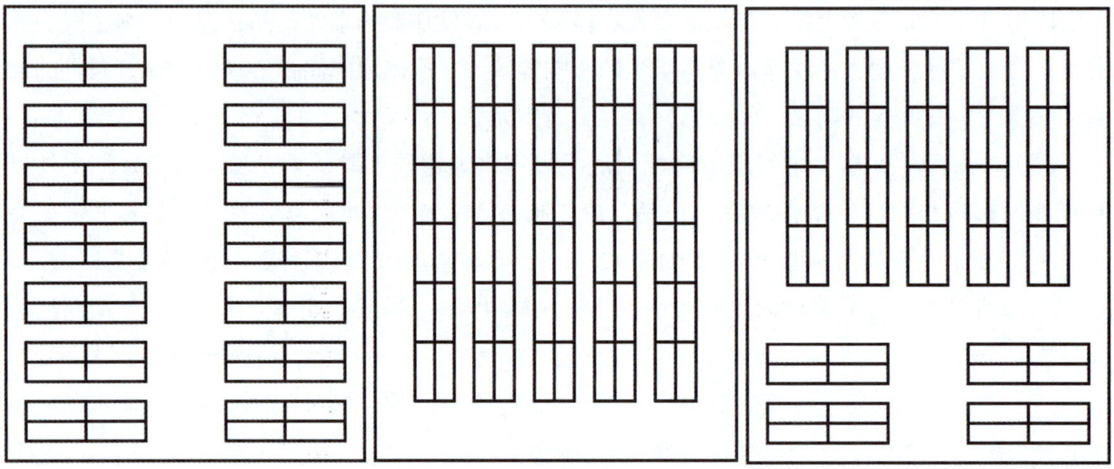

a. 横列式布置　　b. 纵列式布置　　c. 纵横式布置

图2-2　货垛垂直式布置示意图

②倾斜式布置是指料垛（或货架）与主通道之间不是互相垂直，而是有一定的夹角（30°、45°或60°）。倾斜式布置可分为料垛倾斜式布置和通道倾斜式布置（图2-3）。

料垛倾斜式布置是指料垛的长度方向与库墙和运输通道之间成一锐角，如图2-3a所示。这种布置方式最大的优点是便于利用叉车配合托盘进行作业，能缩小叉车的回转角度，提高装卸搬运效率，而最大的缺点是仓库中有不少死角，仓库面积不能充分利用。

通道倾斜式布置是指通道与库墙成一锐角，而料垛垂直于库墙排列，如图2-3b所示。通道倾斜式布置不仅同样便于利用叉车配合托盘进行作业，能缩小叉车的回转角度，提高装卸搬运效率，而且避免了仓库中的死角，充分利用了仓库面积。

综上所述，各种平面布置形式因其自身的特点，适用范围各有不同。总的来说，垂直式布置采用最广，尤其是横列式垂直布置。倾斜式布置有一定的优点，但只有在一定的条件下方可采用，有很大的局限性，仅适用于单一品种、大批量、集装单元堆垛（如使用托盘）、就地码垛和利用叉车作业的场合，在一般的综合仓库不宜采用。究竟选用哪种布置方式最为有利，要视库房面积的大小、库房的长宽比、料架的规格尺寸、物品的堆码方式、收发作业方式和机械化程度等具体情况而定。

某仓库的ABC分类管理法

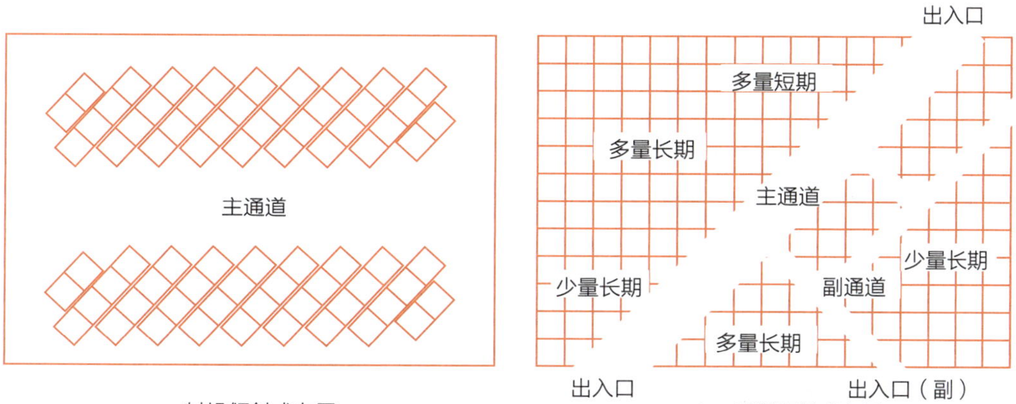

a. 料垛倾斜式布置 b. 通道倾斜式布置

图2-3 货垛倾斜式布置示意图

（2）通道。库房内的通道分为运输通道（主通道）、作业通道（副通道）和检查通道。

运输通道供装卸搬运设备在库内行走，其宽度主要取决于装卸搬运设备（如叉车）的外形尺寸和单元装载（如托盘）的大小。运输通道的宽度一般为1.5 ~ 3m。当库内安装有桥式起重机时，运输通道的宽度可为1.5m或更小。

作业通道是供作业人员存取搬运货物的行走通道。一般情况下，作业通道能够允许手推车的顺利进出，作业通道的宽度应为1m左右。

检查通道是供仓库管理人员检查库存货物的数量及质量时行走的通道，其宽度只要能使检查人员自由通过即可，一般为0.5m左右。

（3）墙间距。为了减少库存商品受到库外温湿度的影响，料垛、料架都应与库墙保持一定的距离，不允许料垛、料架直接靠墙堆码和摆放。墙间距的宽度一般为0.5m左右。墙间距同时也可作为检查通道或作业通道。墙间距兼作作业通道时，可以使库内通道形成网络，方便作业，此时其宽度需增加一倍，约1m。

4. 库房内部的竖向规划

竖向布置潜力很大，在不增加库房面积的情况下，向空间要货位可扩大储存能力、节约建筑投资。竖向布置可采用下列方式：

（1）就地堆垛。借助于物品的外部轮廓或包装进行码垛。

（2）使用料架。将物品直接或装入料箱、托盘后存入料架。

（3）托盘、集装箱堆码。将物品装入集装箱或码放在托盘上，然后把集装箱或托盘进行堆码。

（4）空中悬挂。将某些物品悬挂在库墙或库房的上部结构上。

（5）采用架上平台。在料架上方铺设一层承载板，构成二层平台，可直接堆放物品或摆放料架。

任务三 仓储企业岗位

一、仓库的部门规划和岗位设置

一个功能完备的仓库通常需要各种人员，但主要可归为四类：管理人员，库房作业人员，辅助作业人员，其他辅助人员。管理人员如仓库主管、仓库经理、财务人员等；库房作业人员主要指库内物品管理人员（仓管员或保管员、记账员等）；辅助作业人员指仓库内各种设备设施维修人员（如叉车、托盘等维修人员、电工等）、操作人员（如叉车司机、吊车司机等）；其他辅助人员指为员工提供饮食、休息、盥洗、接待、娱乐等各项服务所需要的人员。

设备设施维修人员、设备设施操作人员可单独设立维修班、司机班等进行管理；其他辅助人员也可单独设立机构（如仓库后勤部门）进行管理；而对于库房的管理，一般来说，有以下模式：一是按库房划分，比如说主料库、辅料库、包装库、成品库等，根据工作量的大小一个岗位可以只管一个库房，也可以管几个库房，仓管员对自己所管的库房负责，收料、发料、记账由仓管员一人完成，财务对收发存进行复核，并对其定期和不定期进行盘点。二是仓管员只管实物，软件中录入出库、入库等单据由记账员完成。但后一种易造成职责不清，多人管理，结果谁也不对结果负责。为了避免职责不分造成多人管理，常见的改进方式为：首先按库房划分，比如说主料库、辅料库、包装库、成品库等，根据工作量的大小，一个岗位可只管一个库房，也可管几个库房，仓管员对自己所管的仓库负责（只管实物）。此时收料、发料虽然仍由仓管员完成，但仓管员必须要有记账员开的单据才能收发货，并且要及时登记货卡。其次，软件中录入出库、入库等单据（收料、发料的开单）由记账员完成，并每天应对货卡和账上数字进行核对，并定期和不定期进行盘点。财务对收发存月报表进行复核，并对其定期和不定期进行盘点。仓库的部门规划和岗位设置示意如图2-4所示。

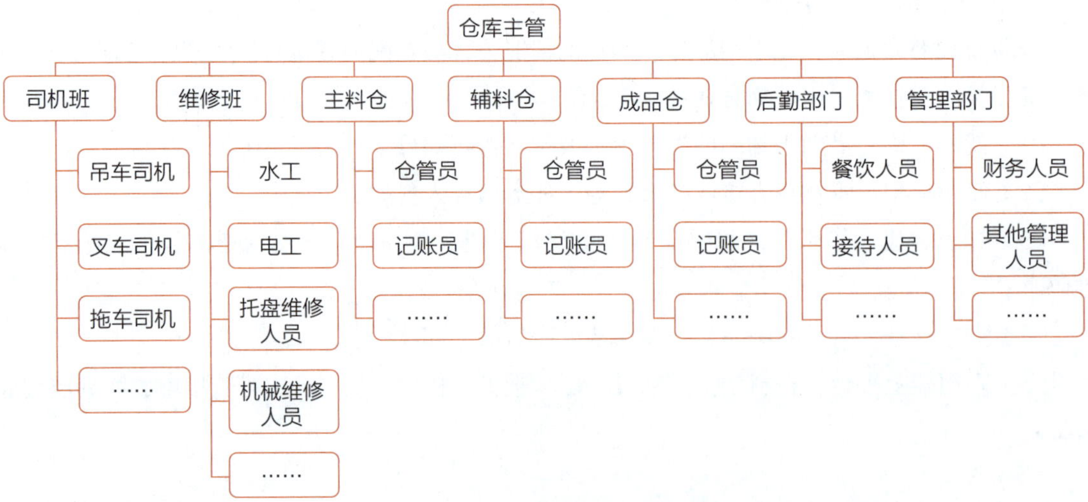

图2-4 仓库的部门规划和岗位设置示意图

二、仓库主管的岗位职责和岗位素质要求

由于仓库的性质不同，仓库主管的岗位职责和岗位素质要求会有所不同，但也有很多相同之处。

（一）仓库主管的岗位职责

（1）刻苦钻研业务知识，合理优化仓库工作方法及流程，控制仓库运作成本。全面了解仓库存储的产品，统筹分析，对库区的工作做出相应的调整，达到有效管理仓库的目的；对仓库进行分区管理，各类物品要分区放置、摆放整齐、做好标识、井然有序；参与公司宏观管理和策略制定。

（2）全面掌握仓库物资库存情况。把库存量及时通告各使用部门，并根据市场情况提出申请采购建议，随时填写采购单，以保证标准库存量，保证生产需要；根据物资的出库情况（或商场销售进度、生产进度等）以及业务部的采购计划进度，做好各种物资的申购、验收、保管及发放业务的组织管理工作，确保产品正常进出库房以及产品的完整性。

（3）安排仓库日常工作。每日为仓库各项工作分配员工，确保仓库日常工作有序进行；对仓管人员工作进行现场督导；督促仓管员做好各类台账，对产品进仓、验货等整理登记入账工作（做到准确无误），以便统计和核查；督促和配合仓管员定期对仓库产品盘点清查，发现账物不符时，找出原因予以调账或上报公司领导处理。

（4）制定仓库管理制度，以及人力资源计划。按照公司的发展规划拟定部门人员编制，报公司批准；定期对仓库员工进行工作培训；制定仓库管理制度，检查员工的考勤和工作态度，检查员工执行工作程序与标准的情况，并根据相关制度对下属人员进行考核、奖惩；签发仓库各级文件和单据。

（5）配合公司其他部门开展工作，做好横向沟通。及时与业务部沟通厂方到货情况，并组织人员做好接货准备；及时与业务部、仓管员核对产品出入库记录，对物品的出入库要及时验收、登记账簿，做到账物相符，发现问题及时向上级反馈；与业务部及生产部门沟通确认例外情况。

（6）加强管理，做好仓库安全（防火、防盗、防破坏）工作，防盗报警器的设防工作；对于仓库的常规及紧急事务做出及时处理；接受并完成上级交代的其他工作任务。

（7）每周做好工作总结报告，如实反映工作情况和工作中遇到的问题，积极提出合理化建议；对贬值、不完整和不合格产品向公司提出处理意见。

（8）以身作则，用正确的工作方法，积极负责的态度处理仓库日常工作；关心、爱护、团结下属员工，解决下属员工的困难和问题；发扬团队精神，发挥团队力量，带领下属员工做好仓库的工作。

（二）仓库主管的岗位素质要求

（1）学习过物流管理/库存管理等相关专业知识，具备相关的行业知识和业务敏锐性。

（2）良好的身体素质，能胜任繁重的脑力劳动。

（3）熟悉计算机操作，了解信息化理论，能熟练使用办公软件；对财务账目有深刻的理解

与认识，能及时发现日常账目与报表中的问题；具有良好的外语运用能力。

（4）有较强的组织管理能力、解决问题能力，熟悉仓储业务，能组织仓库的各项作业。

（5）有一定经营管理经验，掌握现代仓库经营管理方法，能以系统的观念整合仓储经营业务，具有一定的开拓精神，能不断地开拓仓储经营业务。

（6）具有较强的经营决策能力，处事稳健，有良好的控制力。

（7）善于沟通，协调能力强。

（8）了解现代人力资源管理知识，能激发员工的工作热情和团队精神。

三、仓管员的岗位职责和岗位素质要求

虽然仓库的性质各不相同，但仓管员岗位职责和岗位素质要求大体相同。

（一）仓管员的岗位职责

（1）热爱本职工作，遵守公司各项规章制度。

（2）负责管理仓库存放商品（包括商品进仓和出仓），对仓库内商品的数量、质量以及产品是否完整负责；爱护商品和仓库一切物品。要及时做好物资的入库验收、保管保养和出库发运工作；严格遵守各项手续制度，做好收有据、发有凭，及时准确登记销账，手续完备，账物相符，把好收、发、管三关，使商品进仓和出仓准确无误；发现有破坏商品（包括外包装）现象要及时制止，并报告上级主管处理，坚持公司规章制度及原则，保护仓库一切物品。

（3）熟悉仓库的结构、布局、技术定额；熟悉仓库规划；熟悉堆码、苫垫技术，掌握堆垛作业要求；在库容使用上做到妥善地安排货位，合理高效地利用，堆垛整齐、稳固，间距合理，方便作业、清数、保管、检查、收发。仓管员有管理搬运工人工作的责任和权力，发现其有不正确的操作行为，要及时制止、纠正后才可继续工作。

（4）熟悉仓储物资的特性、保管要求，能针对性地进行保管，防止货物损坏，提高仓储质量；熟练地填写表账、制作单证，妥善处理各种单证业务；了解仓储合同的义务约定，完整地履行义务；妥善处理风、雨、热、冻等自然灾害对仓储物资的影响，防止和减少损失。

（5）重视仓储成本管理，不断降低仓储成本。妥善保管好剩料、废旧包装，收集和处理好的脚货，做好回收工作；用具、苫垫、货板等妥善保管、细心使用，以延长其使用寿命；重视研究物资仓储技术，提高仓储利用率，降低仓储物耗损率，提高仓储的经济效益；做好日常盘点和月末盘点工作，随时了解仓库的储备情况，有无储备不足或超储积压、呆滞和不需要现象的发生，并及时上报。

（6）加强业务学习和训练，熟练地掌握计量、衡量、测试用具和仪器的使用；掌握分管物资的货物特性、质量标准、保管知识、作业要求和工艺流程；及时掌握仓库管理的新技术、新工艺，适应仓储自动化、现代化、信息化的发展，不断提高仓储的管理水平；了解仓库设备和设施的性能和要求，督促设备维护和维修；根据实际工作状况，积极提出经营和管理的合理化建议。

（7）严格按照仓库安全管理的规章制度，每日清洁、清扫库内地面卫生以及商品包装上的

卫生，时刻保持警惕，做好防火、防盗、防破坏、防虫鼠害等安全保卫工作，防止各种灾害和人身伤亡事故，确保人身、物资、设备的安全。

（8）服从上级领导的工作安排（如遇工作忙，要加班或延长工作时间，仓管人员要无条件服从主管安排），积极配合仓库主管和搬运工人完成各项工作任务。

（9）仓管人员要妥善保管好原始凭证、账本以及各类文件，要保守商业秘密，不得擅自将有关文件带出公司。

（二）仓管员的岗位素质要求

仓管员的素质要求如下：

（1）具有敬业精神，热爱本职工作。

（2）良好的身体素质，能胜任繁重的脑力劳动。

（3）熟悉计算机操作、办公软件，能使用仓库管理信息系统；对财务账目有一定的了解与认识，并能及时处理日常账目与报表。

（4）了解现代仓储管理基础知识，熟悉仓库管理业务程序，并且能执行6S管理的基本内容。

（5）了解现代商品学的基础知识并能运用到仓库管理工作中。

（6）熟练掌握本岗位工作的各项业务操作要求和管理规定。

（7）良好的工作协调能力，善于协调各种工作关系；具有团队精神，善于沟通，发挥团队协作的作用。

四、其他人员的岗位职责

仓库中除仓库主管和仓管员外，还有一些其他人员，他们对仓库的日常运作同样具有不可或缺的作用，其主要岗位职责及素质要求侧重点也各不相同。现主要以开单员和搬运工的岗位职责为例进行分析。

（一）开单员岗位职责

（1）热爱本职工作、遵守上下班制度、公司各项规章制度。

（2）字迹工整、无涂改，认真、仔细、准确无误地开具仓库所有单据（进仓、出仓、调拨以及退货单）。

（3）妥善保管各类单据。每日开具的各类单据存根联、记账联必须分类连号存放，以便查找单据。

（4）各类单据不能私自涂改。

（5）各类需要作废单据，开单员必须在单据上写明原因并申报仓库主管签名确认方可作废，且连号存底。

（6）负责每月仓库盘点的对账工作。对账结束后将差异明细注明原因并及时向仓库主管汇报。

（7）服从上级领导的工作安排（如遇工作忙，或调动、加班等情况，开单员要无条件服从主管安排），积极配合仓库主管和仓管员、搬运工人完成各项工作任务。

（二）搬运工岗位职责

（1）热爱本职工作，遵守公司各项规章制度，爱护商品和仓库一切物品。

（2）努力学习业务知识（产品的型号、摆放位置、单据操作等），不断提高自己。

（3）搬运工人负责搬运（摆放）商品。对所搬运（摆放）商品的数量、质量负责。有监督仓管员是否按单收、发商品的权力。

（4）搬运工人要遵守劳动纪律，服从仓管员的指挥，执行仓管员的工作指令，在规定的时间内完成规定的工作。

（5）搬运（摆放）工作要实行正确的搬运（摆放）方式，严禁野蛮操作。

（6）严禁破坏。大件商品搬运（摆放）必须两人或两人以上操作。商品严禁拖地操作，商品从高处下放，要用搬放方式操作，严禁乱丢、乱放商品。严禁用商品作垫台下丢商品。要根据商品的各种搬运（摆放）要求，严格执行各种搬运（摆放）方式。商品一般都有搬运（摆放）方式指示。

（7）要根据仓库、场地的安排，整齐规范摆放商品。

（8）做好工作场所的清洁卫生，做好仓库的防火、防盗窃、防破坏工作。

（9）敢于向坏人坏事作斗争，发现有人破坏、盗窃，要及时制止，并上报上级领导进行处理，打击一切坏人坏事。

课堂讨论

立体仓库主要设施

（1）托盘。所有货物均采用统一规格的钢制托盘，以提高互换性，降低备用量。此种托盘能满足堆垛机、叉车等设备装卸，也能满足在输送机上下运行。

（2）高层货架。采用特制的组合式货架，横梁结构。该货架结构美观大方、省料实用，易安装施工，属于一种优化的设计结构。

（3）巷道式堆垛机。根据本仓库的特点，堆垛机采用下部支承、下部驱动、双方柱型的结构。该机在高层货架的巷道内按X、Y、Z三个坐标方向运行，将位于各巷道口入库台的产品存入指定的货格，或将货格内产品运出送到巷道口出库台。

问题：如何科学合理地使用立体仓库主要设施？

项目小结

本项目详细介绍了仓库的不同分类方式（尤其是按建筑物的结构形式分类）、各自的适用范围，仓库选址的影响因素（物品因素、经济因素、环境因素、竞争因素），仓库选址的方法：定性的方法、定性和定量相结合的方法、定量分析法，以及仓库整体与作业区域的规划（平面规划、垂直规划）。最后，还介绍了仓库各岗位人员的职责和所需的素质要求（仓库主管、仓管员、开单员、搬运工等）。

重点概念：定性的方法　定量分析法　环境安全　综合指标评价分析法

• 知识巩固

一、不定项选择题

1．仓库的选址，应具有战略眼光，一是要考虑（　　），二是要考虑长远。

A．全局　　B．交通　　C．协调　　D．经济

2．一般来说，仓库越接近市场，其运输成本就会越低，同时越接近市场的土地（　　），两者之间的取舍必须加以评估。

A．相对便宜　　B．相对昂贵　　C．可能升值　　D．交通便利

3．对于受日晒、雨淋易变质损坏，而温湿度对其影响不大的物品，考虑其仓储成本，最好置于（　　）保管。

A．料棚　　B．露天货场　　C．普通库房　　D．专用库房

4．库房内，宽度一般为1.5～3m的通道通常为（　　）。

A．运输通道　　B．作业通道　　C．检查通道　　D．副通道

5．仓库的选址和规划直接影响仓储货物的质量、安全以及仓库将来的运作成本、发展潜力，是仓库运作的（　　）。

A．先决因素　　B．条件　　C．保障　　D．前提

6．企业的人力、物力、财力也是影响仓库选址和建设的（　　）之一。

A．先决因素　　B．关键因素　　C．安全保障　　D．基础

7．（　　）是仓库的主要作业区域，用于长时间、大批量存放货物。储存区通常建有多个库房、料棚或货场。

A．货场　　B．料棚　　C．储存区　　D．库房

8．某种商品储存在什么地方，应综合考虑各方面的因素，如商品的理化性质、加工程度、本身价值、用途和作用、批量大小、单位重量和体积，其中（　　）是主要依据。

A．商品因素　　B．质量因素　　C．安全保障　　D．理化性质

9．（　　）是对废弃包装物、破碎货物、变质货物、加工残屑等废料进行清理或回收复用的场所。

A．废物区　　B．清洁区　　C．安全区　　D．厂区

10．（　　）是仓库在收到退货良品、次品或者废品后进行处理的作业场所。

A．清洁区　　B．退货区　　C．安全区　　D．库区

二、判断题

1．仓库安全包括防火、防盗、防破坏工作。（　　）

2．各类单据不能私自涂改。（　　）

3．每季度仓库要做好盘点的对账工作。（　　）

4. 仓管人员可以处理原始凭证、账本以及各类文件。 ( )

5. 商品在库保管时间的长短、仓库所在地的地理气候条件、储存商品的季节等，也是必须考虑的因素。 ( )

三、简答题

1. 简述仓库选址的原则。

2. 简述影响仓库选址的常见因素。

3. 简述库房、料棚和货场的选择原则。

4. 简述多层仓库楼层的分配原则。

5. 货垛、货架的布置有垂直布置（横向垂直布置、纵向垂直布置）及倾斜布置，其优缺点各是什么？

• 技能实训

一、实训目标

解决仓库的防鼠问题，并指出鼠的习性、危害及防治措施。

二、实训步骤

（1）学生自由组合成小组，每组约为6个人。

（2）写出鼠的习性、危害及防治措施。

三、实训要求

1. 了解本次实训的目的。

2. 进行实训考评。

四、实训评价

评分表

考评人		被考评人	
考评地点			
考评内容			
考评标准	具体内容	分值	实际得分
	防鼠措施	40	
	鼠的习性	20	
	鼠的危害	20	
	团队合作	20	
合计		100	

五、实训报告

实训报告

班级		姓名		时间	
实训目的					
实训步骤					
实训内容					
我的做法					
我的结论					
我的想法					

项目三　商品的出入库管理

【知识目标】

1. 了解影响入库作业的因素和入库的基本作业程序
2. 掌握入库过程中问题的处理
3. 掌握出库过程中问题的处理

【技能目标】

1. 学会出入库中应做好哪些准备工作
2. 学会商品验收的基本条件

【素质目标】

1. 培养学生的职业素养，具备运用新知识、新技术的能力
2. 培养学生的团队合作精神，具备持续学习的能力

思维导图

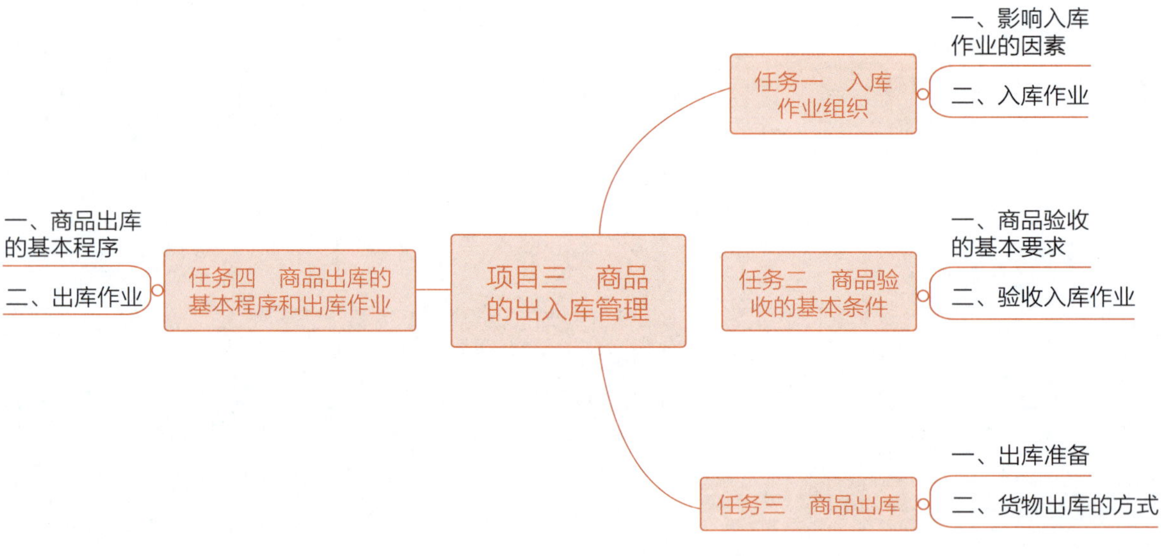

案例导入

青岛啤酒集团现代仓储管理

青岛啤酒集团引入现代物流管理方式，加快产成品走向市场的速度，同时使库存占用资金、仓储费用及周转运输在一年多的时间里降低了3900万元。青岛啤酒集团的物流管理体系是

被逼出来的。

从开票、批条子的计划调拨，到在全国建立代理经销商制，是青岛啤酒集团为适应市场竞争的一次重大调整。但在运作中却发现，由代理商控制市场局面，在市场上倒来倒去的做法，只能牵着企业的鼻子走，加上目前市场的信誉度较差，使青岛啤酒集团在组织生产和销售时遇到很大困难。

青岛啤酒集团以“新鲜度管理”为中心的物流管理系统启动时，当时青岛啤酒的产量不过30多万吨，但库存就高达3万吨，限产处理积压，按市场需求组织生产成为当时的主要任务。青岛啤酒集团将“让青岛人民喝上当周酒，让全国人民喝上当月酒”作为目标，先后派出两批业务骨干到国外考察、学习，提出了优化产成品物流渠道的具体做法和规划方案，这项以消费者为中心，以市场为导向，以实现“新鲜度管理”为载体，以提高供应链运行效率为目标的物流管理改革，建立起了集团与各销售点物流、信息流和资金流全部由计算机网络管理的智能化配送体系。

青岛啤酒集团首先成立了仓储调度中心，对全国市场区域的仓储活动进行重新规划，对产品的仓储、转库实行统一管理和控制。由提供单一的仓储服务，到对产成品的市场区域分布、流通时间等全面的调整、平衡和控制，仓储调度成为销售过程中降低成本、增加效益的重要一环。以原运输公司为基础，青岛啤酒集团注册成立了具有独立法人资格的物流有限公司，引进现代物流理念和技术，并完全按照市场机制运作。作为提供运输服务的“卖方”，物流公司能够确保按规定要求，以最短的时间、最少的环节和最经济的运送方式，将产品运至目的地。

同时，青岛啤酒集团应用建立在Internet信息传输基础上的企业资源计划（Enterprise Resource Planning，ERP）系统，筹建了青岛啤酒集团技术中心，将物流、信息流，资金流全面统一在计算机网络的智能化管理之下，建立起各分公司与总公司之间的快速信息通道，及时掌握各地最新的市场库存、货物和资金流动情况，为制定市场策略提供准确的依据，并且简化了业务运行程序，提高了销售系统运作效率，增强了企业的应变能力。同时，青岛啤酒集团还对运输仓储过程的各个环节进行了重新整合和优化，以减少运输周转次数、压缩库存，缩短产品仓储和周转时间等。

问题提出：

1. 什么是现代仓储管理？
2. 青岛啤酒集团的“新鲜度管理”是什么意思？

任务一　入库作业组织

入库作业组织是指仓储部门按照存货方的要求合理组织人力、物力等资源，按照入库作业程序，认真履行入库作业各环节的职责，及时完成入库任务的工作过程。

仓储作业是指以存储、保管活动为中心，从仓库接收物品入库开始，到按需要把物品全部完好地发送出去的全过程。仓储作业过程主要由入库、在库、出库三个阶段组成，按其作业顺序，还可以细分为接车、卸车、检验、交接入库、保管保养、拣出与集中、装车、发运等作业环节。各个作业环节既相互联系，又相互制约。

仓储作业的目标是实现仓储活动的“多、快、好、省”，即多储存、快进、快出、保管好和费用省。

入库是仓储工作的第一步，标志着仓储工作的正式开始。入库作业的水平高低直接影响着整个仓储作业的效率与效益。物品入库的基本要求是：保证入库物品数量准确，质量符合要求，包装完好无损，手续完备清楚，入库迅速。

一、影响入库作业的因素

在进行入库作业时，必须清楚影响入库作业的主要因素，并对这些因素进行分析。这些因素主要包括以下几个方面。

1. 货品供应商及货物运输方式

仓储企业所涉及的供应商数量、供应商的送货方式、送货时间等因素直接影响到入库作业的组织和计划。因此，在设计进货作业时，主要应掌握以下五方面的数据：

（1）每天的供货商数量（平均数量及高峰数量）。

（2）送货的车型及车辆台数。

（3）每台车的平均卸货时间。

（4）货物到达的高峰时间。

（5）中转运输接运方式。

2. 商品种类、特性与数量

不同种类的商品具有不同的特性，因此需要不同的作业方式与之配合。另外，到货数量的大小也对组织入库作业产生直接影响。在进行具体分析时，应重点掌握以下数据：

（1）每天平均到货品种数和最多到货品种数。

（2）商品单元的尺寸及重量。

（3）商品的包装形态。

（4）商品的保存期限。

（5）商品的特性，是一般性商品还是危险性商品。

（6）装卸搬运方式。

3. 入库作业的组织管理情况

根据入库作业要求，合理设计作业岗位，确定各岗位所需的设备器材种类及数量；根据作业量大小合理确定各岗位的人员数量，同时各岗位必须安排合适的人选。整个组织管理活动应以作业内容为中心，充分考虑各环节的衔接与配套问题，合理设计基本作业流程，与此同时要考虑后续作业的配合方式。

二、入库作业

入库是仓储工作的第一步，标志着仓储工作的正式开始，入库业务的水平高低直接影响着整个仓储作业的效率与效益。因此，提高入库业务管理水平十分重要，入库业务的工作内容主要包括货物入库前的准备工作、入库验收工作、入库手续的办理、入库中的具体工作等。

行业新动向

（一）货物入库前的准备工作

货物入库前的准备工作是指仓储管理者根据仓储合同或者入库单，及时对即将入库的货物进行接运、装卸、安排储位以及相关作业人力、物力的活动，其主要目的是保证货物按时入库，保证入库工作的顺利进行。

1. 入库前的货物接运工作

货物入库接运是入库业务流程的第一道作业环节，也是仓库直接与外部发生的经济联系。它的主要任务是及时而准确地向运输部门提取入库货物，要求手续清楚、责任分明，为仓库验收工作创造有利条件。

做好货物接运业务管理的主要意义在于，防止把在运输过程中或运输之前已经发生的货物损害和各种差错带入仓库，减少或避免经济损失，为验收或保管保养创造良好的条件。

2. 入库前的具体准备事项

（1）熟悉入库货物。仓储工作人员一定要认真查阅入库货物资料，必要时应向货主查询。掌握入库货物的品名、规格、数量、包装状态、单件体积、到库确切时间、货物堆放期、货物的物理化学特性、保管的特殊要求等。只有了解了以上内容，才能准确和妥善地进行库场的安排、准备。

（2）掌握仓库库场情况。了解在货物入库期间、保管期间仓库的库存、设备、人员的变动情况，目的是方便以后安排工作。必要时对仓库进行清查、整理、归位，以便腾出仓容。对于必须使用重型操作设备的货物，一定要确保可使用设备的货位。

（3）确定仓储计划。仓库业务部门根据货物情况、仓库情况以及设备情况，制订出仓储计划，并将任务下达到各相应的作业单位、管理部门。

（4）妥善安排货位。仓库管理人员根据入库货物的性能、数量、类别，结合仓库分区分类保管的要求，核算货位大小，根据货位使用原则，妥善安排货位、验收场地，确定堆垛方法、苫垫方案等。

（5）合理组织人力。根据货物入库的数量和时间，安排好货物验收入库人员、搬运堆码人员以及货物入库工作流程，确定各个工作环节所需要的人员和设备。

（6）做好货位准备。仓库保管人员应及时进行货位准备，彻底清洁货位，清除残留物，清理排水管道，必要时进行消毒除虫、铺地。详细检查照明、通风等设备。

（7）准备好苫垫材料、作业用具。在货物入库前，根据所确定的苫垫方案，准备相应的材料，并组织苫垫铺设作业。对作业所需要的用具，准备妥当，以便能及时使用。

（8）验收准备。仓库理货人员根据货物情况和仓库管理制度，确定验收方法。准备好验收时点数、称量、测试、开箱装箱、丈量、移动照明等各项工作所需的工具。

（9）装卸搬运工艺设定。根据货物、货位、设备条件、人员等情况，合理科学地制定卸车搬运工艺，保证作业效率。

（10）文件单证准备。仓库保管人员对货物入库所需的各种报表、单证、记录簿，如入库记录、理货检查单、料卡、残损单等预填妥善，以便使用。

由于仓库不同、货物不同以及业务性质不同，入库准备工作会有所差别，因此需要根据具体情况和仓库制度做好充分准备。

（二）入库验收工作

1．商品入库验收

（1）验收准备。验收准备是货物入库验收的第一道程序，包括货位、验收设备和工具及人员的准备。

（2）核对验收单证。核对供货单位提供的验收凭证，包括质量保证书、装箱单、磅码单、说明书和保修卡及合格证等。

（3）确定抽验比例。抽验比例应以合同规定为准。

（4）实物验收。实物验收是物资验收业务管理的核心，核对资料、证件都符合后，应尽快验收实物。仓库一般负责物资外观质量和数量的验收。对于有些入库物资需要进行内在质量和性能检验的，仓库应积极配合检验部门，提供方便，做好此项工作。

2．实物验收

实物验收包括内在质量、外观质量、数量、重量和精度验收。当商品入库交接后，应将商品置于待检区域，仓库管理员及时进行外观质量、数量、重量及精度等的验收，并进行质量送检。

（三）入库手续的办理

商品检验合格，即应办理入库手续，进行登账、立卡、建档，这是商品验收入库的最后环节。经过验收合格的物资，由仓库验收员整理有关资料证书，交给保管机构，并做出交代，可以正式入库保管。物资一经入库，就必须办理登账、立卡、建档等一系列入库手续。

1．登账

商品入库登账，要建立详细说明库存商品进出和结存的保管明细账，用以记录库存商品的动态，并为对账提供主要依据。

2．立卡

每次物资入库码垛时，即应按入库单所列内容填写卡片，发货时应按出库凭证随发随销货卡上的数字，以防事后漏记。卡片式样根据物资存放地点不同而不同，存放在库房内的物资一般挂纸卡或塑料卡。存放在露天的物资，为防止卡片丢失或损坏，通常装在塑料袋中或放在特制的盒子里，然后再挂在垛位上，也可用油漆写在铁牌上。

3．建档

商品档案应一物一档。

（四）入库中的具体工作

1．核对凭证

商品到库后，仓库收货人员首先要检查商品入库凭证，然后根据入库凭证开列的收货单位和商品名称与送交的商品内容和标记进行核对。如核对无误，再进行下一道工序。

2．初步检查验收

初步检查验收主要是对到货情况进行粗略的检查，其工作内容主要包括数量检查和包装检查。数量检查的方法有两种：一是逐件点数计总；二是集中堆码点数。无论采用哪种方法，都必须做到精确无误。在数量检查的同时，对每件商品的包装要进行仔细的查看，查看包装有无破损、水湿、渗漏、污染等异常情况。出现异常情况时，可打开包装进行详细检查，查看内部商品有无短缺、破损或变质等情况。

3．办理交接手续

入库商品经过以上几道工序之后，就可以与送货人员办理交接手续。如果在以上工序中无异常情况出现，收货人员在送货单上盖章表示商品收讫。如发现有异常情况，必须在送货单上详细注明并由进货人员签字，或由送货人员出具差错、异常情况记录等书面材料，作为事后处理的依据。

4．商品验收

在办完商品交接手续之后，仓库对入库的商品还要做进一步的验收工作。对商品验收的基本要求是“及时、准确”，即要求在规定的时间内，准确地对商品的数量、质量、包装进行细致的验收工作，这是做到储存商品准确无误和确保商品质量的重要措施。

如果仓库或业务检验部门在规定的时间内没有提出商品残损、短少以及质量不合格等问题，存货方则认为所供应的商品数量、质量均符合合同要求，双方责任已清，不再负责赔偿损失。因此，仓储企业必须在规定的时间内，准确无误地完成验收工作，对入库商品数量、质量等情况进行确认。

5．入库信息处理，办理商品入库手续

经验收确认后的商品，应及时填写验收记录表，并将有关入库信息及时准确地录入入库管理信息系统，以便及时更新库存商品的有关数据。

任务二　商品验收的基本条件

一、商品验收的基本要求

商品验收是根据合同或标准的规定要求，对标的物品的品质、数量、包装等进行检查、验收的总称。商品在入库以前必须进行商品验收工作。商品验收工作的时间性、技术性、准确性要求很高。所以，在商品验收时，必须做到“认真、及时、准确”。

案例链接

安徽省蒙牛乳业（马鞍山）有限公司冰淇淋厂火灾

蒙牛乳业（集团）股份有限公司在安徽省马鞍山市经济技术开发区投资2.5亿元建设的亚洲最大的冰淇淋生产线项目曾发生重大火灾，起火地点为蒙牛乳业（马鞍山）有限公司北库（成品库），随后火势蔓延至该公司南库（缓冲间）。马鞍山市消防支队先后调集五个消防中队，四个企业专职消防队共25辆消防车、142人，经过7个多小时的艰苦奋战，终将大火完全扑灭，在搜救火场被困公司员工过程中，因冷库钢结构房顶突然坍塌，奋不顾身救人的郑飞、管志彦、叶晓辉3名年轻的战士英勇牺牲，事故发生后，安徽省消防总队立即组成专家组对火灾原因进行调查，现已查明火灾系冷库内照明电气线路短路所致，火灾造成的直接经济损失约300万元。

问题提出：

在仓库管理中，应如何确保仓库安全？

二、验收入库作业

验收入库作业是仓储作业的开始，货物到达仓库之后，仓库人员首先应检查随货物同时到达的货单。按照货单开列的收货单位、货物名称、规格、数量以及交货日期等项内容，与货物的各项标志逐项进行核对，确认无误后，办理入库交接手续。

（一）货物接运

由于货物到达仓库的形式不一，除了少部分由供货单位直接运到仓库交货外，大部分要经过铁路、公路、航运、空运等多种运输方式。凡经过交通运输部门转运的货物，均需要经过仓库接运后，才能进行入库验收。

1. 做好货物接运工作的意义

货物接运的主要任务是及时而准确地向交通运输部门提取入库货物，保证手续清楚、责任分明，为仓库验收工作创造有利条件。因为接运工作是仓库业务活动的开始，是货物入库和保管的前提，所以接运工作的好坏直接影响货物的验收和入库后的保管保养。

2. 货物验收

货物的验收工作，实际上包括“品质的检验”和“数量的点收”双重任务。验收工作的进行，有两种不同的情形：第一种情形是先行点收数量，后通知负责检验单位办理检验工作；第二种情形是先由检验部门检验品质，认为完全合格后，通知仓储部门，办理收货手续，填写收货单。

3. 货物入库

仓库货位选择，一方面是为了提高仓库平面和空间的利用率，另一方面是为了提高货物保管质量，方便进出库作业，从而降低货物的仓储作业成本。

（二）商品验收的依据和内容

1. 商品验收的依据

商品验收的依据主要是货主的入库通知单、订货合同、调拨通知单或采购计划，在这些资料中，最主要的依据是货主的入库通知单，对于无合同、无计划的到货，应及时通知货主查询，经批准后，才能办理入库手续。货主应及时将订货合同、到货计划送交仓库。仓库接到货主的入库通知单等资料后，应按照资料的要求及有关规定认真核对，如内容不完备、不明确或者有错误时，应及时通知或退回货主补齐。

2. 商品验收的基本内容

商品验收的基本内容包括数量验收、质量验收和包装验收。

商品数量验收是在初步验收的基础上做进一步的商品数量验收，即所谓的细数验收。验收的方法，对于计重商品一般采用过磅检斤的方法验收。对于计件商品，一般都采取抽检的方式。

采用抽检方式时，为比较准确地反映入库商品的实际情况，应科学地确定验收比率。验收比率是一批商品中抽检商品的数量占全部被验商品数量的比例。

商品质量验收主要是检查入库商品质量是否符合国家质量标准，是否符合规定要求，是否与订单资料或其他凭证相符，规格、牌号等有无差错。

商品包装验收主要是检查商品包装能否保证货物在运输和储存过程中的安全，是否符合保护商品的要求。

3. 抽样检验介绍

商品验收有全检和抽检两种基本方式。所谓全检是指针对批量小、规格尺寸和包装不整齐以及要求严格验收的商品，必须对所有商品全部进行检验的一种方式。它需要消耗较多的人力、物力和时间，但是可以保证验收质量。所谓抽样检验，就是借助数理统计方法，从一批商品中，随机地抽取部分商品进行检验，根据这部分商品的质量情况，判断该批商品的质量状况，从而决定该批商品质量是否合格的一种商品检验方式。一般情况下，对于批量较大、规格尺寸和包装质量完好、质量信誉较高的商品以及在验收条件有限的情况下，特别是进行商品的理化性能检验时采用这种方式。

（三）入库过程中发现问题的处理

在商品入库过程中，常见的问题及处理方法如下。

1. 数量不符

如果经验收后发现商品的实际数量与凭证上所列的数量不一致时，应由收货人在凭证上详细做好记录，按实际数量签收，并及时通知送货人和发货方。

2. 质量问题

在与铁路等交通运输部门初步验收时发现质量问题，应会同承运方清查点验，并由承运方编制商务记录或出具证明书，作为索赔的依据。如确认责任不在承运方，也应做出记录。由承运者签字，以便作为向供货方联系处理的依据。在拆包进一步验收时发现的质量问题，应将有问题的商品单独堆放，并在入库单上分别签收，同时通知供货方，以划清责任。

3. 包装问题

在清点大件商品时发现包装有水渍、沾污、损坏、变形等情况时，应进一步检查内部数量和质量，并由送货人开具包装异常情况记录，或在进货单上注明，同时通知保管员单独堆放，以便处理。

4. 单货不符或单证不全问题

这类问题又可分为以下几种情况：

（1）商品串库。商品串库是指应该送往甲库的商品误送到乙库。当初步检查时发现串库现象，应立即拒收；如在验收细数中发现串库商品，应及时通知进货人办理退货手续，同时更正单据。

（2）有货无单。有货无单是指货物先到达而有关凭证还未到达。对此应暂时安排场所存放，及时联系，待单证到齐后再验收入库。

（3）有单无货。存货单位先将单证提前送到仓库，但经过一段时间后，尚未见到货，应及时查明原因，将单证退回注销。

（4）货未到齐。往往由于运输方式的原因，同一批商品不能同时到达。对此，应分单签收。

任务三　商品出库

一、出库准备

在实践工作中，仓库工作人员要坚决杜绝凭口头、凭信誉、凭白条发货，否则极易发生差错事故甚至法律纠纷。遇到抢险救灾等紧急情况，发生非常规的货物出库，也要符合仓库的有关管理规定。业务部门或者客户单位开出的提货单、调拨单等货物出库凭证，其格式会不尽相同。但是，无论采用什么格式，都必须是符合财务和业务管理制度要求的具有法律效力的凭证。通常，仓库与业务部门在货物出库管理规定中，或者与客户单位在仓储管理合同中，要明确规定有效的出库凭证格式等内容。

以下分别是某生产厂家内部业务部门向仓库开出的物资调拨单格式（表3-1）和某家电企业向仓储企业开出的提货单格式（表3-2）。

表3-1 调拨单

开单日期: 年 月 日　　调拨单号:
调拨期限: 年 月 日
领用单位:　　取料仓库:

序号	物资编号	名称	规格	型号	单位	数量	重量	备注

批准　　记账　　领用　　制单

表3-2 提货单

提货单位:　　联系方式:　　提货单号:
提货仓库:　　仓库地址:
提货方式:　　结算方式:　　开单日期: 年 月 日

序号	货物编号	名称	规格	型号单位	数量	重量	单价	总价	备注

主管:　　财务:　　提货人:　　制单:

1. 商品出库概述

商品出库发运是商品储运阶段的终止，也是仓库作业的最后一个环节，包括仓库根据业务部门或存货单位开出的商品出库凭证（提货单、调拨单），从对出库凭证审核开始，进行拣货、分货、发货检查、包装，直到把商品点交给要货单位或发运部门的一系列作业过程。

商品出库时要做到“三不”“三核”“五检查”的基本要求。“三不”就是“未接单据不登账，未经审单不备货，未经复核不出库”。“三核”即在发货时要“核对凭证，核对账卡，核对实物”。“五检查”，即对单据和实物要进行品名检查、规格检查、包装检查、件数检查和重量检查。具体来讲，货物出库要严格执行出库业务程序，依据正式的出库凭证进行，准确及时地将货主所需货物送达，使客户满意。

2. 商品出库主要依据

商品出库的主要依据是有关单位开具的正式出库凭证。出库凭证的具体格式可以不同，但不论采用哪种格式，都必须是符合财务制度要求且具有法律效力的凭证。

商品出库必须符合有关规定和要求，对商品出库业务的基本要求如下：

（1）凭证出库。出库业务必须依据正式的出库凭证进行，任何非正式的凭证均视为无效凭证，不能作为出库的依据。

（2）严格执行出库业务程序。出库业务程序是保证出库工作顺利进行的基本保证，为防止出现工作失误，在进行出库作业时，必须严格履行规定的出库业务工作程序，使出库业务有序进行。

（3）准确。所谓准确是指按照商品出库凭证所列的商品编号、品名、规格、等级、单位、数量等，做到准确无误地出库。一般情况下，由于仓库储存品种较多，发货时间比较集中，业务比较繁忙，为做到出库商品准确无误，必须加强复核工作，要从审核出库凭证开始直到把商品交接为止，每一环节都要进行复核。

（4）及时。所谓及时是指当接到出库凭证以后，按规定的交货日期及时组织商品出库。办理出库手续，应在明确经济责任的前提下，力求手续简便，提高发货效率。为此，一方面要求作业人员具有较高的业务素质，全面掌握商品的流向动态，合理地组织出库业务；另一方面要加强与业务单位的联系，提前做好出库准备，以迅速及时地完成出库业务。

二、货物出库的方式

（一）出库方式

1. 送货

送货是指仓库根据客户订单要求，组织人力、物力将货物备齐，送到客户所需地点的一种出库方式。送货具有“预先付货、按车排货、发货等车”的特点。这样仓储部门可以预先安排作业，缩短发货时间。

某企业物资出库的规定

2. 自提

自提是由货主凭有效出库凭证，自备运输工具到仓库提取货物的一种方式。

3. 过户

过户是一种就地划拨的形式，货物虽未出库，但是货物的所有权已从原存货户转移到新存货户。仓库必须根据原存货单位开出的正式过户凭证，才可以办理过户手续。

4. 移库

移库是指货物存放地点的变动。某些货物由于业务上的需要，或由于货物特性的原因要更换储存场所，从一个仓库转移至另一个仓库储存时，必须根据有关部门开具的货物移库单来组织货物出库。

（二）货物出库作业的流程

由于各种类型的仓库具体储存的货物种类不同，经营方式不同，货物出库的程序也不尽相同，但就其出库的操作内容来讲，一般的出库业务程序包括核单备货—复核—包装—点交—登账—清理等过程。

（三）货物出库常见问题处理

货物出库过程中出现的问题有很多，应分别对待并及时处理。

1. 出库凭证问题处理

出库凭证有假冒、复制、涂改等情况，或者情况不清楚有疑点，应及时与仓库保卫部门及与出具出库单的单位或部门联系，妥善处理。

2. 串发货和错发货问题处理

所谓串发货和错发货，主要是指发货人员对货物种类规格不是很熟悉的情况下，或者由于工作中的疏漏，把错误规格、数量的货物发出库的情况。收到客户投诉，发现串发货或错发货后，应及时逐步排查，查明情况及时解决。

3. 包装问题处理

包装问题一般指在发货过程中，因货物包装破损，造成货物渗漏、裸露等问题。因要求仓储部门在发货时，凡原包装经挤压，装卸搬运不慎造成的破损、污损都需重新整理或更换包装才能出库，所以出现此类客户投诉，一般造成的原因是在运输途中，因碰撞、挤压或装卸搬运造成，应与运输部门协商，由运输部门（物流公司）解决此问题。

4. 漏记账和错记账问题处理

漏记账是指在货物出库作业中，由于没有及时核销货物明细账造成账面数量大于或少于实存数量的现象。错记账是指在货物出库后核销明细账时没有按实际出库的货物名称、数量等登记，从而造成账物不相符的情况。不论是漏记还是错记，一经发现，除及时向有关领导如实汇报情况外，同时还应根据原始出库凭证查找原因调整账目，使之与实际存货相符。

5. 退货问题处理

凡属产品内在质量问题，客户要求退货和换货时，应由质检部门出具质量检查证明、试验记录等书面文件，经货物主管部门同意后，方可退货或换货。同时，按照退货处理流程进行处理。

任务四　商品出库的基本程序和出库作业

一、商品出库的基本程序

由于各种类型的仓库具体储存的商品种类不同、经营方式不同，商品出库的程序也不尽相同，但就其出库的操作内容来讲，一般的出库业务程序主要包括出库凭证审核、出库信息处理、拣货、分货、出货检查、包装、货物交接、发货后的处理等。

（一）出库凭证审核

仓储业务部门接到商品出库凭证时，首先要对出库凭证仔细地进行审核。审核的主要内容如下：

（1）审核出库凭证的合法性和真实性。

（2）核对商品的品名、型号、规格、单价、数量等有无错误。

（3）核对收货单位、到站、银行账号等是否齐全和准确。

如发现出库凭证有问题，需要经原开证单位进行更正并加盖公章后，才能安排发货业务。但在特殊情况（如救灾、抢险等）下，可经领导批准先发货，事后及时补办手续。

（二）出库信息处理

出库凭证审核无误后，将出库凭证信息进行处理，采用人工处理方式时，记账员将出库凭证上的信息按照规定的手续登记入账，同时在出库凭证上批注出库商品的货位编号，并及时核对发货后的结存数量。当采用计算机进行库存管理时，将出库凭证的信息录入计算机后，由出库业务系统自动进行信息处理，并打印生成相应的拣货信息（拣货单等凭证），作为拣货作业的依据。

（三）拣货

拣货是指依据客户的订货要求或仓储配送中心的送货计划，尽可能迅速、准确地将商品从其储位或其他区域拣取出来的作业过程。拣货信息是拣货作业的依据，它来源于客户的订单。拣货信息既可以通过手工单据来传递，也可以通过其他电子设备和自动拣货控制系统进行传输。

（四）分货

分货也称为配货，拣货作业完成后，根据订单或配送路线等不同的组合方式对货品进行分类。需要流通加工的商品，先按流通加工方式分类，再按进货要求分类，这种作业称为分货作业。分货作业方式可分为人工分货和自动分类机分货两种方式。

（五）出货检查

为保证出库商品不出差错，配货后应立即进行出货检查。出货检查是防止发货差错的关键。采用人工拣货和分货作业方式时，每经一个作业环节，必须仔细检查，按照“动碰复核”的原则，既要复核单货是否相符，又要复核货位结存量来验证出库量是否正确。发货前由专职或兼职复核员按出库凭证对出库商品的品名、规格、单位、数量等仔细地进行复验，核查无误后，由复核人员在出库凭证上签字，方可包装或交付装运。在包装、装运过程中要再次进行复核。

（六）包装

出库商品有的可以直接装运出库，有的还需要经过包装待运环节，特别是发往外地的商品，为了适应安全运输的要求，往往需要进行重新组装，或加固包装等作业。凡是由仓库分装、改装或拼装的商品，装箱人员要填制装箱单，标明箱内所装商品的名称、型号、规格、数量以及装箱日期等，并由装箱人员签字或盖章后放入箱内供收货单位查对。

（七）货物交接

出库商品无论是要货单位自提，还是交付运输部门发运，发货人员必须向收货人员或运输人员按单逐件交接清楚，划清责任。在得到接货人员的认可后，在出库凭证上加盖“商品付讫”印戳，同时给接货人员填发出门证，门卫按出门证核检无误后方可放行。

（八）发货后的处理

商品交接以后应及时进行发货后的处理工作。人工处理过程由发货业务员在出库凭证上填写“实发数”“发货日期”等项内容并签名，然后将出库凭证其中的一联及有关证件资料，及时送交货主单位，以便货主办理货款结算事宜。根据留存的一联出库凭证登记实物储存明细账。做到随发随记，日清月结，账面余额与实际库存和卡片相符。出库凭证应该当日清理，定期装订成册，妥善保存，以备查用。采用计算机管理，应及时将出库信息输入管理系统，系统自动更新数据。

二、出库作业

（一）保管作业

1. 堆码

由于仓库一般实行按区分类的库位管理制度，因而仓库管理员应当按照物品的存储特性和入库单上指定的货区与库位进行综合的考虑和堆码，做到既能充分利用仓库的库位空间，又能满足物品保管的要求。

第一，要尽量利用库位空间，较多采用立体储存的方式。

第二，仓库通道与堆垛之间要保持适当的宽度和距离，以提高物品装卸的效率。

第三，要根据物品的不同收发批量、包装外形、性质和盘点方法的要求，利用不同的堆码工具，采取不同的堆码形式。危险品和非危险品、性质相互抵触的物品应该分开堆码，不得混淆。

第四，不要轻易改变物品存储的位置，一般应按照先进先出的原则。

第五，在库位不紧张的情况下，堆码时应尽量避免造成覆盖和拥挤。

2. 养护

仓库管理员应当经常或定期对仓储物品进行检查和养护，对于易变质或存储环境比较特殊的物品，应当经常进行检查和养护，检查工作的主要目的是尽早发现潜在的问题，养护工作主要是以预防为主。在仓库管理过程中，要根据需要保持适当的温度、湿度，采取适当防护措施，预防破损、腐烂或失窃等，确保存储物品的安全。

3. 盘点

对于仓库中贵重的和易变质的物品，盘点的次数越多越好，其余的物品应当定期进行盘点（如每年盘点一次或两次）。盘点时应当做好记录与仓库账务核对，如果出现问题，应当尽快查出原因，及时处理。

（二）出库作业

1. 出库前的准备

物资出库前的准备工作分为两方面：一方面是计划工作，就是根据需货方提出的出库计划或要求，事先做好物资出库的安排，包括货场货位、机械搬运设备、工具和作业人员等的计划、组织；另一方面要做好出库物资的包装和涂写标志工作。出库商品从办理托运到出库的付运过程中，不仅要安排一定的仓库或站台等理货场所，也要调配必要的装卸机具。提前集中付运的物品，应按物品运输流向分堆，以便于运输人员提货发运，及时装载物品，加快发货速度。由于出库作业细致复杂、工作量也大，所以事先要对出库作业加以合理组织，安排好作业人力，保证各个环节的紧密衔接。

2．核对出库凭证

仓库接到出库凭证后，由业务部门审核证件上的印鉴是否齐全相符，有无涂改。然后，按照出库单证上所列的物资品名规格、数量与仓库料账再做全面核对。审核无误后，在料账上填写预拨数后，将出库凭证移交给仓库保管人员。保管员复核料卡无误后，即可做物资出库的准备工作，包括准备随货出库的物资技术证件、合格证、使用说明书、质量检验证书等。

3．备料出库

仓库接到提货通知时，应及时进行备货工作，以保证提货人可以按时完整提取货物。物资保管人员按照出库凭证上的品名、规格查对实物保管卡，注意规格、批次和数量，规定有发货批次的，按规定批次发货；未规定批次的，按先进先出、推陈出新等原则，确定应发货的垛位。

4．复核

货物备好后，为了避免和防止备料过程中可能出现的差错，应再做一次全面的复核查对。

5．出库交接

备料出库物资，经过全面复核查对无误之后，即可办理清点交接手续。如果是用户自提方式，即将物资和证件向提货人当面点清，办理交接手续。如果是代运方式，则应办理内部交接手续，即由物资保管人员向运输人员或包装部门人员点清交接，由接收人签章，以划清责任。

6．销账存档

物资点交清楚、出库发运之后，该物资的仓库保管业务即告结束，物资仓库保管人员应做好清理工作，及时注销账目、料卡，调整货位上的吊牌，以保持物资的账、卡、物一致，将已空出的货位标注在货位图上，及时、准确地反映物资进出、存取的动态。

课堂讨论

自动化立体仓库

自动化立体仓库是公司物流系统中的一个重要部分。它在计算机管理系统的高度指挥下，高效、合理地储存各种型号的低压电器成品。准确、实时、灵活地向各销售部门提供所需的产成品，并为物资采购、生产调度、计划制订、产销衔接提供了准确信息。同时，它还具有节省用地、减轻劳动强度、提高物流效率、降低储运损耗、减少流动资金积压等功能。

问题：自动化立体仓库和传统仓库有哪些异同？

• 项目小结

入库作业组织是指仓储部门按照存货方的要求合理组织人力、物力等资源，按照入库作业程序，认真履行入库作业各环节的职责，及时完成入库任务的工作过程。

商品出货发运是商品储运阶段的终止，也是仓库作业的最后一个环节，包括仓库根据业务部门或存货单位开出的商品出库凭证（提货单、调拨单），从对出库凭证审核开始，进行拣货、分货、发货检查、包装，直到把商品点交给要货单位或发运部门的一系列作业过程。

重点概念：仓储作业　入库作业　出库作业　商品养护　商品堆码　商品盘点

• 知识巩固

一、不定项选择题

1. 仓库在接受入库货物时，根据入仓单、运输单据、仓储合同和仓储规章制度，对货物进行清点数量、检查外观质量、分类分拣、数量接收的交接工作叫作（　　）。

A. 仓库理货　B. 入库管理　C. 出库管理　D. 手续管理

2. 存货方和保管方为了加速商品流转、合理利用仓容，保管好商品、提高经济效益而明确双方的权利、义务关系的协议叫作（　　）。

A. 管理协议　B. 仓储保管合同　C. 存货协议　D. 经济合同

3. 一般的出库业务程序包括核单备货—复核—包装—点交—登账—（　　）等过程。

A. 查数　B. 清理　C. 检验质量　D. 清扫

4. 为存储货物支出的货物养护、保管等费用叫作（　　）。

A. 入库成本　B. 运输成本　C. 出库成本　D. 保管成本

5. 分货作业方式可分为人工分货和（　　）两种方式。

A. 自动分类机分货　B. 机械　C. 机器人　D. 半自动

6.（　　）是一种就地划拨的形式，货物虽未出库，但是货物的所有权已从原存货户转移到新存货户。

A. 转移　B. 过户　C. 移动　D. 处理

7. 对于仓库中贵重的和易变质的物品，盘点的次数（　　）。

A. 适量　B. 每周一次　C. 越多越好　D. 及时

8. 货物备好后，为了避免和防止备料过程中可能出现的差错，应再做一次全面的（　　）。

A. 质量检查　B. 包装检查　C. 数量检查　D. 复核查对

9.（　　）是由货主单位凭有效出库凭证，自备运输工具到仓库提取货物的一种方式。

A. 自提　B. 自理　C. 理货　D. 出库

10. 如果经验收后发现商品的实际数量与凭证上所列的数量不一致时，应由收货人在凭证上详细做好记录，按实际数量签收，并及时通知送货人和（　　）。

A. 保管员　B. 发货方　C. 检验员　D. 管理人员

二、判断题

1. 物资出库前的准备工作分为两方面：一方面是计划工作，就是根据需货方提出的出库计划或要求，事先做好物资出库的安排；另一方面要做好出库物资的包装和涂写标志工作。（　　）

2. 商品出库是根据合同或标准的规定要求，对标的物品的品质、数量、包装等进行检查、验收的总称。（　　）

3. 凡属产品内在质量问题，用户要求退货和换货时，应由质检部门出具质量检查证明，试验记录等书面文件，经货品主管部门同意后，方可退货或换货。（ ）

4. 退货或换货的货品必须达到验收入库的标准，否则不准入库。（ ）

5. 发货后，用户反映规格混串，数量不符等问题，如确属发货差错，应及时纠正并致歉；如不属发货差错，应对用户提出批评。（ ）

三、简答题

1. 简述入库前的具体准备事项。

2. 在确定验收比例时，一般应考虑哪些因素？

3. 对商品出库业务的基本要求有哪些？

4. 简述商品出库的基本程序。

• 技能实训

一、实训目标

解决仓库的商品防霉问题，提出商品霉坏的原因及处理方法。

二、实训步骤

（1）学生自由组合成小组，每组约为6个人。

（2）写出仓库的防霉措施，提出商品霉坏的原因及处理方法。

三、实训要求

1. 了解本次实训的目的。

2. 进行实训考评。

四、实训评价

评分表

考评人		被考评人	
考评地点			
考评内容			
考评标准	具体内容	分值	实际得分
	防霉措施	40	
	处理措施	20	
	商品发霉的条件	20	
	团队合作	20	
合计		100	

五、实训报告

实训报告

班级		姓名		时间	
实训目的					
实训步骤					
实训内容					
我的做法					
我的结论					
我的想法					

项目四　商品的盘点管理

【知识目标】

1. 了解商品盘点的目的
2. 理解商品盘点的内容
3. 掌握商品盘点的方法

【技能目标】

1. 学会盘点后的结果分析及处理
2. 学会盘点的工作程序

【素质目标】

1. 培养学生具有处理库存差异的基本技能和基本素质
2. 能将商品识别的能力运用到工作中，塑造良好的职业形象

思维导图

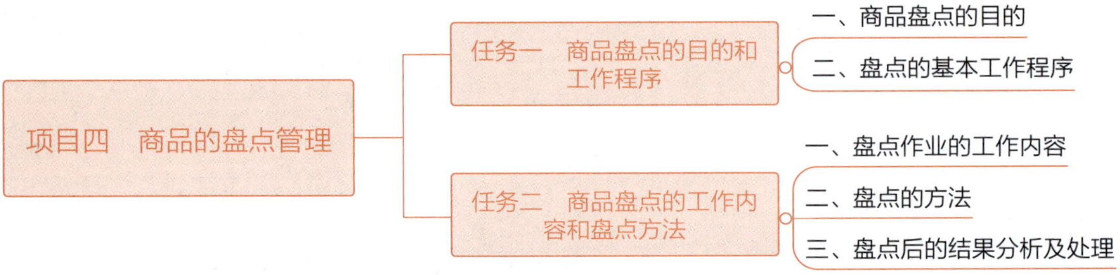

案例导入

河南某商场的盘店模式

河南某商场的商品盘点分为两种：年终盘点和月盘点（30天盘点）。

1. 年终盘点

年终盘点一年一次，在每年的12月进行。年终盘点是十分正式的，要计算盘点结果，计算损耗率（一般在0.3%）。所有的盘点由商场领导统一组织进行。

2. 月盘（30天盘点）

月盘是每个月统一盘一次，将所有商品盘点一遍（又称循环盘点）。利用现有的手持终端进行，在月底闭店后统一进行。

盘点的目的一方面是为了查看损耗，另一方面是发现差异及时进行纠正。

问题提出：

30天循环盘点的方式有哪些好处？

任务一　商品盘点的目的和工作程序

盘点又称盘库，即用清点、过秤和对账等方法，检查仓库实际存货的数量和质量。在库存过程中，有些货物因存放时间太长或保管不当使其质量受到影响。为了对库存商品的数量进行有效控制，并查清商品在库中的质量状况，必须定期或不定期地对各储存场所进行清点、查核，这一过程就是盘点。

一、商品盘点的目的

1. 查清实际库存数量

由于众多原因，如收发中记录库存数量时多记、误记、漏记；作业中导致商品损坏、遗失，验收与出货时清点有误；盘点时误盘、重盘、漏盘等，往往导致账面库存数量与实际存货数量不符，通过盘点清查实际库存数量与账面数量，发现问题并查明原因，及时调整。

2. 计算企业资产的损益

库存商品总金额直接反映企业流动资产的使用情况，库存量过高，流动资金的正常运转将受到威胁；而库存金额又与库存量及其单价成正比，盘点就可以准确地计算出企业实际损益。

3. 发现商品管理中存在的问题

通过盘点查明盈亏原因，发现作业与管理中存在的问题，并提出相应的改正措施，从而提高库存管理水平，减少损失。

4. 稽核仓库账务工作的落实度

一旦料账不准，对生产工作绝对是致命的伤害，因此企业经营者一定会审慎地制定仓储物料管理办法，授权仓库管理人员依规定执行料账登账作业。

虽然做好料账工作是仓库人员的责任，难免有些仓库人员的经营意识不足，责任感也不够，或者疏忽，或者“拖”的习性难改，使料账产生大差异。

为了及早发现“人”的问题，及早警示处理，而且可以及早提醒仓库作业人员，及早修正其偏差习性，定时尤其不定时的稽核有其必要性。经复查结果，一切落实正确，当然更好，如有偏差，更可及早补救。

5. 更有效的仓储整顿

没有人会否认，仓库存放的应该是良品，因为生产需用的一定是良品，而且仓库应该存放生产需用的料，绝对不是呆料。

二、盘点的基本工作程序

盘点作业一般根据以下几个步骤进行。

1. 盘点计划

很多中小企业的盘点主持人，由于缺乏经验，没有做好盘点计划，因此乱成一团，尤其是没有针对预盘阶段做出深入计划，以致到了复盘时仓储仍乱得不可收拾，因此拖延复盘时日，令参与者怨声载道。

信息技术在盘点中的应用

一般而言，盘点计划多在复盘日期的一个月前就要具体拟订而且发布。比如，预定6月26日到6月30日为复盘（一般人所称的“大盘点”，就专指复盘而言），那么5月31日前就要确立盘点计划。这样才可以要求仓库人员做好预盘，以待复盘的完善执行；同时要求生产现场，在复盘的多少天以前，调整生产作业，渐渐达成“净空”水准，以利盘点（因为“在制品”是最不容易“计价”的）。此外，对采购人员以及托外加工人员才可能有更具体的因应指示，对储位规划做出结论，提供给仓库工作人员，使他们在预盘阶段就融入仓储整顿与储位规划的功能。

2. 确定盘点时间

一般来说为保证账物相符，货物盘点次数越多越好，但盘点需投入人力、物力、财力，有时大型全面盘点还可能引起生产的暂时停顿，所以合理的确定盘点时间非常必要。引起盘点结果盈亏的关键原因在于出入库过程中发生的错误，出入库越频繁，引起的误差也会随之增加。

决定盘点时间时，既要防止过久盘点对公司造成的损失，又要考虑配送中心资源有限，商品流动速度较快的特点。在尽可能投入较少资源的同时，要加强库存控制，可以根据商品的不同特性、价值大小、流动速度、重要程度来分别确定不同的盘点时间，盘点时间间隔可以是每天、每周、每月、每年盘点一次不等。例如，A类主要货品每天或每周盘点一次；B类货品每两三周盘点一次；C类不重要的货品每月盘点一次即可。另外，必须注意的问题是，每次盘点持续的时间应尽可能短，全面盘点以2～6天内完工成为佳，盘点的日期一般会选择在：一是财务结算前夕。通过盘点计算损益，以查清财务状况。二是淡季进行。因淡季储货较少、业务不太繁忙、盘点较为容易、投入资源较少，且人力调动也较为方便。

3. 确定盘点方法

因盘点场合、要求的不同，盘点的方法也有差异，为满足不同情况的需要，尽可能快速准确地完成盘点作业，所决定的盘点方法要对盘点有利，不至于盘点时混淆。

（1）账面盘点法。账面盘点法是将每一种商品分别设立“存货账卡”，然后将每一种商品的出入库数量及有关信息记录在账面上，逐笔汇总出账面库存结余量。

（2）现货盘点法。现货盘点法是对库存商品进行实物盘点方法。按盘点时间频率的不同，现货盘点又分为期末盘点和循环盘点。

要得到最正确的库存情况并确保盘点无误，可以采用账面盘点与现货盘点平等的方法，以查清误差出现的实际原因。

4. 培训盘点人员

盘点人员的培训分为两部分：一是针对所有人员进行盘点方法及盘点作业流程的训练，让盘点作业人员了解盘点目的、表格和单据的填写；二是针对复盘与监盘人员进行认识商品的训练，让他们熟悉盘点现场和盘点商品，对盘点过程进行监督，并复核盘点结果。

5. 清理盘点现场

盘点作业开始之前必须对盘点现场进行整理，以提高盘点服务业的效率和盘点结果的准确性，清理工作主要包括以下几个方面的内容：

（1）盘点前对已验收入库的商品进行整理归入储位，对未验收入库属于供应商的商品，应区分清楚，避免混淆。

（2）盘点现场关闭前，应提前通知，将需要出库配送商品提前做好准备。

（3）账卡、单据、资料均应整理后统一结清以便及时发现问题并加以预防。

（4）预先鉴别变质、损坏商品。对储存场所堆码的货物进行整理，特别是对散乱货物进行收集与整理，以方便盘点时计数。在此基础上，由商品保管人员进行预盘，以提前发现问题并加以预防。

6. 盘点

盘点工作可分为预盘阶段和复盘阶段两部分进行。

（1）预盘阶段。预盘不限于仓库人员，而应该扩大到生产现场，因为生产现场难免有在制品，原则上，半成品、余料以及成品在盘点前最好已经回缴仓库（但是有些工厂则仍留在现场待盘点）。此外，还有一些料品送出托外加工，仍留在托外工厂内，这也属于我方资产，同样列入盘点范围。

在预盘阶段，首先由盘点主持人以计算机或会计部门的“永续盘存账”为基准做出“预盘明细表”交给仓库（或现场等直接责任对象），要求依之“点”出应有数量，同时依新储位整顿存置定位，挂上盘点单，记录预盘有关栏位，并把预盘结果（包括盘盈，盘亏的差异）呈报盘点主持人。当然，也可以由盘点主持人直接做出“盘点单”交给预盘主办者，而不用“预盘明细表”（表4-1）。

盘点主持人除了要稽核预盘进行实况之外，仍要针对预盘的差异状况进行分析与调查，并采取补救措施。

表4-1　预盘明细表

品类：　　　　　　　　　　　　　　　　　　　　　　预盘期：　年　　月

料号	品名规格	单位	前期盘存量	本期入库量	本期出库量	本期应有盘存量

在表4-1中，建议每一品类打印一份，以利该品类（各料项）仓库主办人员便捷使用于预

盘作业（因为一般仓储，都以同一品类存放同一储位区为原则）。而栏位中，“前期盘存量”“本期出库量”可以略去。

依据“预盘明细表”，仓库人员在预盘阶段逐一清点，再挂上“盘点单”，是最合理的方式（表4-2）。

表4-2 盘点单

<table>
<tr><td colspan="3">物料盘点单</td><td>No.</td><td colspan="2"></td></tr>
<tr><td colspan="2">品类代号</td><td></td><td>简称</td><td colspan="2"></td></tr>
<tr><td colspan="2">料号</td><td colspan="4"></td></tr>
<tr><td colspan="2">品名</td><td colspan="4"></td></tr>
<tr><td colspan="2">规格</td><td colspan="4"></td></tr>
<tr><td colspan="2">计量</td><td></td><td>应有盘点量</td><td colspan="2"></td></tr>
<tr><td rowspan="2">预盘</td><td>日期</td><td></td><td>盘点人</td><td colspan="2"></td></tr>
<tr><td>盘点量</td><td></td><td>盘盈（亏）量</td><td colspan="2"></td></tr>
<tr><td rowspan="2">复盘</td><td>日期</td><td></td><td>盘点人</td><td colspan="2"></td></tr>
<tr><td>盘点量</td><td></td><td>盘盈（亏）量</td><td colspan="2"></td></tr>
<tr><td>存料状态</td><td colspan="2">□良　品G
□不良品B
□呆　料D</td><td>备注</td><td colspan="2"></td></tr>
</table>

“盘点单”或称“盘点卡”，大多由稍硬卡纸印制，且有铁丝可绑挂，绝大多数设计为三联式，第一联仍挂料架上（结算完成后再取消），第二联由复盘者撕下交予盘点主持人，第三联由预盘主办人撕下呈交盘点主持人，以明责任，兼作回馈信息，此为最佳顺序。

（2）复盘阶段。预盘完成后，就可进入复盘阶段。复盘工作多由盘点主持人指派与被盘点部门权责比较不相干的部门人士担任。例如，物料仓库大多由人事、营业、设计等部门人员担任，而不会由采购或品管担任，因为后两者与物料仓库关系较为密切。

复盘工作较为单纯，是根据预盘阶段的“盘点单”去复查。复盘者可以要求被盘者逐项将料品卸下，深入清点，再记入实际状况，填入“复盘”有关栏位内。

货品盘点数量盈亏、价格增减更正见表4-3。

表4-3 货品盘点数量盈亏、价格增减更正表

货品编号	货品名称	单位	账面资料			盘点实存			数量盈亏				价格增减				差异因素	负责人	备注
			数量	单价	金额	数量	单价	金额	数量	金额	数量	金额	单价	金额	单价	金额			

任务二 商品盘点的工作内容和盘点方法

一、盘点作业的工作内容

一般来说，盘点作业的内容主要有以下几项。

1．货物数量

通过盘点查明库存商品的实际数量，核对库存账面数量与实际库存数量是否一致，这是盘点的主要内容。

2．货物质量

检查在库商品质量有无变化，包括受潮、锈蚀、发霉、干裂、鼠咬，甚至变质情况；检查有无超过保管期限和长期积压现象；检查技术证件是否齐全，是否证物相符；必要时，还要进行技术检验。

3．保管条件

检查库房内外储存空间与场所利用是否恰当；储存区域划分是否明确，是否符合作业情况；货架布置是否合理；商品进出是否方便、简单、快速；工作联系是否便利；搬运是否方便；传递距离是否太长；通道是否宽敞；储区标志是否清楚、正确、有无脱落或不明显；是否有废弃物堆置区；温湿度是否控制良好。检查堆码是否合理稳固，苫垫是否严密，库房是否漏水，场地是否积水，门窗通风是否良好等，即检查保管条件是否与各种商品的保管要求相符合。

4．仓储设备

检查各项设备使用和养护是否合理；是否定期保养；储位、货架标志是否清楚明确，有无混乱；储位或货架是否充分利用；检查计量器具和工具，如皮尺、磅秤以及其他自动装置等是否准确，使用与保管是否合理，检查时要用标准件校验。

5．库存安全状况

检查各种安全措施和消防设备、器材是否符合安全要求；检查使用工具是否齐备、安全；药剂是否有效；商品堆放是否安全，有无倾斜；货架头尾防撞杆有无损坏变形；检查建筑物是否损坏而影响商品储存；对于地震、水灾、台风等自然灾害，有无紧急处理对策等。

二、盘点的方法

1．盘点的种类

就像账面库存与实物库存一样，盘点也分为账面盘点及实物盘点。

所谓账面盘点又称为永续盘点，就是把每天入库及出库货品的数量及单证，记录在计算机里或账簿上，而后不断地累计加总算出账面上的库存量及库存金额。

实物盘点也称为实地盘点或实盘，就是实际去点数调查仓库内的库存数，再依货品单证计算出实际库存金额的方法。

因而如要得到最正确的库存情况并确保盘点无误，最直接的方法就是确定账面盘点与实物盘点的结果要完全一致。如一旦存在差异，即是产生料账不符的现象，究竟是账面盘点记错或是实物盘点点错，则须再多费一层功夫来找寻错误原因，才能得出正确结果及赋予责任归属。

2．盘点的方法

（1）账面盘点法。账面盘点法是将每一种货品分别设账，然后将每一种货品之入库与出库情况详加记载，不必实地盘点即能随时从计算机或账册上查悉货品之存量。通常量少而单价高的货品较适合采用此方法。

（2）实物盘点（实地盘点）法。实物盘点依其盘点时间频度的不同又分为期末盘点及循环盘点。期末盘点是指在期末一起清点所有货品数量的方法，而循环盘点则是在每天、每周进行少种少量的盘点，到了月末或期末则每项货品至少完成一次盘点的方法。

① 期末盘点法。由于期末盘点是将所有品种的货品一次盘完，因而有必要全体员工一起行动，采取分组的方式进行盘点。一般来说，每组盘点人员至少要三人，以便能互相核对减少错误，同时也能彼此牵制避免作弊，其盘点方法程序如下：

步骤1：将全公司员工进行分组。

步骤2：由第一人先清点所负责区域的货品，将清点结果填入各货品盘存单上。

步骤3：由第二人复点，填入盘存单与第一人盘点的数据相核对。

步骤4：由第三人核对，检查前二人之记录是否相同且正确。

步骤5：将盘存单交给账务员，合计货品库存总量。

步骤6：等所有盘点结束后，再与计算机或账册资料进行对照。

② 循环盘点法。循环盘点是将每天或每周当作一周期来盘点，其目的除了减少过多的损失外，对于不同货品施以不同管理也是主要原因，就如同前述商品分ABC管理的做法，价格越高或越重要的货品，盘点次数越多，价格越低越不重要的货品，就尽量减少盘点次数。循环盘点一次只进行少量盘点，因而只派专门人员负责即可，无须动用全体人员。

以上两种盘点方法，公司应根据实际情况选择较适用的盘点方式，但大体而言，循环盘点较能针对各货品需要做适时管理，且易收盘点成效。事实上，有些公司是将两种盘点同时并用，平时针对重要货品做循环盘点，而至期末再将所有货品做一次期末大盘点，如此不仅循环盘点的误差能渐渐减少，就算是期末的大盘点，其误差率也因循环盘点的配合进行而大幅降低，同时期末盘点所需的时间也会因平时循环盘点的整理与管理改善而缩短许多。期末盘点与循环盘点优劣差异比较见表4-4。

表4-4　期末盘点与循环盘点差异比较

盘点方式比较内容	期末盘点	循环盘点
时间	期末、每年仅数次	平常、每天或每周一次
所需时间	长	短
所需人员	全体动员（或临时雇用）	专门人员
盘差情况	多且发现晚	少且发现早
对营运的影响	需停止作业数天	无
对品项的管理	平等	A类重要货品：仔细管理 C类不重要货品：一般管理
盘差原因追究	不易	容易

三、盘点后的结果分析及处理

盘点作业结束后，实际库存和账面（计算机）库存相核对，若有差异要追查原因，堵疏防漏。

小超市如何做好盘点工作

1．差异原因分析

若发现账物不符，而且差异超过容许的误差时，应查明产生的原因，具体包括以下几个方面：

（1）账务处理系统的管理制度和流程不完善，导致货物数据不准确。

（2）盘点时发生漏盘、重盘、错盘等现象，导致数据不准确。

（3）盘点前数据资料未结清，使账面数据不准确。

（4）出入库作业时产生误差。

（5）盘点人员在盘点过程中的过失，如货物损坏、丢失等。

（6）其他。

2．差异处理

不同的差异原因应采取不同的处理方法。

（1）自然溢损。物品、原材料、物料采购进仓后，在盘点中会出现干耗或吸潮升溢，在升损率合理的范围内，可填制升损报告，经主管审查后，进行“营业外收入”或“管理费”处理。

超出合理升损率的损耗或溢余，应填制升损报告书，查明原因、说明情况，报部门经理审查，按规定在“营业外收入”或“管理费”科目内处理。

（2）人为溢损。人为溢损应查明原因，根据单据报部门经理审查；根据有关规定按“待处理收入”或“待处理费用”科目处理。

3．调整账面数量

当盘点实际数量与账面数量不符时，仓库管理人员或经管部门负责人应对其产生差异的原因进行分析，并将盘点结果上报上级相关管理部门，根据管理部门的批示，调整相应的账面数量。

（1）相关负责人根据对仓库实物盘点表和盈亏盘点表的审核情况填制盘点结果报审表，写明主要原因，报相关领导审批。

（2）经相关领导审批签字后，第一联仓库商品账留存，第二联转会计，第三联转统计。

课堂讨论

仓库的计算机管理及监控调度系统

该系统不仅对信息流进行管理，同时也对物流进行管理和控制，集信息与物流于一体。同时，还对立体仓库所有出入库作业进行最佳分配及登录控制，并对数据进行统计分析，以便对物流实现宏观调控，最大限度地降低库存量及资金的占用，加速资金周转。

在日常存取活动中，尤其库外拣选作业，难免会出现产品存取差错，因而必须定期进行盘库。盘库处理通过对每种产品的实际清点来核实库存产品数据的准确性，并及时修正库存账目，达到账物统一。盘库期间堆垛机将不做其他类型的作业。在操作时，即对某一巷道的堆垛机发出完全盘库指令，堆垛机按顺序将本巷道内的货物逐次运送到巷道外，产品不下堆垛机，待得到回库的命令后，再将本盘货物送回原位并取出下一盘产品。依此类推，直到本巷道所有托盘产品全部盘点完毕，或接收到管理系统下达的盘库暂停的命令进入正常工作状态。若本巷道未盘库完毕便接收到盘库暂停命令，待接到新的指令后，继续完成盘库作业。

问题：仓库的计算机管理及监控调度系统对加强仓库管理有哪些作用？

• 项目小结

盘点是指定期或临时对库存商品的实际数量进行清查、清点的作业，即为了掌握货物的流动情况（入库、在库、出库的流动状况），对仓库现有物品的实际数量与保管账上记录的数量相核对，以便准确地掌握库存数量。

盘点工作在制造型或流通型企业里随处可见，因为料账合一是企业进行管理工作的最基本条件。通过盘点，一来可以控制存货，以指导日常经营业务；二来能够及时掌握损益情况，以便真实地把握经营绩效，并尽早采取防漏措施。

重点概念：账面盘点法　期末盘点法　人为溢损　自然溢损

• 知识巩固

一、不定项选择题

1．盘点又称（　　），即用清点、过秤和对账等方法，检查仓库实际存货的数量和质量。

A．盘库　B．库存　C．仓储　D．保管

2．库存商品总金额直接反映企业流动资产的使用情况，库存量过高，流动资金的正常运转将受到威胁，而库存金额又与库存量及其单价成正比，盘点就可以准确地计算出企业（　　）。

A．实际库存　B．实际损益　C．实际存量　D．实际损失

3．一般而言，盘点计划多在复盘日期的（　　）前就要具体拟订而且发布。

A．10天　B．半个月　C．一个月　D．二个月

4．（　　）是将每一种商品分别设立“存货账卡”，然后将每一种商品的出入库数量及有关信息记录在账面上，逐笔汇总出账面库存结余量。

A．仓库盘点法　B．盈亏盘点法　C．实务盘点法　D．账面盘点法

5．（　　）也称为实地盘点或实盘，就是实际去点数调查仓库内的库存数，再依货品单证计算出实际库存金额的方法。

A．实物盘点　B．账面盘点　C．库存盘点　D．实数盘点

6．通过盘点查明盈亏原因，发现作业与管理中存在的问题，并提出相应的改正措施，从而提高库存管理水平，（　　）。

A．提高效益　B．减少损失　C．减少库存　D．采取措施

7．一旦料账不准，对生产工作绝对是致命的伤害，因此企业经营阶层一定会审慎地制定仓储物料管理办法，授权仓库管理人员依规定执行（　　）。

A．作业　B．登账　C．料账登账作业　D．计划

8．盘点作业开始之前必须对盘点现场进行整理，以提高盘点服务业的效率和盘点结果的（　　）。

A．效益　B．损失　C．及时性　D．准确性

9．通过盘点查明库存商品的（　　），核对库存账面数量与实际库存数量是否一致，这是盘点的主要内容。

A．实际数量　B．质量　C．库存　D．状况

10. 引起盘点结果盈亏的关键原因在于出入库过程中发生的错误，出入库越频繁，引起的误差也会（ ）。

A. 随之减少　　B. 随之增加　　C. 变化　　D. 稳定

二、判断题

1. 盘点作业结束后，实际库存和账面（计算机）库存相核对，若有差异要追查原因，堵疏防漏。（ ）

2. 账面盘点法是将每一种货品分别设账，然后将每一种货品之入库与出库情况详加记载，实地盘点，另从计算机或账册上查悉货品之存量。（ ）

3. 要得到最正确的库存情况并确保盘点无误，可以采用账面盘点与现货盘点平等的方法，以查清误差出现的实际原因。（ ）

4. 当盘点实际数量与账面数量不符时，仓库管理人员应自行处理。（ ）

5. 超出合理升损率的损耗或溢余，应填制升损报告书，查明原因、说明情况，报部门经理审查，按规定在“营业外收入”或“管理费”科目内处理。（ ）

三、简答题：

1. 什么是盘点？商品的盘点都有哪些目的？

2. 盘点的基本工作程序有哪些步骤？

3. 简述盘点的基本内容和盘点的方法。

4. 盘点后，若发现账物不符，而且差异超过容许的误差时，其原因是什么？

• 技能实训

一、实训目标

解决仓库的商品防盗问题，指出商品被盗的原因，造成的危害。

二、实训步骤

（1）学生自由组合成小组，每组约为6个人。

（2）指出商品被盗的原因，造成的危害，写出仓库的防盗措施。

三、实训要求

1. 了解本次实训的目的。

2. 进行实训考评。

四、实训评价

评分表

考评人		被考评人	
考评地点			
考评内容			
考评标准	具体内容	分值	实际得分
	盗窃的性质	40	
	盗窃的危害	20	
	防盗措施	20	
	团队合作	20	
合计		100	

五、实训报告

实训报告

班级		姓名		时间	
实训目的					
实训步骤					
实训内容					
我的做法					
我的结论					
我的想法					

项目五 商品的储存

【知识目标】

1. 了解商品保管的基本要求
2. 掌握仓库管理的5S活动
3. 掌握商品霉变和虫害的防治

【技能目标】

1. 能正确根据仓库储存货物的属性进行温、湿度管理
2. 能对仓库出现的虫害进行科学防治

【素质目标】

1. 培养学生良好的职业素养
2. 提高学生树立敬业爱岗的职业精神

思维导图

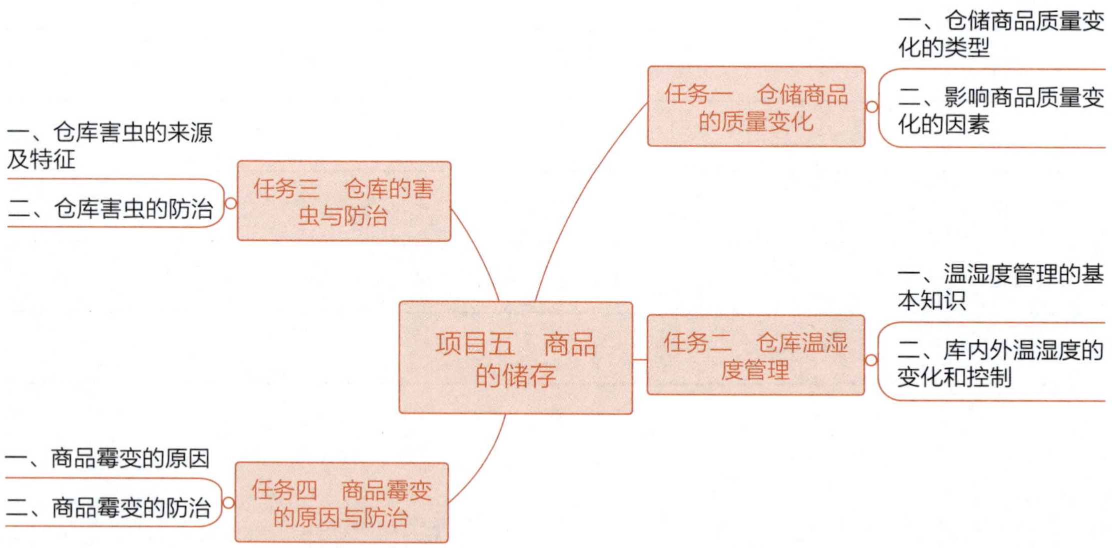

案例导入

郑州新许公司配件出入库管理制度

郑州新许公司为加强管理，制定了下述出入库管理制度，取得了很好的效果。

一、入库

（1）验货接运。到货接运是配件入库的第一步。它的主要任务是及时而准确地接收入库配件。在接运时，要对照货物运单认真检查，做到交接手续清楚、证件资料齐全，为验收工作创造有利条件。避免将已发生损失或差错的配件带入仓库，造成仓库的验收或保管出现问题。

（2）验收入库。凡要入库的配件，都必须经过严格的验收。物资验收时按照一定的程序和手续，对物资的数量和质量进行检查，以验证它是否符合订货合同。验收为配件的保管和使用提供可靠依据。验收记录是仓库对外提出换、退货、索赔的重要凭证。因此，要求验收工作做到及时、准确，在规定期限内完成，要严格按照验收程序进行。

（3）办理入库手续。经验收无误后即可办理入库手续，进行登账、立卡、建档，妥善保管配件的各种证件、账单等资料。

二、出库

核对出库凭证。仓库发出的配件，主要是车间所领用，有少部分对外销售、委托外单位加工或为基建工程所领用。为了确定出库配件的用途，计算新产品成本，防止配件被盗，出库时必须有一定的凭证手续。严禁无单或白条发料。配件出库凭证主要有："领料单"等。保管员接到发料通知单，必须仔细核对，无误后才能备料。

备料。按照出库凭证进行备料。同时，变动料卡的余存数量，填写实发数量和日期等。

复核。为防止差错，备料后必须进行复核。复核的主要内容有：出库凭证与配件的名称、规格、质量、数量是否相符。

发料和清理。复核无误后即可发料。发料完毕，当日清理单据、证件，并清理现场。

仓库出入库工作的好坏直接影响着企业的秩序，影响配件的盈亏、损耗和周转速度，因此仓库应努力做好出入库工作。

问题提出：

郑州新许公司为什么要建立出入库管理制度？

任务一　仓储商品的质量变化

了解商品质量变化的规律和影响质量变化的因素，对于确保仓储商品的质量、减少损失作用十分重大。

一、仓储商品质量变化的类型

商品在存储过程中，由于商品本身的性能特点，以及受外界各种环境因素的影响，可能发生质量变化，造成商品的损耗和损失。防止和减缓商品质量变化是仓储管理的一项重要工作。

1. 商品的物理和机械变化

物理变化是只改变物质本身的外部形态，而不改变其性质，没有新的物质生成，并且有可能反复进行的质量变化现象。商品的机械变化是指商品在外力作用下，发生形态变化。商品的物理和机械变化的结果不仅使商品的数量发生损失和质量下降，而且使商品失去使用价值。仓储商品常发生的物理、机械变化有挥发、溶化、熔化、渗漏、串味、沉淀、破碎与变形等。

2. 仓储商品的化学变化

仓储商品的化学变化与物理变化有本质的区别，化学变化是构成商品的物质发生变化后，不仅改变了商品的外表形态，也改变了商品的本质，并且有新物质生成，且不能恢复原状的变化现象。商品化学变化过程即商品质变过程，严重时会使商品失去使用价值。商品的化学变化形式主要有氧化、分解、水解、化合、聚合、裂解、老化、曝光、锈蚀、风化等形式。

二、影响商品质量变化的因素

商品发生质量变化，是由一定因素引起的。为了保养好商品，确保商品的安全必须找出变化原因，掌握商品质量变化的规律。通常引起商品变化的因素有内因和外因两种，内因是变化的根据，外因是变化的条件。

（一）影响商品质量变化的内在因素

1. 商品的物理性质

商品的物理性质主要包括商品的吸湿性、导热性、耐热性、透气性等。

2. 商品的机械性质

商品的机械性质是指商品的形态、结构在外力作用下的反应。商品的这种性质与其质量关系极为密切，是体现适用性、坚固耐久性和外观的重要内容，它包括商品的弹性、可塑性、强度、韧性、脆性等。这种商品的机械性质对商品的外形及结构变化有很大的影响。

3. 商品的化学性质

商品的化学性质是指商品的形态、结构以及商品在光、热、氧、酸、碱、温度、湿度等作用下，发生改变商品本质相关的性质。

与商品储存紧密相关的商品的化学性质包括：商品的化学稳定性，商品的毒性、腐蚀性、燃烧性、爆炸性等。

4. 商品的化学成分

① 无机成分的商品是指构成成分中不含碳元素的商品，但包括碳元素的氧化物、碳酸及碳酸盐。这类商品有化肥、部分农药、搪瓷、玻璃、五金及部分化工商品等。

无机性成分的商品，按其元素的种类及其结合形式，又可以分为单质商品、化合物、混合物三大类。

② 有机成分的商品是指以含碳元素的有机化合物为其成分的商品，但不包括碳元素的氧化物，碳酸与碳酸盐。属于这类成分的商品，其数量相当庞大，如棉、毛、丝、麻及其制品，化纤、塑料、橡胶制品、石油产品、有机农药、有机化肥、木制品、皮革、纸张及其制品，蔬

菜、水果、食品、副食品等。这类商品成分中，结合形式也不相同，有的是化合物，有的是混合物。

③ 商品成分中的杂质。单一成分的商品极少，多数商品含杂质，所以商品成分有主要成分与杂质之分。主要成分决定着商品的性能、用途与质量，而杂质则影响着商品的性能、用途与质量，给储存带来不利影响。

5. 商品的结构

商品的种类繁多，各种商品有不同形态的结构，要求用不同的包装盛装。如气体商品，分子运动快、间距大，多用钢瓶盛装，其形态随盛器而变；液体商品，分子运动比气体慢，间距比气体小，其形态随盛器而变；只有固体商品，有一定外形。

总之，影响商品发生质量变化的因素有很多，这些因素主要包括：商品的性质、成分、结构等内在因素，这些因素之间是相互影响的统一整体，绝不是孤立存在的。

（二）影响商品质量变化的外界因素

商品储存期间的质量变化，主要是商品内部分子运动或生理活动的结果，但与储存的外界因素有密切关系。这些外界因素主要包括：空气中的氧、日光、温度、湿度、微生物和昆虫等。

案例链接

食品袋质量不合格造成蛋糕变质谁之过

因甲公司生产的真空食品袋质量不合格，造成乙公司生产的200箱蛋糕变质，损失14000元。该批食品由丙、丁两家商场出售，在出售的过程中丙商场利用消费者的消费心理，在提高产品价格一倍的基础上采取了有奖销售活动，很快食品全部卖完；丁商场也售出了一半，但是，购买者回到家后发现该食品已变质，遂要求赔偿。

思考题：

谁该为此承担责任？

任务二　仓库温湿度管理

一、温湿度管理的基本知识

货物在储存期间的质量变化与货物储存环境密切相关，而在货物储存环境诸因素中，仓库的温湿度最为重要。货物在储存期间发生的霉变、锈蚀、溶化、虫蛀、挥发等，都与温湿度关系密切。仓库温湿度的变化，直接受库外自然气候变化的影响。了解自然气候的变化规律，加强仓库温湿度管理，创造适合货物安全储存的温湿度条件，是货物养护的一项重要工作。

（一）温湿度的基本知识

货物在仓库储存过程中的各种变质现象，几乎都与空气的温湿度有密切关系，仓储货物保管的中心环节就是控制好仓库的温湿度。由于货物的性质不同，其所适应的温湿度也不同。

仓库温湿度的变化对储存商品的质量安全影响很大，而仓库温湿度往往又受自然气候变化的影响，这就需要仓库管理人员正确地控制和调节仓库温湿度，以确保储存货物的安全。

1．空气温度

空气温度是指空气的冷热程度，又叫气温。仓库温度的控制既要注意库房内外的温度，也要注意储存货物本身的温度。空气中的热量主要来自于太阳的热量。因为空气的导热性很小，所以只有接近地面的气层温度较高，通过冷热空气的对流，使整个大气层的温度发生变化。一般来说，距地面越近气温越高，距地面越远气温越低。

常用的温度单位是摄氏温度℃、华氏温度℉和绝对温度K，它们之间的换算关系为：

摄氏温度℃=（华氏温度℉−32）×5/9

华氏温度℉=（32+摄氏温度℃）×9/5

绝对温度K＝273+摄氏温度℃

2．空气湿度

空气湿度是指空气中水蒸气含量的多少，通常以绝对湿度、饱和湿度和相对湿度来表示。

① 绝对湿度是指单位体积空气中，实际所含水蒸气的重量，即每立方米的空气中，含多少克的水汽量。

② 饱和湿度是指在一定气压、气温的条件下，单位体积空气中所能含有的最大水蒸气重量，其单位与绝对湿度的单位相同。空气中的水蒸气超过饱和湿度时，剩余的水蒸气即凝成水珠附在冷物体上，这种现象称为“水淞”。饱和湿度随温度升高而增加，因为气温高，空气中能够容纳的水蒸气量就多，故饱和湿度就大。

③ 相对湿度是指空气中实际含有水蒸气量与当时温度下饱和蒸汽量的百分比，即绝对湿度与相对湿度的百分比，它表示在一定温度下，空气中的水蒸气距离该温度时的饱和水蒸气量的程度。相对湿度越大，说明空气越潮湿；反之，则越干燥。在仓库温湿度管理中，检查库房的湿度大小，主要是观测相对湿度的大小。

绝对湿度、饱和湿度和相对湿度三者的关系，可用下式表示：

相对湿度=绝对湿度/饱和湿度×100%

在温度不变的情况下，空气绝对湿度越大，相对湿度越高；绝对湿度越小，相对湿度越低。在空气中水蒸气含量不变的情况下，温度越高，相对湿度越小；温度越低，相对湿度越高。

3．露点

在绝对湿度和气压不变的情况下，若气温降低，空气中容纳不了原气温时所含的水蒸气量，使空气中的水蒸气达到饱和状态，此时的温度称为露点。必须指出在气压一定时，露点的高低只与空气中的水汽含量有关，水汽含量越多露点也越高。当含有水蒸气的热空气进入库房，遇到冷的物体，使冷物体周围的湿空气温度降到露点，则空气中的水蒸气就会凝结在冷物体表面，这对商品保管是不利的。

（二）空气温湿度的变化对货物质量的影响

大多数货物都含有水分，它们对温湿度的适应性是有一定限度的，如果长期超过或低于这个限度，商品质量就会发生变化。因此，必须首先研究货物中的水分与空气温湿度的相互关系，并应用这些关系，做好货物养护工作，维护货物质量的安全。

1. 货物的吸湿性

货物的吸湿性是指货物吸着和放出水分的性质，它与货物养护有着密切关系。货物吸湿性的大小以及吸湿速度的快慢，都直接影响该货物含水量的增减，对货物质量的影响极大。

货物从空气中吸收水分，叫作吸湿；水分从货物体内向空间散发，叫作散湿。具有吸湿性能的货物，叫作吸湿性货物。货物吸湿性的大小，集中体现在吸湿点的高低。当空气相对湿度高于货物的吸湿点时，货物便开始吸湿；低于吸湿点时，货物便开始散湿。不同货物，在同一温度下，吸湿点也不一样。吸湿点越低的货物，吸湿性越强，越易吸湿；同一货物，在不同温度下，吸湿点也不相同。一般来说，温度越高，吸湿点越低；反之，吸湿点越高。货物的吸湿点是安全保管易吸湿货物的重要依据。只要储存环境的温湿度条件不超过货物的吸湿点，货物就不会因吸湿而发生变化，这对防止货物变质损失具有重要的意义。

2. 货物的安全水分

货物的安全水分是指吸湿性货物可以安全储存的最高含水量（也叫临界含水量）。货物在储存保管期间的含水量有一定的要求，如果超过了安全水分，就会影响货物质量。因此，在货物养护工作中，应该掌握各种货物的安全水分，要经常注意货物本身的实际含水量是否超过了这个安全界限。如果发现问题，就应采取措施，以保证货物质量的安全。

货物的安全水分，通常是指货物含水量的最高界限。如果超过这个界限，货物就不能保证安全。但是，在实际工作中，有些货物由于含水量过低，也会引起质量变化，如干缩、脆裂、风化、变形等。因此，商品的安全水分，还应该有一个最低临界限，当货物中的水分降低到最低临界限以下时，也不能保证货物的安全。不同货物的安全水分不同，这是由各种货物的不同性质所决定的，而每种货物的安全水分，也是随着气温的变化而变化的。气温高，安全水分就低；气温低，安全水分就高。

3. 货物的安全相对湿度与安全温度

吸湿性货物的含水量随着空气温湿度的变化而变化。货物在储存中，为了保证其质量的安全，都要求空气温湿度条件与之相适应，使货物的含水量不超过临界水分。

为了保证货物含水量在安全临界之内，就要控制储存环境的空气相对湿度在一定范围内，这个范围就是货物的安全相对湿度。各种货物的安全相对湿度，不是固定不变的，而是随着温度的变化而变化的。在空气相对湿度高于货物安全相对湿度时，并不意味着货物会立即变质，但可以说已经超过了安全储存界限。长时间的持续，则容易引起货物质量的变化。所以，库存管理中要控制空气相对湿度在安全范围之内。

货物在保管中为了其质量安全，对储存环境所要求的温度界限就是货物的安全温度，有最高界限与最低界限之分。但对一般货物只要求最高温度界限，而对于怕冻货物则要求最低温度界限。货物的安全温度是指空气温度，它是从仓储工作实践摸索出来的一个温度范围的数据。在实际养护中，要掌握货物的安全温度，就要综合考虑货物及其包装等各方面因素来加以确定。

（三）仓库温湿度的调节与控制

仓库温湿度的变化与储存货物的安全有着密切的关系，要保持货物质量稳定，控制与调节仓库温湿度，就成为当前条件下货物养护的一个重要措施。各种货物的性能不同，各个库房的建筑结构、设备条件也有差异，气候在不断地变化着，以及其他各种因素错综复杂，所以在确定措施前应周密考虑、认真分析，才能运用得当，收到预期的效果。研究并采取一些措施来控制仓库内温湿度的变化，对不适宜货物储存的温湿度要及时调节。控制与调节仓库环境的方法有很多，密封、通风与吸潮相结合的方法，是控制与调节仓库内温湿度行之有效的方法。

1. 仓库的密封

仓库密封就是把整库、整垛或整件货物尽可能地密封起来，减少外界不良气候条件对其的影响，以达到商品安全储存的目的。密封能保持库内温湿度处于相对稳定的状态，达到防潮、防热、防干裂、防冻、防溶化的目的，还可收到防霉、防火、防锈蚀、防老化等各方面的效果。

密封储存时应注意的几点事项：

（1）检查。密封前要检查货物质量、温度和含水量是否正常，如发现生霉、生虫、发热等现象就不能进行密封。发现商品含水量超过安全范围及包装材料过潮，也不宜密封。

（2）时间。密封的时间要根据商品的性能和气候情况来确定。怕潮、怕溶化、怕霉的货物，应选择在相对湿度较低的时节进行密封。

（3）材料。密封材料，常用的有塑料薄膜、防潮纸、油毡纸、芦席等。密封材料必须干燥清洁、无异味。选用何种材料应根据货物的性质和密封的目的，合理选择。

2. 通风

空气是从压力大的地方向压力小的地方流动，气压差越大，空气流动就越快。通风就是利用库内外空气温度不同而形成的气压差，使库内外空气形成对流，来达到调节库内温湿度的目的。当库内外温度差距越大时，空气流动就越快；若库外有风，借风的压力更能加速库内外空气的对流，但风力也不能过大（风力超过5级灰尘较多）。正确地进行通风，不仅可以调节与改善库内的温湿度，还能及时地散发货物及包装的多余水分。按通风的目的不同，可分为利用通风降温、增温和利用通风散潮两种：

（1）通风降温、增温主要指对空气湿度要求不高，而对温度要求比较严格的一些怕热货物，如玻璃瓶或铁桶装的易挥发的化工原料、化学试剂和医药等的液体货物。这类货物在气温高的季节，只要库外温度低于库内时，就可以通风。对于一些怕冻货物，在冬季，只要库外温度高于库内也可以进行通风，以提高库内温度。

（2）通风散潮是指对易霉腐、溶化、锈蚀等的库存货物的通风。利用通风散潮来降低库内的相对湿度，首先应该对比库内外绝对湿度的高低，然后再考虑气温与相对湿度的高低。在分析研究比较复杂的库内外温湿度变化情况下，决定是否通风。

① 当库外空气的相对湿度和绝对湿度都低于库内时，可以通风。

② 当库外温度和绝对湿度都低于库内，而相对湿度稍高时，也可以通风。

③ 库内外温度接近，库外相对湿度比库内低，或库内外的相对湿度接近而库外温度较库内低时，都可以通风。因为在这两种情况下，库外的绝对湿度都比库内低。

通风方法有自然通风和机械通风。自然通风就是利用库房门窗、通风口等，使库内外空气进行自然交换。当库外无风时，气流的自然交换，主要靠库内外温差而产生的气压差进行，需要开启上部和下部的通风口、门窗，进行空气的自然交换；当库外有风时，库内外空气的交换主要靠风的压力，此时应关闭库房迎风面上部出气口，开启背风面上部出气口。机械通风就是在库房上部装设排风扇，在库房下部装设进风扇，利用机械进行通风，以加速库房内外的空气交换，有的还在进风处安装空气过滤设备，以提高空气的洁净程度和降低空气的湿度或温度。

3．吸潮

吸潮是与密封配合，用以降低库内空气湿度的一种有效方法。在梅雨季节或阴雨天，当库内湿度过大，又无适当通风时机的情况下，在密封库里常采用吸潮的办法，以降低库内的湿度，常采用吸潮剂或去湿机吸潮。

吸潮剂的种类很多，常用的有生石灰、氯化钙、硅胶，除了以上几种吸潮剂外，还可以因地制宜、就地取材，如使用木炭、炉灰和干谷壳等进行吸潮。

二、库内外温湿度的变化和控制

1．库外温湿度的变化

库外的自然气候是经常变化的。一天之中日出前气温最低，到午后14:00至15:00气温最高。一年之内最热的月份，内陆一般在7月，沿海出现在8月。最冷的月份，内陆一般在1月，沿海在2月。

武汉某仓库的货位管理

绝对湿度通常随气温升高而增大，随气温降低而减小，但绝对温度不足以完全说明空气的干湿程度，相对湿度却能正确反映空气的干湿程度。

空气的相对湿度变化和气温正相反，它是随气温的增高而降低，在一日之中日出前气温最低时相对湿度却最大；日出后逐渐降低，到午后14:00至15:00达到最低。在一年之内相对湿度最高月份一般是7至8月。

2．库内温湿度的变化

库内温湿度的变化规律和库外基本上是一致的。但是，库外气温对库内的影响，在时间上需要有个过程，同时会有一定程度的减弱。所以，一般是库内温度变化落后于库外，夜间库内温度比库外高，白天库内温度比库外低。有的地区采取夜间通风便是基于这一原理。

库内的湿度通常随库外湿度的变化而变化，但是密封良好的库房受到的影响较小，且库内各部位的湿度也因库内具体情况而有差异。

从气温变化的规律分析，一般在夏季降低库房内温度的适宜时间是夜间22:00以后至次日清晨6:00，而降低湿度的适宜时间是上午6:00以后至下午14:00。当然，这需要考虑到商品特性、库房条件、气候等因素的影响。

任务三　仓库的害虫与防治

一、仓库害虫的来源及特性

很多货物是用动物性或植物性材料制成的，因而易遭仓虫危害。仓虫不但破坏货物组织结构，使货物出现孔洞直至破碎，还会排泄各种代谢废物沾污货物，降低货物的外观和内在质量。仓库害虫适应仓库环境，以仓储物为主要危害对象。仓库内害虫的防治是做好货物保管的一个重要组成部分。

（一）仓库害虫的来源

（1）货物入库前已有害虫潜伏在货物之中。

（2）货物包装材料中隐藏害虫。

（3）运输工具带有潜伏的害虫。

（4）仓库内隐藏有害虫。

（5）邻近仓库感染害虫。

（6）仓储地的外界环境中的害虫等。

以上是常见仓库害虫的来源，了解仓库害虫的来源，以便采取措施，首先杜绝仓库害虫的来源，是仓库虫害防治的首要工作。

（二）仓库害虫的特性

仓库害虫以危害粮食、饲料最为严重，比较严重的还有畜产品、水产品、中药材、烟叶、竹木制品、皮革制品、毛、丝、麻、棉织品以及纸张制品、农副产品，甚至还能危害化纤制品及塑料制品等。仓库内的害虫具有以下特性：

（1）具有较强的抗干能力。仓库内大多数害虫能生活于含水量很少的物品中。

（2）杂食性与耐饥力。仓库内大多数害虫能耐长时期的饥饿不死，而且多为多食或杂食性。

（3）较强的耐热、耐寒力。适宜仓库害虫生长繁殖的温度范围一般为18～35℃，但是大多数害虫在高达38～45℃高温或者0℃低温时，只是停止生长，并未死亡。

（4）较强的繁殖能力。由于仓库环境气候变化小，天敌少，食物丰富，雌雄相遇的机会多等原因，害虫的繁殖能力特别强。

（三）常见易虫蛀商品

容易虫蛀的商品，主要是一些由营养成分含量较高的动植物加工制成的商品。为了做好这类商品的虫害防治，现将它们遭受虫害的情况进行介绍。

1. 毛丝织品与毛皮制品

这类商品含有多种蛋白质。常见危害这类商品的害虫，主要有各种皮蠹、织网衣蛾、袋衣蛾、毛毡衣蛾、白斑蛛甲、裸体蛛甲、毛衣鱼等。此类害虫生长繁殖期是4～9月，其中以6～8月为盛。对温湿度要求：温度25～30℃；相对湿度70%～90%。

2. 竹藤制品

这类商品含纤维素和糖分。常见蛀虫有竹长蠹、角胸长蠹、揭粉蠹和烟草甲等。竹藤蛀虫性喜温湿、怕光，一般在4～5月发现成虫，最适合生长繁殖的气温28～30℃，相对湿度70%～80%。

3. 纸张及纸制品

这类商品含纤维素和各种胶质、淀粉糊。常见的蛀虫有衣鱼与白蚁。此类蛀虫喜温湿、阴暗环境。仓库中如有新鲜松木或胶料香味时，便容易诱集白蚁与衣鱼。危害严重季节：衣鱼在7～9月，白蚁在4～9月。

此外，常见虫蛀的商品还有烟叶和卷烟、干果等。这类商品含糖类、蛋白质、烟碱等物质，主要害虫有烟草甲和烟草粉螟等。干果糖分、淀粉及水分含量较高，蛀虫有锯谷盗、花斑皮蠹、玉米象、咖啡豆象、螟蛾等。此类蛀虫生长繁殖的旺盛期在6～8月，最适温度为28～30℃，相对湿度为70%～80%。

二、仓库害虫的防治

商品中发生害虫如不及时采取措施进行杀灭，常会造成严重损失。仓库害虫的防治方法如下。

（一）杜绝仓库害虫来源

要杜绝仓库害虫的来源和传播，必须做好以下几点：

（1）商品原材料的杀虫、防虫处理。

（2）入库商品的虫害检查和处理。

（3）仓库的环境卫生及备品用具的卫生消毒。

（二）药物防治

使用各种化学杀虫剂，通过胃毒、触杀或熏蒸等作用杀灭害虫，是当前防治仓库害虫的主要措施。常用的防虫、杀虫药剂有以下几种。

1. 驱避剂

驱避剂的驱虫作用是利用易挥发并具有特殊气味和毒性的固体药物，使挥发出来的气体在商品周围经常保持一定的浓度，从而起到驱避毒杀仓库害虫的作用。常用的驱避剂药物有精萘、对位二氯化苯、樟脑精（合成樟脑）等。

2. 杀虫剂

杀虫剂主要通过触杀、胃毒作用杀灭害虫。触杀剂和胃毒剂有很多，常用于仓库及环境消毒的有敌敌畏、敌百虫等。

3. 熏蒸剂

杀毒剂的蒸汽通过害虫的气门及气管进入体内，而引起中毒死亡，叫熏蒸作用。具有熏蒸作用的杀虫剂称熏蒸剂。常用的有氯化苦、溴甲烷、磷化铝、环氧乙烷等。熏蒸方法可根据商品数量多少，结合仓库建筑条件，酌情采用整库密封熏蒸、小室密封熏蒸和密封箱、密封缸熏蒸等形式。必须注意的是，上述几种熏蒸均系剧毒气体，使用时必须严格落实安全措施。

（三）仓库害虫的防治方法

仓库害虫的防治：一是阻断其传播途径，二是改变仓库温湿度条件。仓库害虫一般正常生活的温度范围为8～40℃，最适宜生长的温度为22～32℃，如温度低于-4℃或高于45℃时，就停止生长，部分导致死亡。水是仓库害虫生活必要的物质，它大多来自所蛀蚀的储存货物，因此保持货物干燥，也能在一定程度上控制害虫的危害。空气中的氧也是害虫赖以生存的重要物质，当空气中的氧气含量低于5%时，对害虫活动也有一定的抑制作用。

总之，仓虫的防治要贯彻“以防为主”“防重于治”的方针，防治的具体方法包括以下几点。

1．卫生防治

卫生防治是杜绝仓虫来源和预防仓虫感染的基本方法。仓储中经常保持库房的清洁卫生，使害虫不易滋生，彻底清理仓具和密封库房内外缝隙、孔洞等，严格进行消毒，严格检查入库货物，防止害虫进入库内，并做好在库货物的经常性检查，发现害虫及时处理，以防蔓延。

2．物理机械防治

一是自然或人为的调节库房温度，使库内最低温度和最高温度超过仓虫不能生存的界限，达到致死仓虫的目的；二是利用人工机械消除的方法，将仓虫排除。

3．化学药剂防治

化学药剂防治是利用杀虫剂杀灭仓虫的方法，具有彻底、快速、效率高的优点，兼有防治的作用，但也有对人有害、污染环境、易损货物的缺点，因此在粮食及其他食品中应限制使用。在使用化学药剂防治中必须贯彻下列原则：对仓虫有足够的杀灭能力，对人体安全可靠，药品性质不致影响货物质量；对库房、仓具、包装材料较安全，使用方便，经济合理。化学药剂防治方法包括以下几种：

（1）驱避法。将具易挥发和刺激性的固体药物放入货物包装内或密封货垛中，以达到驱虫、杀虫目的，常用的有萘、樟脑精等，一般可用于毛、丝、棉、麻、皮革、竹木、纸张等货物的防虫，不可用于食品和塑料等货物。

（2）喷液法。用杀虫剂进行空仓和实仓喷洒，直接毒杀仓虫。常用的杀虫剂有敌杀死、敌敌畏、敌百虫等。除食品外大多数货物都可以用喷液法进行实仓杀虫或空仓杀虫。

（3）熏蒸法。利用液体或固体挥发成剧毒气体杀死仓虫的防治方法，常用的药剂有氯化苦、溴甲烷、磷化铝等。一般多用于毛皮库和竹木制品库的害虫防治。

另外，还有高低温杀虫、电离辐射、灯光杀虫、微波、远红外线杀虫等方法。在综合防治中，需要各部门、各环节的协调配合，把防治害虫的基本措施与各种防治方法有机结合起来，因地制宜地全面开展综合防治，才能收到良好的效果。

任务四　商品霉变的原因与防治

一、商品霉变的原因

商品的霉变是指在某些微生物的作用下，引起商品生霉、腐烂和腐败等质量变化的现象。引起商品霉变的微生物主要有以下几种：霉菌、细菌、酵母菌。霉菌分为曲霉、毛霉、青霉、根霉、木霉五种。曲霉又分为棒曲霉、灰绿曲霉、黑曲霉三种。细菌主要是破坏含水量较大的动植物商品，对日用品、工业品也都有影响。酵母菌主要引起含有淀粉、糖类的物质发酵变质，对日用商品、工业品也有直接危害。

二、商品霉变的防治

霉腐微生物的生存必须有一定的外界条件，否则就不能生存。因此，要用科学的方法保管商品，使霉腐微生物得不到适宜的生存条件。

（一）影响霉腐微生物生存的外部条件

1．水分和空气湿度

当湿度与霉腐微生物自身的要求相适应时，霉腐微生物就生长繁殖旺盛；反之，则处于休眠状态或死亡。

试验证明，只有当空气相对湿度达到75%以上时，多数商品的含水量才可能引起霉腐微生物的生长繁殖，因而通常把75%这个相对湿度叫作商品霉腐临界湿度。

各种霉腐微生物生长繁殖的最适宜相对湿度，因菌属不同略有差异。一般细菌和酵母菌，在空气相对湿度达到90%以上的环境中才能正常发育繁殖。多数霉菌生长的最低相对湿度为80%～90%；在相对湿度低于75%的条件下，多数霉菌不能正常发育。所以，在储存环境的空气湿度低于75%时，多数商品不易发生霉腐。水果、蔬菜等本身含水较多的食品，对湿度要求比一般商品高，储存适宜湿度为85%～90%，但温度不宜过高。

2．温度

根据微生物对温度的适应能力，可将其分为低温性微生物、中温性微生物和高温性微生物。

每一类型的微生物对温度的要求又分为最低生长温度、最适生长温度和最高生长温度。超过这个范围其生长会滞缓或停止。

霉腐微生物中，大多是中温性微生物，最适生长温度为20～30℃，在10℃以下不易生长，在45℃以上停止生长，由此看出，高温和低温对霉腐微生物生长都有很大的影响。据研究，低温对霉腐微生物生命活动有抑制作用，能使其休眠或死亡；高温能破坏菌体细胞的组织和酶的活动，使蛋白质发生凝固作用，使其失去生命活动的能力，甚至会很快死亡。酵母菌在50～60℃时，5分钟就会死亡。许多细菌在60%条件下，10分钟就会死亡。而个别细菌具有耐寒性，如鱼类的腐败菌中，有的在-7℃的条件下仍然生长。

3．光线

日光对于多数微生物的生长都有影响。多数霉腐微生物在日光直射下经1～4小时即能大部分死亡，所以商品大都是在阴暗的地方才容易霉腐。日光的杀菌作用，主要是日光中的紫外线能强烈破坏菌细胞和酶。一般微生物在紫外线灯下照射3～5分钟就会死亡。

4．溶液浓度

多数微生物不能在浓度很高的溶液中生长。因为浓度很高的溶液能使菌细胞脱水，造成质壁分离，使其失去活动能力甚至死亡。例如，能使蛋白质腐败的细菌，在10%～15%的食盐溶液中多数不能生存；能引起食物中毒的霉腐微生物，在6%～9%的食盐溶液中也不能生存。另外，多数霉腐微生物在60%～80%的糖溶液中也不能生存。因此，盐腌和蜜饯食品一般不易腐烂。但也有少数微生物对浓度高的溶液有抵抗能力，如蜜酵母能引起蜜饯食品的变质；嗜盐的盐杆菌能使盐腌食品腐败。

5．空气成分

多数霉腐微生物特别是霉菌，需要在有氧条件下才能正常生长，在无氧条件下不形成孢子，二氧化碳浓度的增加不利于微生物生长，如果改变商品储存环境的空气成分，如使二氧化碳逐渐增加，使氧逐渐减少，那么微生物的生命活动就要受到限制，甚至导致死亡。霉菌中的某些青霉和毛霉，当空气中的二氧化碳浓度达到20%时，死亡率就能达到50%～70%，二氧化碳在空气中的浓度达到50%时将全部死亡。

（二）商品霉腐的防治

1．加强入库验收

易霉商品入库，首先应检验其包装是否潮湿，商品的含水量是否超过安全水分。易霉商品在保管期间应特别注意勤加检查，加强保护。

2．加强仓库温湿度管理

要根据不同性能的商品，正确地运用密封、吸潮及通风相结合的方法，管好库内温湿度，特别在梅雨季节，要将相对湿度控制在不适宜于霉菌生长的范围内。

3．选择合理的储存场所

易霉商品应尽量安排在空气流通、光线较强、比较干燥的库房，并应避免与含水量大的商品在一起。

4．合理堆码，下垫隔潮

商品堆垛不应靠墙、靠柱。

5．商品进行密封

对商品进行密封就是利用绝热性与防潮性较好的材料，把商品尽可能地严密封闭起来，防止和减弱外界温湿度对商品的影响，以达到安全储存的目的。

6．做好日常的清洁卫生

仓库里的积尘能够吸潮，容易使菌类寄生繁殖。

7. 化学药剂防霉

对已经发生霉腐但可以救治的商品，应立即采取措施，以免霉腐继续发展，造成严重损失。根据商品性质可选用晾晒、加热消毒、烘烤、熏蒸等方法。

课堂讨论

库存茶叶的保管保养措施

首先，茶叶必须储存在干燥、阴凉、通风良好，无日光照射，具备防潮、避光、隔热、防尘、防污染等防护措施的库房内，并要求进行密封。

其次，茶叶应专库储存，不得与其他物品混存，尤其严禁与药品、化妆品等有异味、有毒、有粉尘和含水量大的物品混存。库房周围也要求无异味。

问题：库存茶叶的库房温度应保持在多少度以下？相对湿度不超过多少？

项目小结

商品在存储过程中，由于商品本身的性能特点，以及受外界各种环境因素的影响，可能发生质量变化，造成商品的损耗和损失。防止和减缓商品质量变化是仓储管理的一项重要工作。

商品发生质量变化，是由一定因素引起的。为了保养好商品，确保商品的安全必须找出变化原因，掌握商品质量变化的规律。通常引起商品变化的因素有内因和外因两种，内因是变化的根据，外因是变化的条件。

货物在储存期间的质量变化与货物储存环境密切相关，而在货物储存环境诸因素中，仓库的温湿度最为重要。

很多货物是用动物性或植物性材料制成的，因而易遭仓虫危害。仓虫不但破坏货物组织结构，使货物出现孔洞直至破碎，还会排泄各种代谢废物沾污货物，降低货物的外观和内在质量。仓库内害虫的防治是做好货物保管的一个重要组成部分。

商品的霉变是指在某些微生物的作用下，引起商品生霉、腐烂和腐败等质量变化的现象。霉腐微生物的生存必须有一定的外界条件，否则就不能生存。因此，要用科学的方法保管商品，使霉腐微生物得不到适宜的生存条件。

重点概念：商品的霉变　空气湿度　露点　霉腐微生物　喷液法　熏蒸法

知识巩固

一、不定项选择题

1. 低沸点的液体商品或经液化的气体商品在空气中经汽化而散发到空气中的现象叫作(　　)。

A. 挥发　　B. 分解　　C. 析出　　D. 逸出

2. 溶化是指有些固体商品保管过程中，能吸收空气或环境中的（　　），当吸收数量达到一定程度时，就会溶化成液体。

A. 氧气　　　　B. 水分　　　　C. 氮气　　　　D. 二氧化碳

3. 通风方法有自然通风和（　　）。

A. 开门通风　　B. 开窗通风　　C. 机械通风　　D. 人工通风

4. 杀毒剂的蒸汽通过害虫的气门及气管进入体内，而引起中毒死亡，叫作（　　）。

A. 杀虫作用　　B. 触杀作用　　C. 胃毒作用　　D. 熏蒸作用

5. 每一类型的微生物对温度的要求又分为最低生长温度、（　　）和最高生长温度。超过这个范围其生长会滞缓或停止。

A. 最适生长温度　B. 延长温度　　C. 一般温度　　D. 相对温度

6. 日光对于多数微生物的生长都有影响。多数霉腐微生物在日光直射下经（　　）即能大部分死亡。

A. 1～2小时　　B. 1～4小时　　C. 1～2.5小时　D. 1小时

7.（　　）是利用液体或固体挥发成剧毒气体杀死仓虫的防治方法，常用的药剂有氯化苦、溴甲烷、磷化铝等。

A. 化学法　　　B. 防治法　　　C. 熏蒸法　　　D. 喷雾法

8. 霉腐微生物的生存必须有一定的外界条件，否则就不能生存。因此，要用科学的方法保管商品，使霉腐微生物得不到（　　）。

A. 最适的生长温度　　　　　　B. 氧气

C. 一般的温度　　　　　　　　D. 适宜的生存条件

9. 仓虫的防治要贯彻“以防为主”（　　）的方针。

A. “治重于防”　B. “防重于治”　C. “防治并重”　D. “防治并举”

二、判断题

1. 使用各种物理杀虫剂，通过胃毒、触杀或熏蒸等作用杀灭害虫，是当前防治仓库害虫的主要措施。（　　）

2. 酵母菌主要引起含有淀粉、糖类的物质发酵变质，对日用商品、工业品没有直接危害。（　　）

3. 仓储功能的实现，仓储积极作用的发挥有赖于有效的仓储管理。（　　）

三、简答题

1. 仓库害虫的来源有哪些？

2. 化工危险品包括哪几类？

3. 密封储存的形式有哪几种？

技能实训

一、实训目标

解决仓库的商品防火问题。明确火灾的原因、火灾的危害、防火的措施。

二、实训步骤

（1）学生自由组合成小组，每组约为6个人。

（2）写出仓库火灾的原因、火灾的危害、防火的措施。

三、实训要求

1．了解本次实训的目的。

2．进行实训考评。

四、实训评价

评分表

考评人		被考评人	
考评地点			
考评内容			
考评标准	具体内容	分值	实际得分
	火灾原因	40	
	火灾的危害	20	
	防火措施	20	
	团队合作	20	
合计		100	

五、实训报告

实训报告

班级		姓名		时间	
实训目的					
实训步骤					
实训内容					
我的做法					
我的结论					
我的想法					

项目六　仓储合同

【知识目标】

1. 了解仓储合同的概念和种类
2. 掌握仓储合同的内容
3. 明晰保管人的权利和义务

【技能目标】

1. 能根据实际业务正确选择仓储合同
2. 能结合实际业务制定仓储合同

【素质目标】

1. 培养学生正确的社会价值导向
2. 提高学生适应社会角色、爱岗敬业的精神

思维导图

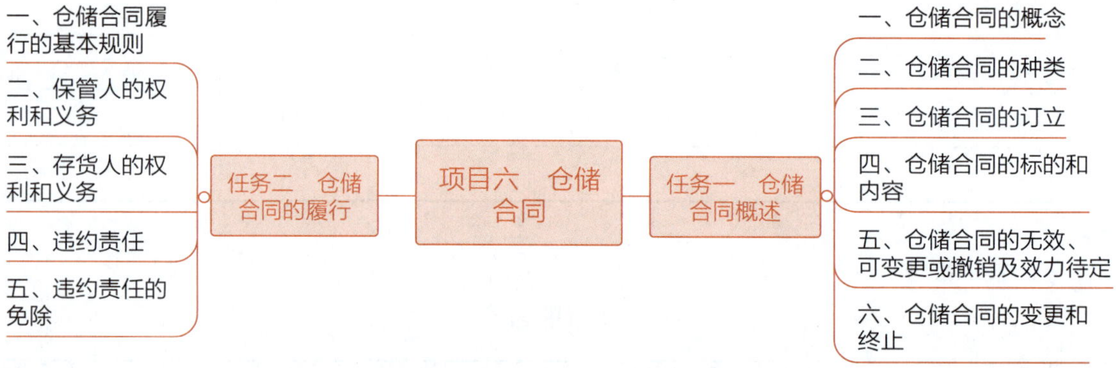

案例导入

该仓储合同是否生效

某汽车装配厂从国外进口一批汽车零件，准备在国内组装、销售。2022年3月5日，与某仓储公司签订了一份仓储合同。合同约定，仓储公司提供仓库保管汽车配件，期限共为10个月，从2022年4月15日起到2023年2月15日止，保管仓储费为5万元。双方对储存物品的数量、种类、验收方式、入库、出库的时间和具体方式、手续等做了约定，还约定任何一方有违约行为均要承担违约责任，违约金为总金额的20%。

合同签订后，仓储公司开始为履行合同做准备，清理了合同约定的仓库，并且从此拒绝了其他人的仓储要求。2022年3月27日，仓储公司通知装配厂已经清理好仓库，可以开始送货入库。但配装厂表示已找到更便宜的仓库，如果仓储公司能降低仓储费的话，就送货仓储。仓储公司不同意，配装厂明确表示不需要对方的仓库。2022年4月15日仓储公司再次要求配装厂履行合同，配装厂再次拒绝。

2022年4月20日，仓储公司向法院起诉，要求汽车配装厂承担违约责任，支付违约金。

汽车装配厂主张合同未履行，因而不存在违约的问题。

问题提出：

该仓储合同是否生效？仓储公司的要求是否合理？

任务一　仓储合同概述

一、仓储合同的概念

仓储合同是存货方和保管方为了加速商品流转、合理利用仓容，保管好商品、提高经济效益而明确双方的权利、义务关系的协议。存货方也称委托方，通常是指经营性企业或部门，保管方通常指从事储存业务的仓储企业。

（一）仓储合同的意义

仓储合同是用经济办法管理委托和接受储存商品关系的一种重要手段。仓储保管合同属于经济合同的范畴，合同一经签订，双方即分别具有履行合同的义务；同时也具有要求另一方履行合同的权利。任何一方不履行合同时，都要向另一方支付违约金，赔偿经济损失。

合同关系是一种法律关系，仓储保管合同依法订立，即具有法律约束力，受国家法律的保护，任何一方不履行合同都会受到法律的制裁。

（二）仓储合同的作用

1. 促进工作的计划性

合同订立以后双方均受合同的约束，它能促使双方在订立合同前加强工作的计划安排，使订立合同后努力完成计划。

2. 有利于加强经济核算

合同制是加强企业经济核算的一种法律形式。在签订合同时，把存货方和保管方的权利、义务均合理地确定下来。这样就能促使双方必须切实按照合同要求，有效地组织企业营销活动和储存保管活动，积极改善经营管理，合理地组织和运用人力、物力、财力，以较少的劳动和物料消耗，增加企业利润。

3. 有利于促进和加强专业化协作

按专业化协作原则组织经济活动是现代化生产的客观要求。仓储保管的专业化有利于仓库采用先进技术，提高仓库使用效率，提高仓储工作质量，提高经营管理水平。

二、仓储合同的种类

1．一般保管仓储合同

一般保管仓储合同是指保管人根据存货人的要求为其储存保管商品，在保管期满将仓储物原样交还给存货人，存货人向保管人支付商品储存的有关费用而订立的合同。

2．混藏式仓储合同

混藏式仓储合同是指存货人将一定品质、一定数量、一定种类的仓储物交付给保管人，保管人将不同存货人的同样仓储物混合保管，储存保管期限届满时，保管人只需将相同种类、品质、数量的商品返还给存货人，并不需要原物归还的仓储方式。

3．消费式仓储合同

消费式仓储合同是指存货人不仅将一定数量、一定品质的种类物交付仓储保管人储存保管，而且与保管人相互约定，将储存物的所有权也移转给保管人，在合同期满时，保管人以相同种类、相同品质、相同数量的替代品返还的仓储合同。消费式仓储主要适用于粮食加工、加油站的油料仓储。

4．仓储租赁合同

仓储租赁合同是指仓库所有者将仓库、场地、仓库设备出租给存货人，由存货人自行保管货物的合同。

原物返还违约吗

三、仓储合同的订立

（一）仓储合同订立的原则

1．平等原则

平等原则是《中华人民共和国民法典》（以下简称《民法典》）的基本原则，是指作为仓储合同的当事人双方，在法律地位上一律平等，任何一方不得将自己的意志强加给另一方。

2．公平及等价有偿原则

此原则要求当事人应当遵循公平原则确定各方的权利和义务。在民事活动中，除法律另有规定或当事人另有约定外，当事人取得他人财产利益应向他方给付相应的对价。

3．自愿原则

合同自愿原则是贯彻合同活动整个过程的基本原则，是合同法律关系的本质体现。自愿原则是指当事人依法享有在缔结合同、选择交易伙伴、决定合同内容以及在变更和解除合同、决定合同方式、选择合同补救方式等方面的自由，任何单位和个人都不得非法干预。

4．合法原则

合法原则要求仓储合同当事人订立、履行合同，应当遵守法律、行政法规，尊重社会公德，不得扰乱社会经济秩序，损害社会公共利益。否则，不仅不能达到当事人预期的目的，而且还会引起不利的法律后果。例如，双方订立一份储存保管盗窃、走私及毒品等物品的仓储合同，不仅违反了我国法律，还要承担相应的法律责任。

（二）仓储合同的形式

仓储合同的形式是指合同当事人意思表示一致的外在表现形式，是合同内容的载体。仓储合同有以下几种形式。

1．书面形式

书面形式是指合同书、信件和数据电文（包括传真、电子数据交换和电子邮件）等可以有形地表现所载内容的形式。书面形式的最大优点是合同有据可查，发生纠纷时容易举证，便于分清责任。仓储合同一般采取书面形式订立。

2．口头形式

口头形式是指当事人只用语言不用文字为意思表示订立仓储合同的形式，如当面交谈、电话联系等。凡合同当事人没有约定，法律未规定特定形式的合同均可采用口头形式，其优点是简便易行，在日常生活中经常采用；但它的缺点是发生争议时，难以取证，不易分清责任。

3．其他形式

其他形式是指除书面形式、口头形式之外表达合同内容的形式。其他形式主要是推定和沉默等方式。法律、行政法规规定采用书面形式的，应当采用书面形式。当事人约定采用书面形式的，应当采用书面形式。

（三）仓储合同订立的程序

《民法典》规定，当事人订立合同，采取要约、承诺的方式进行。即只要存货人与保管人之间依法就仓储合同的有关内容经过要约与承诺的方式协商一致达成合意，仓储合同即告成立。

1．要约

要约是希望和他人订立合同的意思表示，是一方当事人向对方提出签订合同的建议和要求。发出要约的当事人称要约人，要约指向的对方当事人称受要约人。

要约是要约人向受要约人发出的意思表示。要约的内容具体确定，包含足以使合同成立的主要条件与条款，如仓储合同标的物的数量、质量、仓储费用、保管期限、保管条件、履行地点和履行方式等。要约的内容越明确具体，越有利于受要约人了解合同内容，快速做出承诺，且整个要约的内容必须能够表明，如果对方接受要约，仓储合同即告成立。

2．承诺

承诺是受要约人同意要约的意思表示。承诺的法律效力在于，承诺一经做出，并送达到要约人，合同即告成立。承诺必须是受要约人在要约的有限期限内向要约人做出，除受要约人之外的任何第三人所做的承诺不是法律上的承诺，而仅仅是一项要约，且承诺的内容应当与要约的内容一致。承诺是对要约的同意，其内容必须与要约的内容一致，才构成意思表示的一致即合意，从而使合同成立。受要约人对合同的内容做出实质性变更的，为新要约。如有关仓储合同的标的物数量、质量、履行地点和方式、违约责任和解决争议的方法等的变更，就是对要约的实质性变更，都只能构成一项新要约，而非承诺。

在仓储合同订立过程中，受要约人一经承诺，仓储合同即告成立并生效。《民法典》规定，仓储合同自成立时生效。因此，仓储合同是诺成合同，合同的成立与生效同时发生。仓储合同生效后，任何一方不履行合同，对方有权要求违约方支付违约金或赔偿其因此所受到的损失。

四、仓储合同的标的和内容

（一）仓储合同的标的

仓储合同的标的是仓储保管行为，是指仓储合同关系中存货人与保管人的权利义务共同指向的对象，即保管人提供仓储空间、仓储时间和精心保管，存货人要为此支付仓储费。

（二）仓储合同的内容

仓储合同的内容是仓储合同当事人的权利与义务，具体体现为合同的各项条款。主要包括以下方面的条款。

1. 存货人、保管人的名称和住所

存货人、保管人的名称或者姓名和住所是每一个合同必须具备的条款。合同当事人是合同法律关系的主体，合同中如果不写明当事人，就无法确定权利的享有者和义务的承担者；而住所涉及债务的履行、诉讼的管辖等，因此当事人的名称或姓名和住所记载都需要准确、清楚。

2. 保管物的品名或品类

在仓储合同中，要明确标明仓储物的品名或品类。仓储合同中储存保管的货物是特定物或特定化的种类物，是保管人接受存货人的委托代为保管的，其所有权属于存货人。在合同有效期届满时，保管方必须将原货物及孳息完好无损地归还存货人，因此必须在合同中对货物的品名和品类做出明确、详细的规定。

3. 保管物的数量、质量、包装

数量是仓储合同标的物的数量，是以计量单位和数字来衡量标的物的尺度。数量直接决定着民事权利义务的大小，因此保管物的数量要准确，应采用国家规定的计量单位和计量方法，如以包、扎、捆、把等计算的，就必须明确每包、扎、捆、把有多重或多少根、块，防止对计量单位有不同理解，产生歧义，发生纠纷。仓储物的质量必须在合同中做出明确的规定。对于质量有国家标准的，执行国家标准；没有国家标准，有行业标准的，执行行业标准；没有国家标准和行业标准的，由双方当事人协商确定质量标准。仓储物的包装，一般应由存货人负责，有国家或专业包装标准的，按照国家或者专业标准的规定执行，没有国家或专业包装标准的，应当根据仓储物便于运输和储存安全的前提下由存货人与保管人商定。

4. 仓储物验收的内容、标准、方法、时间

货物验收是保管人对交付的仓储物进行检验和核查，以确定该货物是否具备堆藏保管的良好状态的过程。保管人验收项目有：货物的品种、规格、数量、外包装状况，以及无须开箱、拆捆而直观可见可辨的质量情况。包装内的货物品名、规格、数量，以外包装或货物上的标记为准；外包装或货物上无标记的，以供货方提供的验收资料为准。散装货物按国家有关规定或合同规定验收。验收的期限，国内货物不超过10日，国外到货不超过30日，法律另有规定或当

事人另有约定的除外。

5. 仓储条件和要求

仓储合同中的货物种类繁多、性质各异，不少货物由于本身的性质需要特殊的保管条件或保管方法，所以合同当事人应根据货物性质、要求的不同，在合同中明确规定保管条件和保管要求。保管人如因仓库条件所限，不能达到存货人要求，则不能接受。对某些比较特殊的货物，如易燃、易爆、易渗漏、有毒等危险物品，保管人保管时，应当有专门的仓库、设备，并配备有专业技术知识的人负责管理。必要时，存货人应向保管人提供货物储存、保管、运输等方面的技术资料，防止发生货物毁损、仓库毁损和人身伤亡事故。存货人在交存特殊货物时，应当明确告知保管人货物有关保管条件、保管要求。否则，保管人可以拒绝接收存货人所交付的危险货物。

6. 货物进出库手续、时间、地点、运输方式

入库是指货物进入仓库时所进行的清点检验和接收工作。它是仓储合同业务的第一道环节，是履行仓储合同的基础。仓储合同的当事人双方，应当重视货物入库环节。在仓储合同中，要明确入库应办理的手续、理货方法、入库的时间和地点以及货物运输、装卸搬运的方式等内容。

货物出库须按照先进先出或易坏先出的原则办理，保管人没有按合同规定的时间、数量交货，应承担违约责任；保管人已通知货物出库或合同期已到，由于存货人（含用户）的原因不能如期出库，应承担违约责任；由于存货人调拨凭证上的差错所造成的实际损失，由存货方负责。运输方式由保管方代办运输的，保管方负责向运输部门申报运输计划、办理托运和发运手续。

7. 仓储物的损耗标准及损耗的处理

仓储物的损耗标准是指货物在储存过程中，由于自然原因（如干燥、风化、散失、挥发等）和货物本身的性质及度量衡的误差等原因，不可避免地要发生一定数量的减少、破损或计量误差。合同当事人应事先商定货物的自然减量标准和破损率及合理磅差等。

8. 计费项目、标准和结算方式、银行、账号、时间

货物储存和运输过程中的计费项目，应按仓储保管部门制定的标准执行，也可由当事人双方协商确定。计费项目包括：保管费、转仓费、出入库装卸搬运费、车皮、站台、专用线占有、包装整理、商品养护等费用。除明确上述费用由哪一方承担外，还应明确各种费用的计算标准、支付方式、支付时间、地点、开户银行、账号等。

9. 责任划分和违约处理

在订立仓储合同时，应从货物入库、货物验收、货物保管、货物包装、货物出库等方面明确双方当事人的责任，同时应规定违反仓储合同时应承担的违约责任。违约责任承担方式有：支付违约金、损害赔偿以及采取其他补救措施。

10. 合同的有效期限

合同的有效期限，即货物的保管期限。合同有效期限的长短，也与货物本身的有效储存期

有关。所谓有效储存期是指某些货物由于本身的特性，不能长时间存放，如食品、药品、化妆品、胶卷、化学试剂等，一般都注明了有效使用期限。

11. 变更和解除合同程序及期限

仓储合同是当事人协商一致的结果，在合同未履行或未完全履行之前也可变更或解除合同。当事人如果需要变更或解除合同的，必须事先通知另一方，双方协商一致即可变更或解除合同。变更或解除合同的建议和答复，必须在法律规定或者合同约定的期限内提出。如果发生了法律或合同中规定的可以单方解除合同的情形，那么，拥有解除权利的一方可以解除合同。

上述是仓储合同所应具备的主要条款，一般只起示范和指导作用，并不是仓储合同成立必须具备的条款，当事人可根据所订立的合同性质不同有所选择，这也是合同自愿原则的体现。合同是当事人双方的合意，基于双方的利益考虑，当事人签订合同只要不违反法律，合同内容达成一致就对当事人有约束力。

五、仓储合同的无效、可变更或撤销及效力待定

仓储合同成立取决于当事人之间是否就合同内容协商一致，而合同的生效是成立的合同是否具有法律约束力。由于仓储合同是诺成合同，一般情形下合同成立后就生效，对合同双方具有法律约束力。有时，仓储合同成立之后，可能因违反法律规定而无效，因意思表示不完全而可变更、可撤销或因存在法定事由而效力待定。

（一）仓储合同的无效

仓储合同的无效是仓储合同因欠缺一定生效要件，而自始、绝对、当然不发生法律效力。常见的无效仓储合同的情形有以下几种。

1. 一方以欺诈、胁迫的手段订立合同，损害国家利益

欺诈是仓储合同的当事人一方故意告知对方虚假情况，或者故意隐瞒真实情况，诱使对方当事人做出错误意思表示的行为。胁迫是以将来要发生的损害或者直接施加损害相要挟，迫使对方做出违背真实意思表示的行为。一方以欺诈、胁迫的手段订立的仓储合同无效，仅限于损害国家利益的情形，否则是可变更、可撤销的合同。

2. 恶意串通，损害国家、集体或者第三人利益

仓储合同的恶意串通是当事人明知其所订立的仓储合同将会造成国家、集体和第三人利益的损害，而相互配合、非法串通在一起合谋实施该行为。

3. 以合法形式掩盖非法目的

以合法形式掩盖非法目的的仓储合同是当事人采取合法的形式实施内容违法的行为，是一种规避法律的行为。

4. 损害社会公共利益

社会公共利益体现了全体社会成员的最高利益，违反社会公共利益或公序良俗的仓储合同无效，这是各国立法普遍确认的原则。

5. 违反法律、行政法规的强制性规定

强制性规定在法律上表现为"必须""应当"等命令性的规定，或者是禁止性的规定。法律、行政法规的强制性规定是当事人必须遵守的。

（二）可变更、可撤销的仓储合同

可变更、可撤销的合同是仓储合同已经成立，但因仓储合同当事人的意思表示不真实，一方当事人可以向法院或仲裁机构请求撤销或变更该仓储合同，使已经生效的仓储合同归于无效或仓储合同内容发生变更。可撤销合同是一种相对无效的合同，其效力取决于当事人的意志。可撤销的合同主要有以下情形。

1. 因重大误解而订立的仓储合同

重大误解是仓储合同当事人对仓储合同的内容有重大误解，使行为的后果与自己的意思相悖，并造成较大损失。这里的重大误解主要是指对仓储物、对方当事人、保管数量、质量、合同性质等做出的误解。

2. 因显失公平订立的仓储合同

显失公平的合同是一方当事人利用优势或利用对方缺乏经验而订立的，仓储合同当事人之间权利义务明显不平等的合同。显失公平的合同违反了公平原则。

3. 一方以欺诈、胁迫的手段或乘人之危订立的合同

一方以欺诈、胁迫的手段或乘人之危订立的合同是利用他人的危难处境或紧迫需要，强迫对方接受某种明显不公平的条件并违背其真实意愿而订立的合同。

在上述三种情形下订立的仓储合同，因违背了受害方的真实意思，法律赋予受害方享有请求人民法院或仲裁机构变更或者撤销仓储合同的权利。法院或仲裁机构应当根据当事人请求的内容做出裁判，当事人请求变更的，法院和仲裁机构不得做出撤销合同的裁判。

但是，有下列情形之一的，撤销权消灭：一是具有撤销权的当事人自知道或者应当知道撤销事由之日起一年内没有行使撤销权；二是具有撤销权的当事人知道撤销事由后明确表示或者以自己的行为放弃撤销权。

（三）效力待定的仓储合同

仓储合同虽然已经成立，因不符合有关有效要件的规定，其效力是否发生尚未确定，而有待于其他行为使之确定的仓储合同。效力待定的仓储合同只有经有权人的追认，才具有法律效力；如果有权人在一定期限内不予承认，则仓储合同无效。

效力待定仓储合同主要有以下几种。

1. 限制民事行为能力人订立的仓储合同

限制民事行为能力人订立的仓储合同，经法定代理人追认后，该仓储合同有效。相对人可以催告法定代理人在1个月内予以追认，法定代理人未作表示的，视为拒绝追认。仓储合同被追认之前，善意相对人有撤销的权利。撤销应当以通知的方式做出。

2. 无权代理人订立的仓储合同

行为人没有代理权、超越代理权或者代理权终止后以被代理人名义订立的仓储合同，未经

被代理人追认，对被代理人不发生法律效力，由行为人承担责任。相对人可以催告被代理人在1个月内予以追认。被代理人未作表示的，视为拒绝追认。仓储合同被追认之前，善意相对人有撤销的权利。撤销应当以通知的方式做出。所以，在与代理人以被代理人名义签订仓储合同时，一方当事人应注意审查对方是否具有代理人资格。

3．法定代表人、负责人超越权限订立的仓储合同

法人或者其他组织的法定代表人、负责人超越权限订立的仓储合同，除相对人知道或者应当知道其超越权限的以外，该代表行为有效。

4．无处分权人订立的仓储合同

无处分权人处分他人财产，经权利人追认或者无处分权人订立仓储合同后取得处分权的，该仓储合同有效。

（四）仓储合同被确认无效或被撤销的处理

仓储合同被确认无效或被撤销以后，自始没有法律效力。仓储合同部分无效，不影响其他部分的效力，其他部分仍然有效。仓储合同无效、被撤销或者终止的，不影响仓储合同中独立存在的有关解决争议方法的条款的效力。

六、仓储合同的变更和终止

1．仓储合同的变更

仓储合同成立以后，在尚未履行或尚未完全履行之前，当事人可以对仓储合同的内容进行修改或补充。

2．仓储合同的终止

仓储合同的终止是合同关系在客观上不复存在，仓储合同权利和义务归于消灭。有下列情形之一的，仓储合同的权利义务终止：

（1）债务已经按照约定履行。仓储合同一经履行，合同权利便得以实现，当事人设立合同的目的得以实现，合同关系也就自然终止。在实践中，履行是仓储合同终止最为主要的原因。

（2）仓储合同的解除。仓储合同订立后，在合同尚未履行或者尚未全部履行时，当事人提前终止合同，从而使原仓储合同设定的双方当事人的权利义务归于消灭。它是仓储合同终止的一种情形。仓储合同解除分为约定解除和法定解除。

①约定解除是仓储合同当事人通过协议或行使约定的解除权而进行的合同解除。约定解除又分为两种：一是协议解除，当事人协商一致，可以解除合同；二是约定解除权的行使，当事人约定一方解除合同的条件，解除合同的条件成就时，解除权人可以解除仓储合同。

②法定解除是在仓储合同成立以后，没有履行或没有完全履行之前，根据法律规定的解除条件，行使法定的解除权而使仓储合同效力终止的行为。法定解除的特点是解除仓储合同的条件是由法律直接规定的，而不是当事人的约定。在法定解除条件具备时，享有解除权的当事人就可以行使法定解除权而解除仓储合同，不必征得对方当事人的同意。

3. 债务抵消

抵消是指双方当事人互负债务时，各以其债权充当债务的清偿，而使其债务与对方的债务在对等额内相互消灭。因此，抵消也是合同的权利义务终止的原因之一。抵消分为法定抵消和约定抵消两种。

4. 提存

提存是债务人将无法清偿的标的物提交给提存机关，以消灭合同债务的行为。债务的履行往往需要债权人的协助，如果债权人无正当理由而拒绝受领或者不能受领，债权人虽然应负受领迟延责任，但债务人的债务却并未消灭，债务人仍要随时准备履行，为债务履行提供的担保也不能消灭，显失公平。为此法律设立了提存制度，规定在债权人拒绝受领或不能受领标的物时，债务人可以将标的物提交有关部门保存。

5. 免除

免除是指债权人免除债务人的债务而使合同权利义务部分或全部终止的意思表示。免除是债权人的单方法律行为。

免除的效力是使合同消灭。债务全部免除的，合同债即全部消灭；债务部分免除的，合同于免除的范围内部分消灭。主债务因免除而消灭的，从债务也随之免除。但是，免除不得损害第三人的利益。

6. 混同

混同是指债权债务同归于一人，致使合同关系消灭的事实。《民法典》规定：债权和债务同归于一人的，合同的权利义务终止，但涉及第三人利益的除外。

7. 法律法规规定的或当事人约定终止的其他情形

除了上述的合同权利与义务终止的情形外，出现了法律规定终止的其他情形时，合同的权利义务也可以终止。

任务二　仓储合同的履行

履行仓储合同是《民法典》的核心，合同订立的目的就是实现合同当事人的利益，这种利益必须通过当事人履行合同的行为才能实现。仓储合同当事人应按照合同约定或者法律规定，全面、适当地完成各自承担的合同义务，以使债权人的债权得以实现。

一、仓储合同履行的基本规则

（一）仓储合同条款约定不明确时的履行规则

仓储合同条款应当明确、具体，以便合同的履行，由于客观情况的复杂性和当事人主观认识的局限性，合同条款欠缺或约定不明的现象是不可避免的。仓储合同生效后，当事人就仓储物的质量、保管费、履行地点等合同内容没有约定或约定不明确的，可以协议补充；不能达成补充协议的，按照合同有关条款或者交易习惯确定。如果按前面两种方式仍不能确定的，适用下列规定：

（1）质量要求不明确的，按照国家标准、行业标准履行；没有国家标准、行业标准的，按照通常标准或者符合合同目的的特定标准履行。

（2）价款或者报酬不明确的，按照订立合同时履行地的市场价格履行。

（3）履行地点不明确，给付货币的，在接受货币一方所在地履行；其他标的，在履行义务一方所在地履行。

（4）履行期限不明确的，债务人可以随时履行，债权人也可以随时要求履行，但应当给对方必要的准备时间。

（5）履行方式不明确的，按照有利于实现合同目的的方式履行。

（6）履行费用的负担不明确的，由履行义务一方负担。

（二）执行政府定价或者政府指导价的合同的履行规则

执行政府定价或者政府指导价的，在合同约定的交付期限内政府价格调整时，按照交付时的价格计价。逾期交付标的物的，遇价格上涨时，按照原价格执行；价格下降时，按照新价格执行。逾期提取标的物或者逾期付款的，遇价格上涨时，按照新价格执行；价格下降时，按照原价格执行。

（三）涉及第三人的仓储合同履行原则

涉及第三人的仓储合同又称涉他合同，是当事人双方为当事人之外的第三方设定了权利或义务的仓储合同，包括如下两种。

1．向第三人履行的仓储合同

仓储合同的当事人可以约定由债务人向第三人履行债务，由于第三人不是订立仓储合同的当事人，其仅能依照债权人与债务人的约定享有请求履行的权利，债务人未向第三人履行债务或者履行债务不符合约定的，应当向债权人而不是第三人承担违约责任；债务人对债权人行使的抗辩权，对该第三人均可行使；因向第三人履行债务增加的费用，除当事人双方另有约定外，由债权人承担。

2．第三人代为履行的合同

仓储合同的当事人可以约定由第三人代替债务人向债权人履行债务，但第三人并没有因履行债务而成为仓储合同当事人，所以第三人不履行债务或者履行债务不符合约定的，应当由债务人，而不是第三人向债权人承担违约责任；债权人请求第三人履行债务时，债务人对于债权人的一切抗辩权，第三人均可行使；第三人向债权人履行债务所发生的费用，一般应由债务人承担，除非当事人双方另有约定。

（四）仓储合同主体发生变化时的履行规则

债权人分立、合并或者变更住所没有通知债务人，致使履行债务发生困难的，债务人可以中止履行或者将标的物提存。合同生效后，当事人不得因姓名、名称的变更或者法定代表人、负责人的变动而不履行合同义务，否则将承担违约责任。

（五）债务人提前履行债务或部分履行债务的处理规则

1．债务人提前履行债务

债权人可以拒绝债务人提前履行债务，但提前履行不损害债权人利益的除外。债务人提前履行债务给债权人增加的费用，由债务人负担。

2．债务人部分履行债务

债权人可以拒绝债务人部分履行债务，但部分履行不损害债权人利益的除外。债务人部分履行债务给债权人增加的费用，由债务人负担。

二、保管人的权利和义务

（一）保管人的义务

1．提供仓储条件的义务

仓储人经营仓储保管的前提条件就是具有功能完备的仓储保管条件，具有从事保管货物的保管设施和设备，包括适合货物储存要求的场地、容器、仓库、货架、作业搬运设备、计量设备、保管设备、安全保卫设施等条件。同时还应配备一定的保管人员、商品养护人员、装卸搬运人员，制定行之有效的管理制度和操作规程等。

2．接收、验收货物的义务

保管人应按合同的约定，接受存货人交付储存的仓储物。保管人在接受存货人交存仓储物入库时，应当按照合同的约定对入库仓储物进行验收，并签发验货单证。保管人验收后，发现入库仓储物的品种、数量、质量不符合约定的，应当及时通知存货人。

3．给付仓单的义务

保管人在接收货物后，保管人应当向存货人给付仓单，这是保管人的一项合同义务。仓单是存货人交付、提取仓储物的凭证。保管人给付仓单的前提是仓储合同成立，存货人已交付仓储物，所以保管人应根据实际收取的货物情况签发仓单。存期届满，保管人应根据仓单的记载向仓单持有人交付货物，并承担仓单所明确的责任。保管人应根据合同条款确定仓单的责任事项，避免将来向仓单持有人承担超出仓储合同所约定的责任。

4．妥善保管义务

保管人应当按照仓储合同约定的储存条件和保管要求，妥善保管仓储物。保管人储存易燃、易爆、有毒、有腐蚀性、有放射性等危险物品的，应当具备相应的保管条件，应当按照国家或合同规定的要求操作和储存；在储存保管过程中不得损坏货物的包装物，如因保管或操作不当使包装发生毁损的，保管人应当负责修复或按价赔偿。

5．返还仓储物及其孳息的义务

保管人应在约定的时间和地点向存货人或仓单持有人交还约定的仓储物。仓储合同没有明确存期和交还地点的，存货人或仓单持有人可以随时要求提取，保管人应在合理的时间内交还存储物。作为一般仓储合同，保管人在交返仓储物时，应将原物及其孳息、残余物一同交还。

课堂讨论

经验之谈——合同双方做法对吗?

某商业企业在大通仓库寄存某设备一批共100台，价值共计100万元。双方商定：保管期限自2022年1月1日至1月30日，商业企业分二批取走设备；1月30日商业企业取走最后一批设备时，支付保管费3000元。1月30日，某商业企业前来取最后一批设备50台时，双方为保管费的多少发生争议。某商业企业认为自己的设备实际是在1月11日上午才进入大通仓库的，保管期限实际上是20天，所以应当给付保管费2000元。但大通仓库拒绝减少保管费1000元，理由是仓库早已为企业设备的到来准备了库房，企业的设备没能准时进库是商业企业自己的原因造成的，与大通仓库无关。某商业企业则认为，它已经通知了设备到库的准确时间，且大通仓库不可能空着货位，肯定会存放其他的货物，所以只同意支付保管费2000元。于是大通仓库拒绝企业提取所剩余的设备。

试分析：如何处理此纠纷?

首先某商业企业应给付全部保管费。《民法典》规定："仓储合同自成立时生效。"所以合同签订后，因存货人原因货物不能按约定入库，依然要交付全部仓储费，本案中应给付约定的仓储费3000元；其次大通仓库在某企业拒绝足额支付保管费的情况下有权留置仓储物，拒绝其提取仓储物，其行使的是留置权。但本案保管人大通仓库明显过多留置了某企业的货物。因为在仓储物是可分物时，保管人在留置时仅可留置价值相当于仓储费部分的仓储物。而本案的仓储物恰恰是可分物，所以大通仓库没有理由留置剩下的设备，而只能留置相当于1000元的设备。

6．危险通知义务

保管人负有对仓储物尽善良管理人的注意义务。当入库仓储物发生有变质或其他损坏的，应当及时通知存货人或仓单持有人。当入库仓储物发生有变质或其他损坏，危及其他仓储物的安全和正常保管的，应当时通知存货人或仓单持有人做出必要的处置。因情况紧急，保管人可以做出必要的处置，防止危害扩大，但事后应当将该情况及时通知存货人或者仓单持有人。

7．同意检查仓储物的义务

保管人根据存货人或者仓单持有人的要求，应当同意其检查仓储物或者提取样品。因存货人或仓单持有人是仓储物的所有权人，或者是仓储物的质权人，有权检验仓储物，保管人不得拒绝。

（二）保管人的权利

1．收取仓储费的权利

仓储费是保管人订立合同的目的，是对仓储物进行保管所获得的报酬，是保管人的合同权利。保管人有权按照合同约定收取仓储费或在存货人提货时收取仓储费。

2．保管人的提存权

储存期间届满，存货人或者仓单持有人不提取货物的，保管人可以催告其在合理期限内提取，逾期不提取的，保管人可以提存仓储物，以消灭与存货人或仓单持有人之间的债权债务关系。

3．验收货物的权利

验收货物不仅是保管人的义务，也是保管人的一项权利。保管人有权对货物进行验收，在验收中发现货物溢短，对溢出部分可以拒收，对于短少的有权向存货人主张违约责任。对于货物存在的不良状况，有权要求存货人更换、修理或拒绝接受，否则需要如实编制纪录，以明确责任。

三、存货人的权利和义务

（一）存货人的义务

1．告知义务

存货人的告知义务包括两个方面：对仓储物的完整告知和瑕疵告知。

2．妥善处理和交存货物

存货人应对仓储物进行妥善处理，根据仓储物的性质进行分类、分储，根据合同约定妥善包装，使仓储物适合仓储作业和保管。存货人应在合同约定的时间向保管人交存仓储物，并提供验收单证。交存仓储物不是仓储合同生效的条件，而是存货人履行合同的义务。存货人未按照约定交存仓储物，构成违约，应承担违约责任。

3．支付仓储费和偿付必要费用

仓储合同为有偿合同，除非当事人之间另有约定，存货人应负担向保管人支付仓储费的义务。存货人应根据合同约定按时、按量地支付仓储费，否则构成违约。

4．及时提取仓储物的义务

包括两方面的内容：一是仓储合同约定保管期限的，储存期限届满，存货人或仓单持有人应凭仓单提取仓储物。仓单是仓储物的物权证明，保管人认单不认人，存货人或仓单持有人提取货物时须出示仓单并缴回仓单。存货人或仓单持有人逾期提取的，应当加收仓储费；提前提取的，不减收仓储费。原因在于保管人根据仓储合同的约定安排仓库的使用计划，如果存货人未将仓储物提离或提前提取，会使得保管人已签订的下一个仓储合同无法履行，也打乱了保管人的计划。所以，由于存货人或仓单持有人的原因不能使货物如期出库造成压库时，存货人或仓单持有人应负违约责任。二是保管期限约定不明确，当事人对储存期间没有约定或者约定不明确的，存货人或者仓单持有人可以随时提取仓储物，保管人也可以随时要求存货人或仓单持有人提取仓储物，但应当给予对方必要的准备时间。

（二）存货人的权利

1．查验、取样权

在仓储保管期间存货人有对仓储物进行查验、取样查验的权利，有权提取合理数量的样品进行查验。由于查验，可能会影响保管人的工作，取样还会造成仓储物的减量，但存货人合理进行的查验和取样，保管人不得拒绝。

2．保管物的领取权

当事人对保管期间没有约定或约定不明确的，保管人可以随时要求存货人领取保管物；约定不明确的，保管人无特别事由，不得要求存货人提前领取保管物，但存货人可以随时领取保管物。

3．获取仓储物孳息的权利

《民法典》规定："保管期限届满或者寄存人提前领取保管物的，保管人应当将原物及其孳息归还寄存人。"可见，如果仓储物在保管期间产生了孳息，存货人有权获取该孳息。

四、违约责任

《民法典》规定，当事人一方不履行合同义务或者履行合同义务不符合约定的，应当承担继续履行、采取补救措施或者赔偿损失等违约责任。由此，《民法典》在对待违约责任的问题上采取严格责任原则，不考虑合同当事人是否在主观上存在过错，只要一方不履行仓储合同义务或者履行合同义务不符合约定的，就应承担违约责任，除非存在法定和约定的免责事由。

1．违约行为

（1）不履行合同义务。

① 履行不能。仓储合同的履行不能是债务人由于某种情形导致事实上已经不可能再履行债务。

② 拒绝履行。拒绝履行是仓储合同当事人一方明确表示或者以自己的行为表明不履行合同义务。

（2）履行合同义务不符合约定。

① 履行迟延是仓储合同当事人的履行违反了履行期限的规定。

② 履行不适当，即未按法律规定、合同约定履行债务的行为。

2．承担违约责任的方式

违约责任的承担方式有支付违约金、赔偿损失、继续履行、采取补救措施、定金制裁等。

五、违约责任的免除

违约责任的免除是不履行合同或法律规定的义务，致使他人财产受到损害时，由于有不可归责于违约方的事由，法律规定违约方可以不承担民事责任的情况。仓储合同订立后，如果客观上发生了某些情况阻碍了当事人履行仓储合同义务，这些情况如果符合法律规定的条件，违约方的违约责任就可以依法免除。《民法典》上的免责事由可分为两大类，即法定免责事由和约定免责事由。法定免责事由是指由法律直接规定、不需要当事人约定即可援用的免责事由，主要指不可抗力；约定免责事由是指当事人约定的免责条款。

仓储合同范本

• 项目小结

仓储合同是指当事人双方约定由保管人（又称仓管人或仓库营业人）为存货人保管储存的

货物，存货人支付仓储费的合同。

一般保管仓储合同是指保管人根据存货人的要求为其储存保管商品，在保管期满将仓储物原样交还给存货人，存货人向保管人支付商品储存的有关费用而订立的合同。这类仓储保管合同的仓储物是明确的、确定的，保管人必须原物返还。存货人将储存物交付给仓储经营人，其主要目的在于保管，储存物的所有权不会因交付给仓储经营人而转移。这是最常见、最主要的仓储合同。

重点概念：仓储合同　标的　违约责任　要约　承诺

• 知识巩固

一、不定项选择题

1.（　　）是指存货人不仅将一定数量、一定品质的种类物交付仓储保管人储存保管，而且与保管人相互约定，将储存物的所有权也移转于保管人处，在合同期满时，保管人以相同种类、相同品质、相同数量的替代品返还的仓储合同。

A．消费式仓储合同　　B．商品仓储合同

C．物资仓储合同　　D．契约式仓储合同

2.（　　）是指仓库所有者将仓库、场地、仓库设备出租给存货人，由存货人自行保管货物的合同。

A．契约式仓储合同　　B．仓储租赁合同

C．仓储外包合同　　D．存货合同

3.（　　）是仓储保管行为，是指仓储合同关系中存货人与保管人的权利义务共同指向的对象，即保管人提供仓储空间、仓储时间和精心保管，存货人要为此支付仓储费。

A．仓储合同的内容　　B．仓储合同的形式

C．仓储合同的标的　　D．仓储合同的条件

4.（　　）是不履行合同或法律规定的义务，致使他人财产受到损害时，由于有不可归责于违约方的事由，法律规定违约方可以不承担民事责任的情况。

A．违约责任的撤销　　B．违约责任

C．合同义务的免除　　D．违约责任的免除

5.（　　）的承担方式有支付违约金、赔偿损失、继续履行、采取补救措施、定金制裁等。

A．违约责任　　B．违约责任的免除　　C．违约　　D．约定

6．履行仓储合同是《民法典》的（　　），合同订立的目的就是实现合同当事人的利益，这种利益必须通过当事人履行合同的行为才能实现。

A．形式　　B．核心　　C．内容　　D．要求

7．如果仓储物在保管期间产生了孳息，（　　）有权获取该孳息。

A．保管人　　B．仓库　　C．存货人　　D．仓库负责人

8．仓储合同的（　　）是仓储合同因欠缺一定生效要件，而自始、绝对、当然不发生法律

效力。

A．有效　　B．终止　　C．内容　　D．无效

9．（　　）是保管人订立合同的目的，是对仓储物进行保管所获得的报酬，是保管人的合同权利。

A．仓储费　　B．工资　　C．效益　　D．经济效益

10．（　　）是存货人交付、提取仓储物的凭证。

A．合同　　B．仓单　　C．发票　　D．手续

二、判断题

1．《民法典》在对待违约责任的问题上采取严格责任原则，不考虑合同当事人是否在主观上存在过错，只要一方不履行仓储合同义务或者履行合同义务不符合约定的，就应承担违约责任，除非存在法定和约定的免责事由。（　　）

2．免除是指债权人免除债务人的债务而使合同权利义务部分或全部终止的意思表示。免除是债务人的单方法律行为。（　　）

3．法定抵消是指当事人互负到期债务，该债务的标的物种类、品质相同的，任何一方可以将自己的债务与对方的债务抵消，但依照法律规定或按照合同性质不得抵消的除外。（　　）

4．定金合同从定金实际交付之日起生效。定金的数额由当事人约定，但不得超过主合同标的额的25%，超过的部分，人民法院不予支持。（　　）

5．抵消是指双方当事人互负债务时，各以其债权充当债务的清偿，而使其债务与对方的债务在对等额内相互消灭。（　　）

三、简答题

1．什么是仓储合同？

2．简述仓储合同订立的原则。

3．仓储合同的内容有哪些？

4．保管人的义务有哪些？

技能实训

一、实训目标

解决商品保管合同问题。明确仓储合同的形式、内容及违约责任。

二、实训步骤

（1）学生自由组合成小组，每组约为6个人。

（2）明确仓储合同的形式、内容及违约责任，撰写商品保管合同。

三、实训要求

1．了解本次实训的目的。

2．进行实训考评。

四、实训评价

评分表

考评人		被考评人	
考评地点			
考评内容			
考评标准	具体内容	分值	实际得分
	商品保管合同的内容	40	
	合同的形式	20	
	违约的责任	20	
	团队合作	20	
合计		100	

五、实训报告

实训报告

班级		姓名		时间	
实训目的					
实训步骤					
实训内容					
我的做法					
我的结论					
我的想法					

项目七　库存管理与控制

【知识目标】

1. 了解库存的种类与作用
2. 掌握库存成本的构成
3. 理解库存管理的主要方法
4. 掌握库存控制的方法

【技能目标】

1. 能识别各种仓库
2. 能简单规划仓库

【素质目标】

1. 培养学生理解库存控制方法背后的价值导向
2. 培养学生具有一定的实践创新能力和精益求精的工匠精神

思维导图

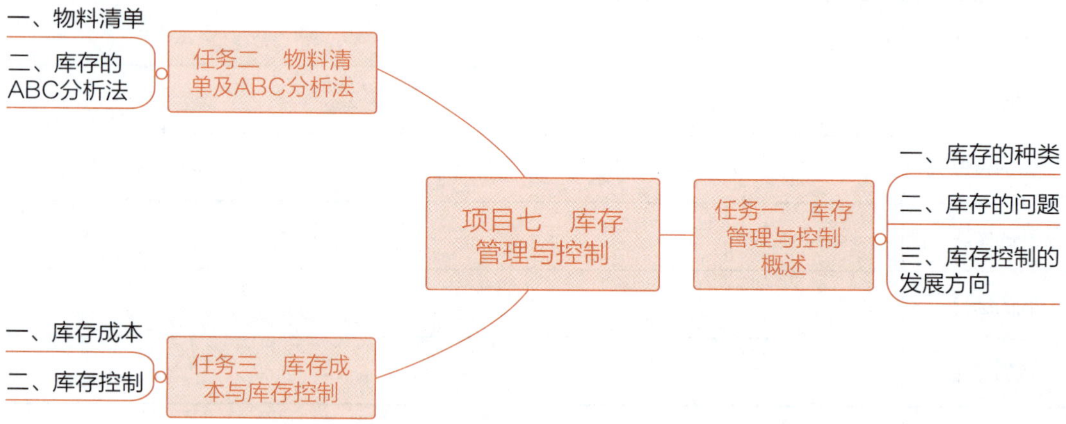

案例导入

连云港冷库

连云港冷库由12000吨的低温库（−18℃）和5000吨的保鲜库（0℃）组成，配备双回路电源。另有3000平方米的普通仓库、100多吨运力的冷藏车队、年加工能力1500吨的冷冻品加工厂，其经营范围为物资储存、商品储存、加工；食用油及制品、副食品、饲料、建筑材料、金属材料的销售、代购、代销、公路运输服务等。

冷库所处区位优越，门前公路东接港口，西接宁连、徐连、汾灌高速公路，距离连云港民航机场只有50千米，库内有铁路专用线与亚欧大陆桥东桥头堡相连，毗邻公路、铁路客运站，交通十分便捷。

设备完善的主库和从日本引进的组装式冷库构成了一流的冷冻冷藏条件，保鲜库为国内外客户储存苹果、蒜头、洋葱等果品、蔬菜类保鲜食品。冷冻品加工厂设备完善，质保体系严格，采用恒温避光作业，拥有蔬菜、水产品两条加工生产线，可常年同时加工鲜、冻农副产品及水产品，其富庶仓库在存放商品方面条件优越。

问题提出：

冷库存放商品有哪些优点？

任务一　库存管理与控制概述

库存是指暂时闲置的用于满足将来需要的资源。它通常是摆放在仓库中处于储存状态的物资。在企业生产中，有许多未来的需求变化是人们无法预测或难以全部预测到的，人们不得不采用一些必要的方法和手段应付外界变化，库存就是出于种种经济目的的考虑而设立和存在的。

一、库存的种类

（一）按生产过程分类

从生产过程的角度，可分为原材料库存、在制品库存、维修库存和产成品库存。

1．原材料库存

原材料库存指企业在生产的过程中所需要的各种原料、材料，这些原料和材料必须符合企业生产所规定的要求。有时，也将外购件库存作为原材料库存。

2．在制品库存

在制品库存是指仍处于生产过程中已经部分完工的半成品。

3．维修库存

维修库存包括用于维修与维护的经常性消耗品或者备件，如润滑油和机器零件等。维修库存不包括产成品的维护所需要的物品或备件。

4．产成品库存

产成品库存是指可以出售、分配、能提供给消费者购买的最终产品。

（二）按经营过程分类

最常见的库存分类是从企业经营过程的角度将库存分为以下七种类型。

1．经常库存

经常库存是指在正常的经营环境下，企业为满足日常需要而建立的库存。这种库存随着每日的需要不断减少，当库存降低到某一水平时（如订货点），就要按一定的规则反复进行订货来补充库存。

2．安全库存

安全库存是指为了防止不确定因素而准备的缓冲库存。安全库存由于不确定性的存在，在进行决策时要比经常库存更难。

3．季节性库存

季节性库存是指为了满足特定季节出现的特定需要而建立的库存，或指对季节性出产的原材料在出产的季节大量收购所建立的库存。

4．促销库存

促销库存是指为了解决企业促销活动引起的预期销售增加而建立的库存。

5．投机库存

投机库存（或叫时间效用库存）是指避免因物资价格上涨造成损失或为了从物资价格上涨中获利而建立的库存。

6．积压库存

积压库存是指因物资品质变坏不再有效用的库存或因没有市场销路而卖不出去的产品库存。

7．生产加工和运输过程的库存

生产加工和运输过程的库存是指处于加工状态以及为了生产的需要暂时处于储存状态的零部件、半成品或成品。运输过程的库存指处于运输状态或为了运输的目的而暂时处于储存状态的物资。

（三）按库存的作用和功能分类

从库存的作用和功能分，可分为基本库存（安全库存）、中转库存。

1．基本库存

基本库存是指补给生产过程中产生的库存。由于生产过程对原材料的需求是源源不断的，因此就必须有一定数量的库存以便提供生产供应，保障生产所需。

2．中转库存

中转库存是指正在转移或者等待转移的、已经装运在运输工具上的存货。中转库存是实现补给订货所必需的库存，在今天越来越受到企业的关注，在企业生产经营中，中转库存重视小批量、高频率的运输与传递，使之在存货中的比例逐渐增大。

（四）按库存的预测性分类

按库存的预测性分类，可分为独立需求库存和相关需求库存。

1．独立需求库存

独立需求库存是指需求的数量和时间与其他变量的相互关系不确定，主要受消费市场需求影响的库存。一般来自客户对企业产品和服务的需求称为独立需求。

2．相关需求库存

相关需求库存是指其需求的数量和时间与其他变量存在一定的相互关系，可以通过一定的数学关系推断出来的库存。一般生产制造企业内部物料转化各环节之间发生的需求为相关需求。客户对企业产品的需求一旦确定，与该产品有关的零部件、原材料的需求也就随之确定，对这些零部件、原材料的需求就是相关需求。

二、库存的问题

（一）库存的弊端

库存在物流中是必不可少的，但不当的库存也会给企业造成很大问题。

（1）占用企业大量资金，通常情况下会达到企业总资产的20%～40%，库存管理不当会形成大量资金的沉淀。

（2）增加了企业的产品成本与管理成本，库存材料的成本增加直接增加了产品成本，而相关库存设备、管理人员的增加也加大了企业的管理成本。

（3）掩盖了企业众多管理问题，如计划不周、采购不力、生产不均衡、产品质量不稳定及市场销售不力等。

所以，加强库存管理不仅可以大大提高物流效率，而且也能提高企业的管理水平，有利于企业的长远发展。

（二）库存合理化

以最节约有效的方法和手段从事库存活动，并发挥其作用的一种库存状态及其运行叫作库存合理化。具体来说，库存合理化包含以下内容。

1．库存“硬件”配置合理化

各种用于库存的基础设备和设施叫作库存“硬件”。实践证明，物流基础设施和设备满足不了要求，其技术水平不高，或者因为设备过剩、闲置，都会影响库存功能的有效发挥。如果设施和设备不足、技术落后，不但库存作业效率低下，而且也不可能对库存物资进行有效的维护和保养；如果设施和设备配置重复，库存能力严重过剩，库存的整体效益也会因成本增加受到影响。因此，库存“硬件”的配置应以能够确实有效地实现库存职能、满足生产和消费需要为基础，做到对仓储设施和设备进行合理配置。

2．组织管理科学化

库存组织管理科学化的表现有：货物存储数量保持在合理的限度之内，既不能过分匮乏，也不能过多；货物存储的时间不能太长，货物周转速度较快；货物存储结构合理，生产和消费的需要能被充分满足。

3．库存结构符合生产力的发展需要

从微观上说，在总量上和储存的时间上，库存货物的品质和规格的比例关系也就是库存结构；从宏观上说，库存结构符合生产力发展的要求，这就表明库存的整体布局、仓库的所在地点和库存方式等有利于生产力的发展。在社会化大生产条件下，为了发展规模经济和提高生产、流通的经济效益，适当对库存进行集中管理应当是库存合理化的一个重要标志。因为，适当集中库存，除了有利于采用机械化、现代化方式进行各种操作外，更重要的是，在降低存储费用、运输费用以及在提供能力等方面都有十分明显的优势。无数事实证明，以集中化的库存来调节生产和流通，在一定时期内，库存货物的总量会远远低于同时期分散库存的货物总量。因此，相对来说，其资金占有量是不会很多的。与此同时，由于库存比较集中，存储货物的种类和品种可以多而全，在这样的结构下，库存的保障供应能力自然更加强大。

三、库存控制的发展方向

仓储管理的目标是提高企业的仓储服务水平，降低仓储成本，实现仓储效益和效率的最优化。要达到这一目标，仓储管理就必须采取相应的方法来提升本部门的业务绩效水平，并且对仓储活动的成本和费用支出进行严格的管理，这样才能改善工作效率，实现优质的物流服务，确保物流成本降低，从而达到经营目标。随着信息技术的发展，计算机及网络技术广泛地应用在库存管理工作中，使仓库的发展进入了智能储运阶段。

仓储企业成功转型为现代物流公司

（一）计算机在储存管理中的应用

新科技革命以来，计算机在储存管理中的运用日益广泛。它可以把复杂的数据处理简单，同时还发展了许多成熟的仓储管理软件供企业挑选采用。

1. 计算机技术应用于客户服务

由于客户对服务、价值等方面的期望越来越高，无论管理还是作业都必须以客户为导向，重新定义和设计客户服务的内容。企业需要通过改善物流管理，提高服务质量，降低价格，吸引新的客户，提高企业竞争力和市场营销效果。搜集客户信息，建立客户档案，将客户概况（包括客户名称、通信地址、法人代表姓名、注册资本金、注册地、企业性质、所属行业、上级主管单位、投资人、企业组织框架图等）、客户基本生产状况、客户产品资料、客户产品市场营销状况、客户仓储运用情况、客户运输情况、客户物流成本支出及仓储、运输保险情况的基础数据输入系统数据库进行集成管理，并适时更新。引入客户关系管理，开展客户服务。对企业所有现有客户及潜在客户有针对性地进行管理，以维系现有客户，开发新客户，提高现有客户的服务水平，扩大现有客户的业务作业量，同时系统有能力对相关数据进行分析，最大限度地帮助客户改进产品生产销售和物料现状，实现与客户的双赢，进行客户满意度的调查。系统设计各种不同形式的报表，对客户服务进行跟踪管理并制作档案，进行客户服务调查并计算客户满意度。

2. 计算机技术应用于库内码放定位设计

经过系统分析，根据仓库具体条件，规划货物的存放区域，并设计库内码放定位系统，绘出库区货物存放图，使每种货物都有明确的码放定位，账、卡、物形成了一一对应关系，并明确标出要求保持的“五距”（顶距、灯距、墙距、柱距、堆距）及主通道和消防通道等。

3. 计算机技术应用于仓库作业

计算机技术应用于仓库作业的全过程中，从入库作业、储存保管作业、库内包装，到分拣作业及出库作业实行程序操作，在向系统输入客户资料和货物资料后，对不同客户及其货物进行管理，并对所有客户货物进行分仓库、分时间、分货品、分货位或分客户实时库存管理。

4．计算机技术应用于统计管理

仓库每接收或发出一件货物，所有相关方面的库存就会自动变化，相关部门和客户可及时得知货物在库“进、出、存”的实时情况，在第一时间内准确掌握货物的在库状况。

自动生成日报表、月报表及各种有关统计报表，计算货物吞吐量，库房占用率等各种数据，汇总、统计各种经济指标并且对其销售趋势、销售地域、销售差异以及利润进行分析。

（二）网络的应用

网络的普及使得库存管理网络化正成为一种趋势。长期以来，供应链中的库存是各自为政的。供应链中的每个环节都有自己的库存控制策略，都是各自管理自己的库存。由于各自的库存控制策略不同，因此不可避免地产生需求的扭曲现象，即所谓的需求放大现象，形成了供应链中的“牛鞭效应”，加重了供应商的供应和库存风险。

任务二　物料清单及ABC分析法

一、物料清单

物料清单（Bill of Materials，BOM）指生产某种最终物品或产品所需的辅助材料或零部件的目录。实际上就是产品结构，或者化工行业所说的配方。它是一种描述装配件的结构化的零件表，包含产品的每一投入物品的资料信息，如零件代号、品名规格、每种零件需要的计量和数量单位，如工时、材料、设备、工装、车间等。在BOM中，各项物品都必须单独地编号和列示。

物料清单记录了物料之间的数量关系。对于生产型物料，物料清单反映了生产一件这种物料需要的各种原材料的数量。对于组装物料，物料清单反映了组装一件这样的物料需要的其他物料数量。对于套装物料，物料清单反映了一件此物料等于多少个其他物料。

物料清单是制订生产计划的主要依据。事实上，物料需求计划（Material Requirements Planning，MRP）如果缺少了按产品结构编制的物料清单，总生产进度计划就无法被转换成最终物品层次以下各种物料的总需求量。

在过去的通常意义上，产品的物料清单列出构成产品的所有零件从而来详细地说明产品的结构。然而从另一种意义上说，它也说明了按结构编制的物料清单，产品的构成情况，以及产品在制造过程中经历的各个加工阶段。它从产品制造的各个层次说明产品结构，其中每一层次都代表了产品形成过程中一个完整的阶段。它不是指出如何设计的，而是指出产品是如何制造的。

一般用树形结构表示产品结构，最上层是0级，然后是一级，向下逐渐分解，最末一级（n级）一般是最初级的原材料或者外购件。有三个参数存在于每一层内：零部件名称；组成零部件的数量；相隔的提前期，生产提前期和订货提前期。

例如：主产品A的树形结构，如图7-1所示。

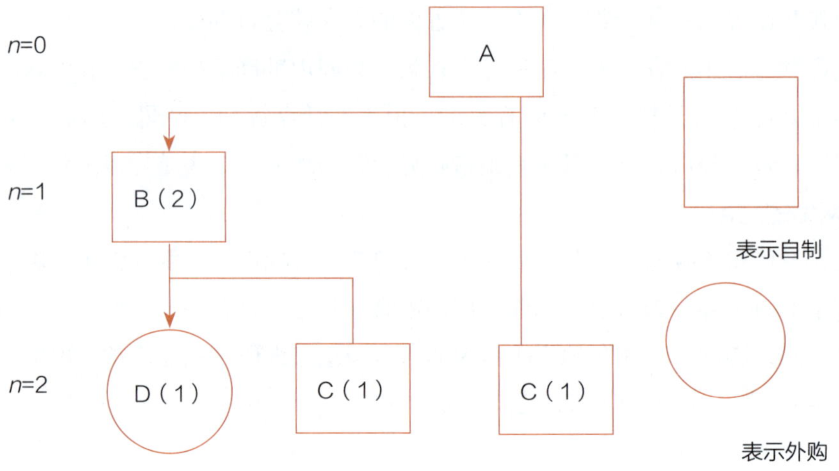

图7-1　A产品树形结构

A由两个部件即一个B和一个C装配组成，B由一个外购件D和一个零件C组成。由图7-1可知，A产品有三级制造层次，A处于0层次，下面由B和C两个部件组成，在B层下又由两个部件D和C组成。

物料需求计划系统要正确计算出物料需求的时间和数量，首先要让系统知道企业所制造的产品结构，该产品结构列出了构成成品的所有部件、组件、零件等的组成、装配关系和数量要求以及所有要使用到的物料。为了便于计算机识别，还必须把产品结构图转换成规范的数据格式。用规范的数据格式来描述产品结构的文件就是物料清单，用来说明组件或部件中各种物料需求的数量和相互之间的组成结构关系。

二、库存的ABC分析法

ABC分类管理法又叫ABC分析法、ABC库存控制技术，它是以某类库存物品品种数占总的物品品种数的百分比和该类物品金额占库存物品总金额的百分比大小为标准，将库存物品分为A、B、C三类，进行分级管理。ABC分类管理法简单易行、效果显著，在现代库存管理中已被广泛应用。

（一）ABC分析法的来源

ABC分析的基础源自帕累托分析（Pareto Analysis）。帕累托在1897年研究社会财富分配时，收集了许多国家的收入统计资料，得出收入与人口关系的规律，即占人口比重不大（20%）的少数人的收入占总收入的大部分（80%），而大多数人（80%）的收入只占总收入的很小部分（20%），由此他提出了所谓“关键的少数和次要的多数”的结论。1951年，美国通用电气公司董事长迪克对公司所属某厂的库存物品经过调查分析后发现上述原理适用于储存管理，将库存物品按所占资金也可分成三类，并分别采取不同的管理办法和采购、储存策略，尤其是对重点物品实行ABC分类分析的重点管理的原则。

（二）ABC分类管理法的原理

ABC分析法是库存管理中常用的分析方法，也是经济工作中的一种基本工作和认识方法。ABC分析法在一定程度上可压缩企业库存总量、节约资金占用、优化库存结构、节省管理精力，因此在企业管理中广为应用。一般来说，企业的库存物资种类繁多，而各个品种的价格又有所不同，且库存数量也不等。有的物资品种不多但价值很大，很多物资品种数量多但价值却不高。由于企业的资源有限，因此对所有库存品种均给予相同程度的重视和管理不太可能，也有些脱离实际。为了使有限的时间、资金、人力、物力等企业资源能得到更有效的利用，要对库存物资进行分类，将管理的重点放在重要的库存物资上，进行分类管理和控制，按物资重要程度的不同分别进行不同的管理，突出重点，做到事半功倍，这是ABC分类方法的基本思想。

ABC分类是根据库存品年占用金额的大小，把库存品划分为A、B、C三类，分别实行重点控制、一般控制、按总额控制的存货管理方法。一般来说，A类存货的年占用金额占总库存金额的75%左右，其品种数却只占总库存数的10%左右；B类存货的年占用金额占总库存金额的20%左右，其品种数占库存品种数的20%左右；C类存货的年占用金额占总库存金额的10%左右，其品种数却占总库存品种数的70%左右。

（三）ABC分类的步骤

ABC三类存货的划分主要有两个标准：金额（价值）标准、品种数量标准。其中，价值标准是最基本的，品种数量标准仅做参考。

采用ABC分类管理法可以按照下列步骤进行：

（1）分析本仓库所存货物的特征，包括货物的价值、重要性以及保管要求上的差异等。

（2）收集有关的货物存储资料，包括各种货物的库存量、出库量和结存量。前两项应收集半年到一年的资料，后一项应收集盘点或分析时的最新资料。

（3）资料的整理和排序。将所收集的货物资料按价值（或重要性、保管难度等）进行排序。当货物品种较少时，以每一库存物为单元统计货物的价值；当货物品种较多时，可将库存物采用按价值大小逐步递增的方法分类，分别计算出各范围内所包含的库存数量和价值。

（4）将上面计算出的资料整理成表格形式，求出累计百分数。

（5）根据表中统计数据绘制ABC分析图；再根据价值和数量比率的划分标准，可确定货物对应的种类。

［例7-1］：经统计，某仓库库存物的数量和价值如表7-1所示，试对库存物进行ABC分类。

表7－1 库存物数量与价值统计表

序号	货物单价 / 元	数量 / 个	数量比率 /%	数量累计比率 /%	价值 / 万元	价值比率 /%	价值累计比率 /%
1	10000以上	10	5	5	12	23.1	23.1
2	5001～10000	17	8.5	13.5	13	25	48.1
3	4001～5000	15	7.5	21	6.5	12.5	60.6
4	3001～4000	22	11	32	7	13.5	74.1
5	2001～3000	27	13.5	45.5	6.5	12.5	86.6
6	1001～2000	45	22.5	68	5	9.6	96.2
7	0～1000	64	32	100	2	3.8	100
合计		200	100		52	100	

根据表7–1的数据绘制ABC分析图，具体步骤如下：

第一步：以横坐标反映数量比率，纵坐标反映价值比率，描点后连接起来，如图7–2所示。

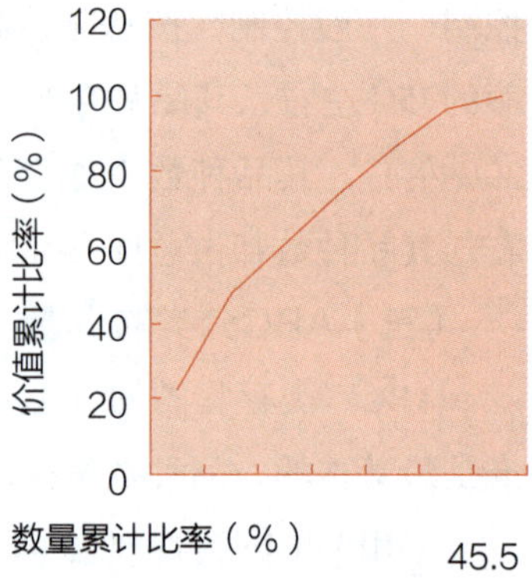

图7–2 ABC分析图

第二步：根据ABC分析图以及价值和数量比率的划分标准，确定货物的分类，如表7–2所示。

［例7–2］：某小型企业拥有10项库存品，各种库存品的年需要量、单价如表7–3所示，为了加强库存品的管理，企业计划采用ABC库存管理法。假如企业决定按20%的A类物品，30%的B类物品，50%的C类物品来建立ABC库存分析系统。问该企业应如何进行分类？

根据表7–3列出各种库存品的金额，并进行大小排列，计算各种库存品的金额百分比和数量百分比，然后进行分类，如表7–4所示。

根据ABC分类，进一步编制ABC分类表，如表7–5所示。

表7－2 货物分类

序号	分类
1、2	A
3、4、5	B
6、7	C

表7－3　某企业库存需求情况表

库存品名称	年需求量 /kg	单价 / 元	金额 / 元
a	9000	8	72000
b	95000	8	760000
c	4000	4	16000
d	50000	4	200000
e	1000	10	10000
f	125000	5	625000
g	20000	5	100000
h	20000	8	160000
i	5000	5	25000
j	2500	7	17500
合计	—	—	1985500

表7－4　计算表

库存品名称	金额 / 元	累计金额 / 元	累计百分比 /%	类别
b	760000	760000	38.2	A
f	625000	1385000	69.8	A
d	200000	1585000	79.8	B
h	160000	1745000	87.9	B
g	100000	1845000	92.9	B
a	72000	1917000	96.5	C
i	25000	1942000	97.8	C
j	17500	1959500	98.7	C
c	16000	1975500	99.5	C
e	10000	1985500	100	C

表7－5　ABC分类表

类别	品种数	该类库存品占全部库存品品种的百分比 %	每一类的金额 / 元	该类库存品金额占全部库存金额的百分比 /%
A	2	20	1385000	69.7
B	3	30	460000	23.2
C	5	50	140500	7.1
合计	10	100	1985500	100

通过对企业的库存进行分类，有利于企业对不同类别的存货按不同的要求进行控制和管理。

（四）ABC分类管理法的应用

根据ABC分析图，需要对不同等级的货物进行不同的管理方法。

1. A类货物

这类库存品品种虽然较少，但其占用的金额较大，是日常控制的重点，需要最严格的管理。必须对这类库存品保持完整的库存记录，建立完善的库存盘存制度，掌握该类存货的收、发、结存情况，严格按科学的方法计算确定每个品种的经济订货量、保险储备量，严格控制库存水平，防止缺货。

2. B类货物

这类库存品属于一般的品种，对它的管理介于A类和C类之间。原则上也要求计算经济批量和保险储备量，但不必像A类存货那样严格，通常的做法是将若干物品合并在一起订购。

3. C类货物

这类库存品的种类数虽多，但占用的金额较少，管理办法较简单，不必专门计算存货量，视企业情况规定存货量的上下限，也可适当增加每次订货量，实行简易控制。如对这类库存品通常订购6个月或1年的需求量，期间不需要保持完整的库存记录。

对每类库存物资的管理控制准则如表7–6所示。

表7－6　ABC分类管理表

项目	级别		
	A类库存	B类库存	C类库存
控制程度	严格控制	一般控制	简单控制
库存量计算	依库存模型详细计算	一般计算	简单计算或不计算
进出记录	详细记录	一般记录	简单记录
库存检查频度	密集	一般	很低
安全库存量	低	较大	大量

任务三　库存成本与库存控制

一、库存成本

（一）库存成本的概念

库存是供应链环节的重要组成部分，是一个组织所储备的所有物品和资源，库存成本就是那些物品和资源所需的成本。具体来说，库存成本是指储存在仓库里的货物所需成本，还包括订货费、购买费、保管费等。

小技巧可以解决大成本

（二）库存成本的构成

库存成本的构成一般可分为以下三个主要部分。

1. 库存持有成本

库存持有成本即为保有和管理库存而需承担的费用开支。具体可分为运行成本、维护成本、机会成本和风险成本四个方面。

2. 库存获得成本

库存获得成本是指企业为了得到库存而需承担的费用。抛开库存的本身价值，如果库存是企业直接通过购买而获得，则获得成本体现为订货成本，包括与供应商之间的通信联系费用、货物的运输费用等，订购或运输次数越多，订货成本就越高；如果库存是企业自己生产的，则获得成本体现为生产准备成本，即企业为生产一批货物而进行的生产线改线的费用。

3. 库存缺货成本

库存缺货成本，简而言之就是由于库存供应中断而造成的损失，包括原材料供应中断造成的停工损失、产成品库存缺货造成的延迟发货损失和销售机会丧失带来的损失（还应包括商誉损失）、企业采用紧急采购来解决库存的中断而承担的紧急额外采购成本等。

二、库存控制

储存管理的关键是库存控制问题，库存控制的中心又是如何确定合理库存量的问题。很明显，如果库存量过大就会造成库存积压，不仅占用一定的流动资金，支付过多的利息，而且占库压库，增加保管费用，甚至造成物资的物质损耗和精神损耗；如果库存量过小，就会造成物质供不应求，企业停工待料，市场脱销，丧失销售机会。为了不缺货，就得增加订货次数，这样就增加了订货费用，所有这些都会影响物资流通的经济利益。因此，库存量必须控制在一个合适的水平上。

（一）库存过程

库存量的变化受库存过程的影响，因此必须对库存过程实行控制。一个完整的库存过程，可以分为如下四个活动阶段。

1. 订货活动阶段

从外出订货或发出订单开始，直到订货成交为止的整个活动过程，其作用是使物资的所有权从供方转移到需方。订货过程即商流过程。

2. 进货活动阶段

进货活动主要是把货物从供方运进需方仓库的过程，直接增加库存量，属于物流活动。

3. 保管活动阶段

从物资验收入库开始，直到将物资实行一系列的保管保养活动，是物流性质的活动。

4. 供应销售活动阶段

供应销售活动即出售物资的过程，把出库物资送到消费者手中。

（二）库存目标

库存的问题不是孤立的，它和营销问题、仓库问题、材料运输问题、采购问题、财务问题等都有着千丝万缕的联系，因此物料管理所涉及的目标并不完全一致，有些甚至是互斥的。库存问题是企业内部不同职能部门间矛盾的根源，这种矛盾是由于不同的职能部门在涉及存货的使用问题上负有不同的任务而引起的，表明各部门对库存的态度，如表7-7所示。

表7－7　各部门对库存的态度

部门	典型的反应
市场经营与销售	如果总是缺货或无足够的品种，可不能用空空如也的货车去销售，那样就不能保住我们的用户
生产	如果按大批量生产，就可能降低单位成本，有效地经营
采购	如果整批大量购进，就能降低单位成本
财务	从哪里筹集资金来支付存货的货款？库存水平应更低一些
仓储	这里已经没有货位了，什么也不能再放了

由此看出，物料管理所涉及的目标并不是完全一致，甚至不容易叙述清楚，其主要的目标是使库存投资最少，对用户的服务水平最高和保证企业的有效经营。一些带有共性的次一级目标是单位成本低、存货周转率高、质量稳定、与供应商保持良好的关系以及保持供应持续不断等。很容易看出上述目标很不一致，有的甚至相互抵触。因此，要根据现实条件和环境的各种限制，很好地将这些目标协调起来，也就是所谓的“次级优化”。“次级优化”是用来描述以系统的目标为代价而使子系统最优化的术语。

（三）库存要求

仓库有两种库存：计划库存和扩充库存。这两种库存的要求是不同的。

1．计划库存要求

仓库主要强调商品流，而不管存货的周转率，所有入库的货物都必须至少保存一段时间。计划库存是指基本库存，存量可能得到不断地补充。计划库存的期限因物流系统的不同而不同，而物流系统的不同则依赖于其完成周期。在物流系统中，计划库存必须提供足够的库存数量以便使仓库能充分发挥其作用。

2．扩充库存要求

扩充库存是超出了仓库正常操作所需的计划库存的那部分库存。在特殊情况下，客户可能在货物出运之前，要求将这些货物再多保存几个月的时间。这时，仓库就需要扩充库存了。因此，为了控制和衡量仓库搬运的绩效，必须仔细地按库存的类型区分存货的周转情况。

（四）库存控制系统

1．库存控制系统的任务

库存控制系统是解决订货时间和订货数量问题的常规联动系统。一个有效的系统要达到下列目的：

（1）保证获得足够的货物和物料。

（2）鉴别出超储物品、畅销品与滞销品。

（3）向管理部门提供准确、简明和适时的报告。

（4）花费最低的成本金额完成前述三项任务。

2. 库存控制系统的内容

一个完整的库存系统所涉及的内容远不止是各种定量库存模型，还必须考虑以下六个极其重要的方面：

（1）开展需求预测和处理预测误差。

（2）选择库存模型，如经济订货量；经济订货间隔期；经济生产量；物料需求计划；一次性订货量等。

（3）测定存货成本（订购、储存、缺货成本）。

（4）用以记录和盘点物品的方法。

（5）验收、搬运、保管和发放物品的方法。

（6）用以报告例外情况的信息程序。

3. 库存控制系统常见的种类

（1）连续库存系统。这个系统以经济订货量和订货点的原理为基础。连续库存系统要保持存货数量的记录，并在存货量降至一定水平时进行补充供应。

（2）双堆库存系统。其特点是没有连续的库存记录，属于固定订货量系统。订货点由肉眼来判定，当存货消耗一堆时便开始订货，其后的需求由第二堆来满足。

（3）非强制补充供货库存系统。此系统也称为最小最大系统，是连续系统和定期系统的混合物。库存水平均按固定的间隔进行检查，但订货要在库存余额已经降至预定的订货点时才进行。

（4）定期库存系统。在定期库存系统中，存货的数量要按固定的时间间隔进行检查。

（5）物料需求计划库存系统。物料需求计划库存系统广泛地用于计划生产。由于属于材料和零件的物品被最终产品所耗用，故存货水准均根据用最终物品表示的需求量来得出。

（五）准时制管理方式

1. 准时制或准时生产方式（Just In Time，JIT）的产生

传统的库存管理利用经济订货批量来决定库存量，而经济批量的确定本身就带有一定的假设性，因此存在着不合理的库存。为了减少库存浪费，需要确立一种消除浪费的理念，推行准时化、同步化，使各工序、各环节在生产供应的数量上和时间上做到紧密结合，实现只在需要的时候，按需要的量，生产所需要的产品，降低闲置的库存，从而使JIT应运而生。

JIT是一种组织生产的新方式，是按照客户要求的时间、地点、需要的数量生产或提供其需要的产品或服务。JIT生产方式旨在消除无效劳动与浪费，实现企业资源优化配置，全面提高企业经济效益。20世纪80年代以来，作为一种先进的生产运作管理模式，JIT得到了广泛应用，形成了一套包括从企业经营理念、管理原则到生产组织、计划与控制及作业管理、人力资

源管理等在内的理论和方法体系。

2. JIT的基本思想

JIT生产方式的基本思想是：在恰当的时间以恰当的数量生产恰当的产品。要求不断改进并全面进行质量控制、全员参与和降低库存。强调消除无效劳动和浪费，针对客户要求进行生产和提高服务。JIT的目标如下：

（1）追求无库存或库存达到最小的生产系统。任何库存都是浪费，库存是生产系统设计不合理、生产过程不协调、生产操作不规范的结果，必须清除。

（2）改进质量，消除生产管理中各种引起不合格产品的因素，实现零缺陷。

（3）通过减少准备时间、等候时间和批量来缩短交货时间。

（4）以最小成本完成任务。

3. JIT基本构成要素

JIT生产方式是建立在消除浪费、全面质量和人员素质三项基本要素基础上的。

（1）消除浪费。JIT认为，同产品的报废和返工属于浪费，库存也属于浪费，库存是对生产空间和资金占用的浪费。因此，JIT生产方式要求将库存减少至零，凡是不能马上使用，不能马上创造价值的产品都是不能容忍的浪费，过早生产出不急需的产品和不能及时提供生产所必需的物品是同样有害的，它不是要求某个部门提前完成任务，造成不必要的产品积压，而是要求减少浪费，实现各生产环节间的有效衔接。为了彻底消除浪费，一些公司列举了生产过程中的几种浪费现象：过量生产、过量库存、物料等待、过多的搬运、不合理的作业流程、质量缺陷等。

（2）全面质量。JIT生产方式一反传统的质量成本观念，通过将质量贯穿于每一道工序来实现提高质量和降低成本的一致性。这一目标的实现要依靠操作人员的质量意识和质量保证措施的实施来完成。注重建立质量保证体系，从根本上保证产品质量，坚持预防性设备维护制度，一旦设备出现故障，就全线停工，全力排除故障。

（3）人员素质。充分发挥人的能力是JIT生产方式和全面质量思想理念的一个重要方面。按照JIT生产方式的要求，员工的职责是在下道工序需要时，能准确提高技能，否则就会生产出次品，造成浪费。因此，要使每个岗位的员工生产出合格产品，必须对他们进行必要的培训。

4. 看板系统

看板系统是JIT生产现场控制技术的核心，是JIT生产方式用于实际生产的一种有效方法，它是根据生产过程的先后顺序，采用拉动的办法来控制生产进度和库存水平。具体做法是：看板系统通过最终产品的需求，一级一级地向前一道工序发出各级零部件在制品的需求信号，以保证这些零部件在下一道工序需求之时按时到达，当某道工序因故停产时，后续其他工序也随之停产。这一系统是通过对最终产品的需求来拉动整个生产线的生产活动的，只有最终产品的最后一道工序从生产调度部门接受生产进度指令，所有其他工序和供货商均从其后续工序接受生产指令。

使用看板作业时，应遵守以下规则：严格按照看板所示的信息提取材料和搬运，按照看板所示信息进行生产作业活动，有质量问题的零件不转移到后道工序，在没有看板的情况下，既不进行生产也不进行搬运作业。

（六）物料需求计划

物料需求计划是指根据产品结构各层次物品的从属和数量关系，以每个物品为计划对象，以完工时间为时间基准倒排计划，按提前期长短区别各个物品下达计划时间的先后顺序，是一种工业制造企业内物资计划管理模式。物料需求计划是根据市场需求预测和顾客订单制订产品的生产计划，然后基于产品生成进度计划，组成产品的材料结构表和库存状况，通过计算机计算所需物资的需求量和需求时间，从而确定材料的加工进度和订货日程的一种实用技术。

物料需求计划的主要内容包括客户需求管理、产品生产计划、原材料计划以及库存记录，其中客户需求管理包括客户订单管理及销售预测，将实际的客户订单数与科学的客户需求预测相结合即能得出客户需要什么以及需求多少。

项目小结

本项目主要介绍了库存的分类、库存的利弊以及对库存管理和控制的相关方法。对仓储企业来说，管理和控制好库存可以增加收入、提高企业盈利、扩大市场。同时，通过了解目前库存控制的未来发展方向，可以使企业在竞争激烈的市场中转变自己的经营理念，发展得更好。

重点概念：物料需求计划　看板系统　JIT　库存控制系统　库存的ABC分析法

知识巩固

一、不定项选择题

1. 按ABC类库存物资划分，C类库存为（　　）的库存。

A．品种数目大但资金占用小　　B．品种数目少但资金占用大

C．品种数目大且资金占用大　　D．品种数目少且资金占用少

2. 从经营过程的角度可将库存分为七种类型，以下不属于这七种库存的是（　　）。

A．零部件库存　B．经常库存　C．投机库存　D．静态库存

3. 库存的作用主要表现在（　　）。

A．平衡供求关系　　B．减少运输的复杂性

C．降低运输成本　　D．提高服务水平

4.（　　）是JIT生产现场控制技术的核心，是JIT生产方式用于实际生产的一种有效方法，它是根据生产过程的先后顺序，采用拉动的办法来控制生产进度和库存水平。

A．平衡系统　B．运行系统　C．管理系统　D．看板系统

5.（　　）指生产某种最终物品或产品所需的辅助材料或零部件的目录。

A．物料清单　B．生产清单　C．销售清单　D．库存清单

6.（　　）或叫时间效用库存是指避免因物资价格上涨造成损失或为了从物资价格上涨中获利而建立的库存。

A．期货库存　　B．投机库存　　C．保险库存　　D．安全库存

7．以最节约有效的方法和手段从事库存活动，并发挥其作用的一种库存状态及其运行叫作（　　）。

A．合理化　　B．期货库存　　C．库存合理化　D．安全库存

8．（　　）指需求的数量和时间与其他变量的相互关系不确定，主要受消费市场需求影响的库存。

A．需求库存　　B．库存　　C．保险库存　　D．独立需求库存

9．储存管理的关键是库存控制问题，库存控制的中心又是如何确定（　　）的问题。

A．合理库存量　　B．库存量　　C．质量　　D．合理系统

10．从库存的作用和功能分，可分为基本库存（安全库存）、（　　）。

A．期货库存　　B．中转库存　　C．需求库存　　D．保险库存

二、判断题

1．B类库存品品种虽然较少，但其占用的金额较大，是日常控制的重点，需要最严格的管理。（　　）

2．JIT生产方式的基本思想是：在恰当的时间以恰当的数量生产恰当的产品。（　　）

3．物料需求计划是指根据产品结构各层次物品的从属和数量关系，以每个物品为计划对象，以完工时间为时间基准倒排计划，按提前期长短区别各个物品下达计划时间的先后顺序，是一种工业制造企业内物资计划管理模式。（　　）

4．在物流系统中，计划库存必须提供足够的库存数量以便使仓库能充分发挥其作用。（　　）

5．积压库存是指因物资品质变坏不再有效用的库存或因没有市场销路而卖不出去的产品库存。（　　）

三、简答题

1．简述库存的作用。

2．库存成本是怎样构成的?

3．简述制订物料需求计划前需要做的准备工作。

• 技能实训

一、实训目标

解决仓库商品ABC库存问题。学会ABC管理法的优点，如何进行商品的ABC分类，如何推广到客户管理中。

二、实训步骤

（1）学生自由组合成小组，每组约为6个人。

（2）写出仓库商品ABC库存的措施、ABC管理法的优点，如何进行商品的ABC分类，如何推广到客户管理中。

三、实训要求

1. 了解本次实训的目的。

2. 进行实训考评。

四、实训评价

评分表

考评人			被考评人	
考评地点				
考评内容				
考评标准	具体内容		分值	实际得分
	什么叫作商品ABC库存		40	
	写出商品ABC库存的优点		20	
	写出商品ABC库存的措施		20	
	如何推广到客户管理中		20	
合计			100	

五、实训报告

实训报告

班级		姓名		时间	
实训目的					
实训步骤					
实训内容					
我的做法					
我的结论					
我的想法					

下篇

配送

项目八　配送与配送中心认知

【知识目标】

1. 明晰配送中心的含义
2. 熟悉配送中心的类型
3. 了解配送中心选址的原则及影响因素
4. 掌握配送中心的选址方法

【技能目标】

1. 能对配送中心进行分类
2. 能实施单一配送中心的基本选址
3. 能规划、设计配送中心的基本结构和规模

【素质目标】

1. 明确配送作业和管理的正确社会价值导向
2. 理解现阶段配送中心发展对物流从业人员的新要求
3. 形成遵守诚信守法、爱岗敬业、务实创新的职业规范

思维导图

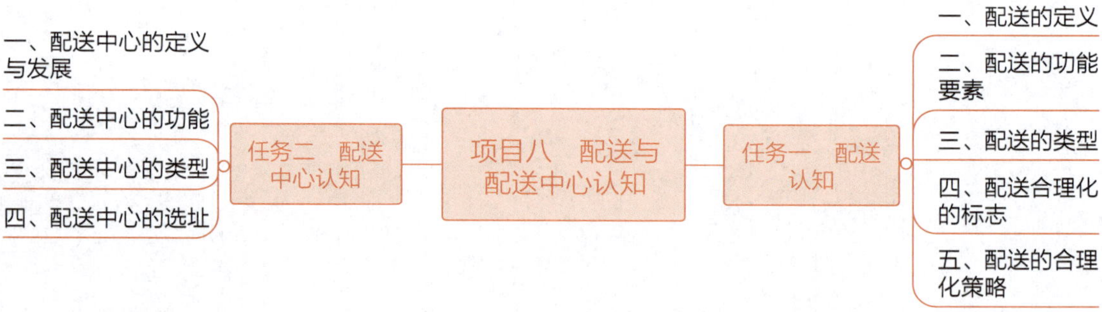

案例分享

九州通物流：用专业冷链物流服务助力新冠疫苗配送

在2021年1月26日，交通运输部、国家卫生健康委、海关总署、国家药品监督管理局联合下文《新冠病毒疫苗货物道路运输技术指南》，九州通物流作为该标准编制单位之一，深度参与了标准的编制工作；并与科兴控股（香港）有限公司建立战略合作伙伴关系，开展疫苗委托配送、冷藏车租赁等方面的业务合作。

作为第一批新冠病毒疫苗货物道路运输重点联系企业，九州通物流为更好地应对新冠疫苗的储运要求，对冷链运营管理体系进行升级，设立疫苗专用库，由疫苗专业技术人员对疫苗专库进行定期质量管理，同时计划新增近百辆配置属同行业最新技术水平的疫苗冷藏车。此外，九州通物流公司在2020年12月底开展疫苗物流配送操作演练，内容涉及质量、信息、客服、仓储、运输等疫苗配送全部关键环节，包括模拟疫苗干线转支线时的处理方案及疫苗冷藏车在途故障应急处理等，做好了一切准备，只为保障疫苗的安全送达。2021年1月1日，九州通物流正式开始进行科兴疫苗在全国范围的配送工作，目前配送业务量持续增长。疫苗冷链短时间内会爆发巨量的需求，同时对配送要求非常高，对整个行业和相关企业都是一场“大考”。在这场“大考”面前，一批物流龙头企业在管理体系、运营能力、技术应用等方面都将实现重大升级，应对突发事件、整合资源等方面的能力得到了全面锻炼。而这些企业的发展将带动整个医药冷链行业的发展。

在趋势方面，一方面，通过新冠疫苗配送这种全国性项目的推进，冷链物流的运作标准会进一步提高，医药冷链仓配一体化、供应链标准一体化等将加速落地。另一方面，医药冷链市场逐渐走向规模化，越来越多的企业开始关注供应链上下游资源整合，实现包括仓、干支线、落地配的统一调度、协同发展。

任务一　配送认知

作为国民经济和社会发展的一项基础性支撑行业，物流行业的公益性和基础性地位已经无可替代。生产线上的每件产品都和物流有着千丝万缕的联系。如何保证产品生产，如何把它传递到消费者手中，其中物流活动都起着不容忽视的作用。因此，物流活动的效率、质量直接影响服务效果。而配送作为物流活动的主要环节，在一定程度上决定了物流服务的质量和效果。

一、配送的定义

在日本工业标准（Japanese Industrial Standards，JIS）中，将配送定义为：“把货物从物流据点送交到收货人处。”这一定义突出反映了物流最终阶段的送货；但是，没能反映配送的真正特征，容易使人们将配送误解为送货的别名。

中华人民共和国国家标准《物流术语》（GB/T 18354—2021）将配送定义为：“根据客户要求，对物品进行分类、拣选、集货、包装、组配等作业，并按时送达指定地点的物流活动。”

二、配送的功能要素

配送实际是一个物品集散的过程，它包括集中、分类和散发三个步骤。这三个步骤由一系列配送作业环节组成，通过这些环节的运作，使配送的功能得以实现。因此，通常将这些作业环节称为配送功能要素。配送的基本功能要素主要包括：集货、分拣、配货、配装、运输、送达服务、加工。

1. 集货

集货即将分散的或小批量的物品集中起来，以便进行运输、配送的作业。集货是配送的重要环节，为了满足特定客户的配送要求，有时需要把从几家甚至数十家供应商处预订的物品集中起来，并按要求将物品分配到指定容器和场所。集货是配送的准备工作或基础工作。配送的优势之一就是可以集中客户的需求进行一定规模的集货。

2. 分拣

分拣是将物品按品种、出入库的先后顺序进行分门别类堆放的作业。分拣是配送不同于其他物流形式的功能要素，也是配送成败的一项重要工作。它是完善送货、支持送货的准备性工作，是不同配送企业在送货时进行竞争和提高自身经济效益的必然延伸。所以，也可以说分拣是送货向高级形式发展的必然要求。有了分拣，就会大大提高送货服务水平。

3. 配货

配货是使用各种拣选取设备和传输装置，将存放的物品，按客户要求分拣出来，配备齐全，送入指定发货地点。

4. 配装

配装是指在单个客户配送数量不能达到车辆的有效运载负荷时，就存在如何集中不同客户的配送货物，进行搭配装载以充分利用运能、运力的问题。配送跟一般送货的不同之处在于，通过配装可以大大提高送货水平并降低送货成本，所以配装也是配送系统中有现代特点的功能要素，也是现代配送不同于以往送货的重要区别之一。

5. 运输

配送运输属于运输中的末端运输、支线运输，与一般运输形态的主要区别在于：配送运输是较短距离、较小规模、额度较高的运输形式，一般使用汽车作为运输工具。配送运输与干线运输的主要区别是：配送运输的路线选择问题是一般干线运输所没有的，干线运输的干线是唯一的运输线，而配送运输由于配送客户多，加之城市交通路线较为复杂，如何将配送路线组合成最佳路线，如何使配装和路线有效搭配等，是配送运输的特点，也是难度较大的工作。

6. 送达服务

将配装好的货物运输到客户处还不算配送工作的结束，这是因为送达货物和客户接货往往还会出现不协调，使配送前功尽弃。因此，要圆满地实现运到之货的移交，并有效地、方便地处理相关手续并完成结算，还应讲究卸货地点、卸货方式等。送达服务也是配送独具的特殊性。

7. 加工

配送加工是按照配送客户的要求所进行的流通加工。在配送中，配送加工这一功能要素不具有普遍性，但往往是有重要作用的功能要素。这是因为配送加工可以大大提高客户的满意度。配送加工是流通加工的一种，

四川科伦医贸物流基地打造现代医药物流中心新标杆

但配送加工有它不同于流通加工的特点，即配送加工一般只取决于客户的要求，其加工的目的较为单一。

三、配送的类型

为了满足不同产品、不同企业、不同流通环境的要求，经过较长一段时期的发展后，国内外创造出了多种类型的配送。这些配送类型都有各自的优势，但同时也存在其一定的局限性。

按不同的分类标准，配送可分为不同的形式。

（一）按配送组织者的不同分类

按配送组织者的不同，配送可以分为以下几种形式。

1. 配送中心配送

配送中心配送的组织者是专职配送中心，这种配送规模比较大。其中，有的配送中心由于需要储存各种商品，储存量也比较大；有的配送中心专职组织配送，因此储存量较小，主要靠附近的仓库来补充货源。由于配送中心专业性比较强，与客户之间存在固定的配送关系。因此，一般情况下都实行计划配送，需要配送的商品有一定的库存量，一般情况很少超越自己的经营范围。

2. 商店配送

商店配送的组织者是商业或物资的门市网点，这些网点主要承担商品的零售，一般来讲规模不大，但经营品种却比较齐全。可以说，这种配送是配送中心配送的辅助及补充形式。商店配送有以下两种形式：

（1）兼营配送形式。商店在进行一般销售的同时，也兼行配送的职能。商店的备货可用于日常销售及配送，因此有较强的机动性，可以将日常销售与配送相结合，互为补充。这种配送形式在铺面条件一定的情况下，往往可以取得更多的销售额。

（2）专营配送形式。商店不进行零售销售，而是专门进行配送。一般情况下，如果商店的位置条件不好，不适于门市销售，而又具有某些方面的经营优势及渠道优势，可采取这种方式。

3. 仓库配送

仓库配送是以一般仓库为据点进行的配送形式。它可以是把仓库完全改造成配送中心，也可以是在保持仓库原功能的前提下，以仓库原功能为主，再增加一部分配送职能。一般来讲，仓库配送的规模较小，配送的专业化程度较低。但是由于其可以利用原仓库的储存设施及能力、收发货场地、交通运输线路等，所以可以开展中等规模的配送，同时可以充分利用现有条件而不需要大量投资。

4. 生产企业配送

生产企业配送的组织者是生产企业，尤其是进行多品种生产的生产企业。这些企业可以直接由本企业进行配送，而不需要将产品发运到配送中心进行配送。由于避免了一次物流的中转，所以生产企业配送有一定的优势。此外，在生产资料方面，某些不适于中转的化工产品及地方建材也常常采取这种方式。

（二）按配送时间及数量的不同分类

按配送时间及数量的不同，配送可分为以下几种。

1. 定时配送

定时配送是指按规定时间间隔进行配送，如数天或数小时一次等，而且每次配送的品种及数量可以根据计划执行，也可以在配送之前以商定的联络方式（如电话、计算机终端输入等）通知配送的品种及数量。

具体来讲，定时配送包括以下两种形式：

（1）日配（当日配送）。日配是定时配送中实行较为广泛的方式，尤其是在城市区域的配送，日配占了绝大多数比例。

日配的时间要求大体上是上午的配送订货下午可送达，下午的配送订货第二天早上送达，即送达时间在订货的24小时之内；或者是客户下午的需要保证上午送到，上午的需要保证前一天下午送到，实现在实际投入使用前24小时之内送达。

（2）准时配送——看板方式。这是实现配送供货与生产企业生产保持同步的一种配送方式。与日配方式和一般定时方式相比，这种方式更为精细和准确。这种配送方式的目的是实现供货时间恰好是客户生产所用之时，从而保证货物不需要在客户的仓库中停留，可直接运往生产场地。

2. 定量配送

定量配送是指按照规定的批量，在一个指定的时间范围内进行配送。这种配送方式数量固定，备货工作较为简单，可以根据托盘、集装箱及车辆的装载能力规定配送的定量，能够有效利用托盘、集装箱等集装方式，也可做到整车配送，配送效率较高。

3. 定时定量配送

定时定量配送是指按照所规定的配送时间和配送数量进行配送。这种方式兼有定时、定量两种方式的优点，但是其特殊性强，计划难度大，因此适合采用的对象不多，不是一种普遍的方式。

4. 定时定路线配送

定时定路线配送是指在规定的运行路线上制定到达时间表，按运行时间表进行配送，客户可以按规定的路线及规定的时间接货。采用这种方式有利于安排车辆及驾驶人员。

5. 即时配送

即时配送是指完全按照客户突然提出配送要求的时间和数量随即进行配送的方式，是一种有很高灵活性的应急方式。采用这种方式可以实现保险储备的零库存，以即时配送代替安全储备。

（三）按配送物品种类及数量的不同分类

按配送物品种类及数量的不同，配送可分为以下几种形式。

1. 单（少）品种大批量配送

一般来讲，对于工业企业需要量较大的商品，由于单独一个品种或几个品种就可达到较大的输送量，可以实行整车运输，这些商品往往不需要与其他商品进行搭配，对此，可以由专业性很强的配送中心实行配送。由于配送量大，可使车辆满载并使用大吨位车辆，如果可以从生产企业将这些商品直接运抵客户，同时又不至于使客户库存效益下降时，采用直接配送方式则往往效果更好一些。

2. 多品种、少批量配送

在现代企业中，库存存货的种类通常会很多，ABC分类法是储存管理中常用的分析方法，也是经济工作中的一种基本工作和认识方法。多品种、少批量配送是按客户的要求，将所需的各种物品（每种物品的需要量不大）配备齐全，凑整装车后由配送据点送达客户。这种配送作业要求高，配送中心设备要求复杂，配货送货计划难度大，因此需要有高水平的组织工作来保证和配合。

3. 配套成套配送

配套成套配送方式是指根据企业的生产需要，尤其是装配型企业的生产需要，把生产每台设备所需要的全部零部件配齐，按生产节奏定时送达生产企业，生产企业随即可将此成套零部件送入生产线以装配产品。

在这种配送方式中，配送企业承担了生产企业大部分的供应工作，使生产企业可以专注于生产，其与多品种、少批量的配送效果相同。

（四）按照任务完成的配送主体不同分类

按照配送任务完成的主体不同分类，配送可以分为以下几种。

1. 自营配送

某些大型生产企业和连锁经营企业创建自营配送中心完全是为本企业的生产经营提供配送服务。选择自营配送有两个基础：一是规模基础，即企业自身物流具有一定量的规模，完全可以满足配送中心建设发展需要；二是价值基础，即企业自营配送，是将配送创造的价值提升到了企业的战略高度予以确定和发展。

2. 协同配送

协同配送是指在城市里，为使物流合理化，在几个有定期运货需求的合作下，由一个卡车运输业者使用一个运输系统进行的配送。

3. 外包配送

外包配送也就是社会化、专业化的物流配送模式，通过为一定市场范围的企业提供物流配送服务而获取盈利和自我发展的物流配送组织形式。

（五）按经营形式的不同分类

按经营形式的不同，配送可分为以下几种。

1. 销售配送

销售配送方式是指销售企业作为销售战略的一环所进行的促销型配送。一般来讲，这种配送的配送对象是不固定的，客户也往往是不固定的，配送对象和客户往往是根据对市场的占有情况而定的。各种类型的商店配送一般多属于销售配送。

2. 供应配送

供应配送是指客户为了自己的供应需要所采取的配送形式。在这种配送形式下，一般由客户或客户集团组建配送据点，集中组织大批量进货（以便取得批量折扣），然后向本企业配送或向本企业集团的若干企业配送。大型企业或企业集团或联合公司常常采用这种配送形式，如商业中广泛采用的连锁商店就常常采用这种方式。

3. 销售与供应一体化配送

销售与供应一体化配送是指对于基本固定的客户和基本确定的配送产品，销售企业可以在自己销售的同时，承担客户有计划供应者的职能，这样，销售企业既是销售者同时又是客户的供应代理人。对于某些客户来讲，这样就可以减除自己的供应机构，而委托销售企业代理。对于销售企业来讲，这种配送方式能够获得稳定的客户和销售渠道，有利于扩大销售量，也有利于本身的稳定持续发展；对于客户来讲，能够获得稳定的供应，而且可以大大节约本身为组织供应所耗用的人力、物力和财力。

4. 代存代供配送

代存代供配送是指客户将属于自己的货物委托给配送企业代存、代供，有时还委托代订，然后组织对本身的配送。这种配送在实施时不发生商品所有权的转移，配送企业只是客户的委托代理人。商品所有权在配送前后都属于客户所有，所发生的仅是商品物理位置的转移。配送企业仅从代存、代送中获取收益，而不能获得商品销售的经营性收益。

（六）按配送企业专业化程度的不同分类

按配送企业专业化程度的不同，配送可分为以下几种。

1. 综合配送

综合配送是指配送商品种类较多，在一个配送网点中组织不同专业领域的物品向客户配送。由于这一类配送综合性较强，故称其为综合配送。综合配送可减少客户为组织所需的全部物资进货的负担，他们只需要和少数配送企业联系便可解决多种需求的配送。因此，这是对客户服务意识较强的配送形式。

综合配送的局限性在于，由于物品性能、形状差别很大，在组织时技术难度较大。因此，一般只是在性状相同或相近的不同类物品方面实行综合配送，而对于差别过大的物品则难以实现综合化配送。

主要的专业配送形式

2. 专业配送

专业配送是指按照物品性状的不同，适当划分专业领域的配送方式。专业配送并非越细分越好，实际上，在同一性状而类别不同的物品方面也是有一定综合性的。

配送合理化的标志

四、配送合理化的标志

配送合理化的判断是配送决策系统的重要内容。目前，尚无一定的技术经济指标体系和判断方法，很难有一个统一的判断标准。配送合理化的判断标志大体分为以下几个方面。

（一）库存标志

库存是判断配送合理与否的重要标志。具体指标有以下两个方面。

1．库存总量

在一个配送系统中，库存是从分散于各个客户转移给配送中心实行一定程度的集中库存。在实行配送后，配送中心的库存数量加上各客户在实行配送后库存数量之和应低于实行配送前各客户库存数量之和。

2．库存周转

由于配送企业的调剂作用，以低库存保持高的供应能力，库存周转一般总是快于原来各企业的库存周转。此外，从各个客户的角度进行判断，各客户在实行配送前后的库存周转比较，也是判断配送合理与否的标志。

（二）资金标志

总的来讲，实行配送应有利于资金占用降低及资金运用的科学化，具体判断标志如下。

1．资金总量

用于资源筹措所占用的流动资金总量，随储备总量的下降及供应方式的改变必然有较大的降低。

2．资金周转

从资金运用来讲，由于整个节奏加快、资金充分发挥作用，同样数量的资金，过去需要较长时期才能满足一定的供应要求，配送之后，在较短时期内就能达此目的。所以资金周转是否加快，是衡量配送合理与否的标志。

3．资金投向的改变

资金是分散投入还是集中投入，是资金调控能力的重要反映。实行配送后，资金必然应当从分散投入改为集中投入，以增加调控作用。

（三）成本和效益标志

总效益、宏观效益、微观效益、资源筹措成本都是判断配送合理化的重要标志。对于不同的配送方式，可以有不同的判断侧重点。例如，配送企业、客户都是各自独立的以利润为中心的企业，则不但要看配送的总效益，而且还要看对社会的宏观效益及两个企业的微观效益，不顾及任何一方，都必然出现配送不合理。

（四）供应保证标志

实行配送时，各客户担心最多的是害怕供应保证程度降低，这是心态问题，也是承担风险的实际问题。配送的重要一点是必须提高而不是降低对客户的供应保证能力，才算实现了配送合理化。供应保证能力可以从以下几个方面判断。

1．缺货次数

实行配送后，缺货次数必须下降才算合理。

2. 配送企业集中库存量

对每个客户来讲，其数量所形成的保证供应能力高于配送前单个企业的保证程度，从供应保证来看才算合理。

3. 即时配送的能力及速度

即时配送的能力及速度是客户出现特殊情况的特殊供应保障方式，这一能力必须高于未实行配送前客户紧急进货能力及速度才算合理。

需要强调的是，配送企业的供应保障能力是一个科学合理的概念，而不是无限的概念。具体来讲，如果供应保障能力过高，超过了实际的需要，属于不合理，所以追求供应保障能力的合理化也是有限度的。

（五）社会运力节约标志

末端运输是目前运能、运力使用不合理，浪费较大的领域，因而人们寄希望于配送来解决这个问题。这也成了配送合理化的重要标志。运力使用的合理化是依靠送货运力的规划、整个配送系统的合理流程及与社会运输系统的合理衔接实现的。

（六）客户企业仓库、供应、进货人力物力节约标志

配送的重要作用是以配送为客户代劳。因此，实行配送后，各客户的库存量、仓库面积、仓库管理人员减少才为合理；用于订货、接货、供应的人减少才为合理。真正解除了客户的后顾之忧，配送的合理化程度就达到了一个高水平。

（七）物流合理化标志

配送必须有利于物流合理。这可以从以下几个方面判断：是否降低了物流费用；是否减少了物流损失；是否加快了物流速度；是否发挥了各种物流方式的最优效果；是否有效衔接了干线运输和末端运输；是否不增加实际的物流中转次数；是否采用了先进的管理方法及技术手段。

五、配送的合理化策略

国内外推行配送合理化有一些可供借鉴的办法，具体如下。

1. 推行专业配送或综合配送

专业配送是指按照产品的性状进行分类，由各专业经销组织分别独立地进行配送。专业配送可以充分发挥各专业组织的优势，便于客户根据自身的利益选择配送企业，从而有利于形成竞争机制。

综合配送是指将若干种相关的产品汇集到一处，由某一个专业组织进行配送。综合配送可以全面系统地优化和整合企业内外部的物流资源、物流业务流程和管理流程，对生产、流通过程中的各个环节实现全方位综合配送，从而减轻客户的进货负担。

2. 推行加工配送

加工和配送结合可以充分利用本来应有的这次中转，而不增加新的中转，以求得配送合理化。同时，加工借助于配送，加工目的更明确，与客户联系更紧密，更避免了盲目性。这两者有机结合，投入不增加太多却可追求两个优势、两个效益，是配送合理化的重要经验。

3. 推行共同配送

共同配送是在核心组织（配送中心）的统一计划、统一调度下展开的。共同配送可以以最短的路程、最低的配送成本完成配送，从而追求合理化。

4. 推行送取结合配送

配送企业与客户建立稳定、密切的协作关系，配送企业不仅成了客户的供应代理人，而且承担客户储存据点的作用，甚至成为产品代销人。在配送时，配送企业将客户所需的物资送到，再将该客户生产的产品用同一车运回，这种产品成了配送中心的配送产品之一；或者作为代存代储，免去了生产企业的库存包袱。这种送取结合使运力得到充分利用，也使配送企业的功能有更大发挥，从而实现配送合理化。

5. 推行准时配送

准时配送是配送合理化的重要内容。配送做到了准时，客户才有资源把握，才可以放心地实施低库存或零库存，才可以有效地安排接货的人力、物力，以追求最高效率的工作。另外，供应能力的保证也取决于准时供应。从国外的经验来看，准时供应配送系统是现在许多配送企业追求配送合理化的重要手段。

6. 推行即时配送

作为计划配送的应急手段，即时配送是最终解决客户担心断供之忧、大幅度提高供应保证能力的重要手段。即时配送是配送企业快速反应能力的具体化，是配送企业能力的体现。

即时配送成本较高，但它是整个配送合理化的重要保证手段。此外，客户实行零库存，即时配送也是重要的手段保证。

任务二　配送中心认知

物流行业作为现代服务业在国民经济和社会发展中的地位与作用越来越重要，几乎任何物品都和物流有着千丝万缕的联系。如何将生产线的产品快速完好地传递到消费者手中，物流活动都承担着不容忽视的作用，因此物流活动的效率、质量直接影响消费效果。而配送作为物流活动的主要环节，在一定程度上决定了物流服务的质量和效果。

一、配送中心的定义与发展

（一）配送中心的定义

便利超市变身行走的配送中心

对于配送中心的定义很多，日本的《物流手册》对配送中心的定义是："配送中心是从供应者手中接受多种大量的货物，进行倒装、分类、保管、流通加工和情报处理等作业，然后按照众多需求者的订货要求备齐货物，以令人满意的服务水平进行配送的设施。"

中华人民共和国国家标准《物流术语》（GB/T 18354-2021）给配送中

心下的定义是："具有完善的配送基础设施和信息网络，可便捷地连接对外交通运输网络，并向末端客户提供短距离、小批量、多批次配送服务的专业化配送场所。"

（二）配送中心的发展

配送中心是在传统仓库的基础上发展起来的（图8-1）。过去，物品在仓库内储存的时间往往较长或很长，物品的品种也很少，所以仓库的主要功能是保管、保养好物品。但现代仓库为了降低资金积压，物品在仓库内的储存时间不断缩短甚至零库存；物品的品种也大大增多，即拣选物品的数量、速度和配送点的数量都在按几何级数增长。由量变到质变，部分仓库转变为配送中心和物流中心。实际上，仓库、物流中心、配送中心三者之间是有一定区别的：仓库是保管和保养物品的场所的总称；配送中心是储存众多物品，且将储存周期较短的众多物品配送给众多零售店（如专卖店、连锁店、超市等）或最终客户的场所或组织；而物流中心是储存众多物品，且将储存周期稍长的众多物品送达配送中心的场所或组织，可以说物流中心是配送中心的上游单位。

图8-1　配送中心的发展

但在实际经营中，三者的业务具有交叉性，要绝对区分它们还是很困难的。除季节性生产明显的储备粮库、棉花库、果品库、军需储备库等仍以保管保养为主外，绝大部分的仓库已逐步被物流中心和配送中心所代替。

二、配送中心的功能

配送中心的产生，一方面适应了客户日益复杂的服务要求，另一方面也顺应了社会对物流合理化的要求，是社会资源配置方式的一种革新和改变，其功能在以前仓库功能的基础上，不断得到开发和创新。一个较为完善的配送中心，应该具备下列基本功能。

1．采购功能

配送中心只有采购到所要供应配送的物品，方能及时、准确无误地为客户即企业与消费者供应他们需要的物资和商品。为此，针对市场的需求变化情况制订和及时调整统一而周全的采购计划，并由专门的人员与部门组织实施的采购活动是配送中心的首要功能（图8-2）。

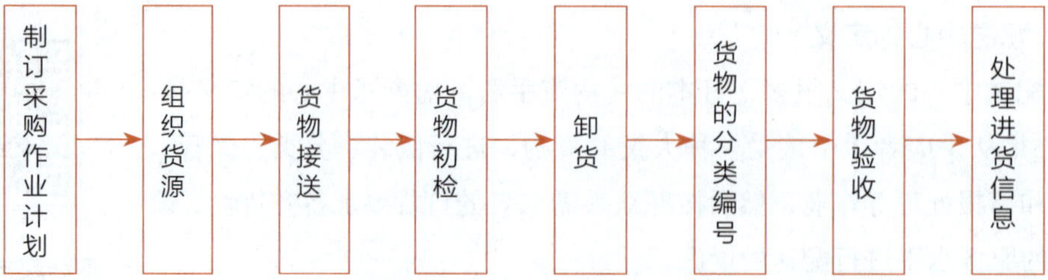

图8-2　采购流程图

2. 储存功能

储存功能是配送中心最基本的功能。储存的目的：一是为了解决季节性货物生产计划与销售季节性的时间差问题；二是为了解决生产与消费之间的平衡问题。为保证正常配送的需要，满足用户的随机需求，配送中心不仅应保持一定量的商品储备，而且要储存商品保管保养工作，以保证储备商品的数量，确保质量完好。生产企业的所谓“零库存”也只是将库存转移至物流企业和商业企业，以减少自己的储存成本，降低资金占用率。随着新型零售业态的到来，配送中心传统的仓储功能也将发生巨大变革，随客户而变，随业态环境改变是配送中心培育竞争优势的关键。

3. 衔接功能

通过开展货物配送活动，配送中心把各种工农业产品运送到广大客户手中，客观上起到了联系产销、平衡供求的衔接作用，架起了沟通的桥梁。比如，生产企业在生产过程中，半成品或者原材料等要从各地运集，需要利用第三方配送中心储存和配送，衔接生产的上下流程。另外，不少产品在全年是均衡生产的，但消费却具有季节性；或者生产具有季节性，消费却很均衡，于是专业配送中心就在生产和消费之间发挥了衔接功能。

4. 运输功能

配送中心一般拥有或租赁一定规模的运输工具，拥有一个覆盖全国的运输网络。因此，配送中心首先应该负责为客户选择满足客户需要的运输配送方式，然后具体组织运输网络内部的运输作业，在规定的时间内将客户的物品运抵目的地。配送中心在物流中承担的运输功能多是末端运输和短距离运输，多采用汽车运输。

5. 分拣、配组功能

分拣的类型如图8-3所示。

作为物流节点的配送中心，其客户是为数众多的企业和消费者。这些客户由于经营性质、经营规模、消费习惯等存在很大差别，对物品的品种、规格、型号、数量、质量、送达时间和地点等要求凸显个性化差异，配送中心必须按客户的要求对物品进行分拣和配组。在商品流通实践中，配送中心除了能够储存货物、具有储存功能外，还有分拣、配组货物的功能。配送中心的这一功能是其与传统仓储企业的一个明显区别，也是配送中心的一个最重要的特征。

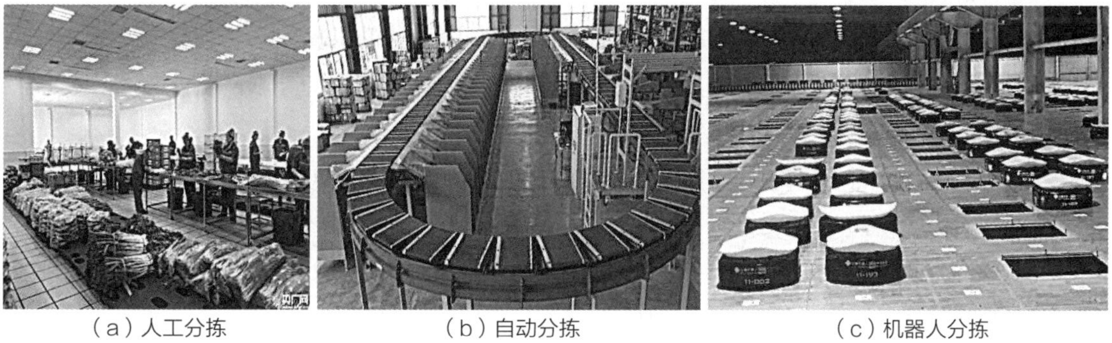

（a）人工分拣　（b）自动分拣　（c）机器人分拣

图8-3　分拣的类型

随着科技和信息技术的发展，物流新技术在配送中心分拣系统中的应用逐渐广泛，人工分拣渐渐被自动分拣、机器人分拣所替代，效率大大提高，分拣成本有效降低。

6．集散功能

配送中心凭借其特殊的地位以及其拥有的各种先进设施和设备，能够将分散在各个地区的物资和消费品集中到一起，然后经过分拣、装配向多家用户发运。与此同时，配送中心也可以做到把各个用户所需要的多种货物有效地组合在一起，形成经济、合理的货载批量。配送中心在流通实践中所表现出来的这种功能即集散功能。实践证明，利用配送中心来集散货物，可以提高卡车的满载率，由此可以降低物流成本。

郑州陈砦花卉配送集散中心

7．加工功能

配送中心区别于传统仓库的明显特征是功能齐全，更能快速响应客户需求。随着电商商务模式的快速发展，部分上游生产企业将非核心业务逐渐剥离出去，委托给下游企业代为简单加工，同时下游的终端消费者占客户比例越来越大，客户端需求也呈复杂多样化发展。因此，除了传统的运输、分拣、仓储功能之外，加工功能成为配送中心增强核心竞争力的关键功能之一。

为增强自身的行业核心竞争力，目前许多配送中心都配备了各种加工设备，由此形成了一定的加工能力。加工货物是加工型配送中心的重要活动。此外，对于配送活动本身来说，加工功能客观上起着强化其整体功能的作用。

8．流通包装功能

配送中心的流通包装功能包括：分类、过磅、大包装拆箱改包装、产品组合包装、商标标签粘贴作业等。这些作业是提升配送中心服务质量的重要手段。网购时代的到来，给配送中心的包装作业功能带来巨大的影响，由此产生的包装环保问题尤其突出。因此，配送中心在实施包装功能中要重视包装瘦身，尽量采用绿色包装，可回收包装，尽可能降低环境压力，实现企业的可持续发展。

9．装卸搬运功能

配送中心应该配备专业化的装载、卸载、提升、运送、码垛等装卸搬运机械，以提高装卸搬运的作业效率，减少作业对物品造成的破损，从而加快物品在配送中心的流通速度。

10．信息处理功能

物流信息化对配送中心的影响越来越明显，除了物流设备的机械化、智能化趋势离不开信息技术手段之外，供应链上下游企业的业务处理和连接，也必须借助互联网信息技术，配送各作业环节的信息采集、分析、传递等都离不开信息化。

除了以上基本功能外，很多配送中心为了更好地满足客户还开发了增值业务，功能越来越完善。

三、配送中心的类型

配送中心按照不同的标准和功能，可以有不同的分类，基本分类如下。

（一）按功能的不同分类

按配送中心功能的不同分类，配送中心可以分为以下几种。

1．储存型配送中心

储存型配送中心具有较强的储存功能，其主要服务于对原材料、零配件有较大储存要求的、需要大范围配送的客户。我国目前建设的配送中心都采用集中库存形式，库存量较大，多为储存型。

康希诺生物冷藏配送中心

2．流通型配送中心

流通型配送中心包括：通过型或转运型配送中心，基本上没有长期储存的功能，是指仅以暂存或随进随出的方式进行配货和送货的配送中心，其典型方式为：大量货物整批进入，按一定批量零出。一般采用大型分货机，其进货直接进入分货机传送带，被分送到各客户的货位或被直接分送到配送汽车上。

3．加工型配送中心

加工型配送中心是指以流通加工为主要业务的配送中心。它是一种根据客户需要对配送物品进行加工，而后实施配送的配送中心。这种配送中心具备较强的加工职能，其加工活动主要有：分装、改包装、集中下料、套裁、初级加工、组装、剪切、表层处理等。建筑、水泥制品等领域的配送中心一般属于这种类型。

> 举例说明：2021年泉州市首个定点肉品分割加工配送中心在鲤城区金龙街道古店社区正式挂牌投入使用，该中心集冷链、仓储、物流、加工、配送于一体，将有力助推泉州屠宰加工业转型升级。

4．综合型配送中心

综合型配送中心规模较大、功能齐全、配送品种多，既有较大的库存空间和大型分拣系统，又具备一定的加工功能，能满足不同客户的服务需求。

> 举例说明：商丘农产品中心批发市场配送中心就是一个综合型的配送中心。该中心配送物品丰富，客户众多，对豫鲁苏皖四省的农产品交易起着重要作用。

（二）按运营主体的不同分类

按运营主体的不同分类，配送中心可分为以下几种。

1．制造商型配送中心

制造商型配送中心是指以制造商为主体的配送中心。这种配送中心的运营主体一般是大型制造业。这种配送中心的货物一般由自己生产制造，用以降低流通费用、提高售后服务质量和及时地将预先配齐的成组元器件运送到规定的加工和装配工位，其特点是环节少、成本低，从物品制造到生产出来后的包装等都比较容易控制，但社会化程度低，一般不对外承担物流业务。这种配送中心投资风险大，季节性波动和销售波动问题难以解决。

海尔物流配送中心

2. 批发商型配送中心

批发商型配送中心是指以批发商为主体的配送中心。常见的批发商型配送中心分为产品专业化配送和行业配套商品配送两种不同的类型。

产品专业化配送模式是指配送中心将生产同类商品（如生产家用电器商品），但分布在不同地区的不同厂商的商品集中采购回来，再按处在零售环节中经营同类商品的不同零售企业的要求进行重新组合、包装、集配和送货的配送业务模式。例如，专门采购各类家用电器产品，并按百货商场、家电专卖店、超市等零售商的要求，将相关家用电器进行重新组合、包装和集配后，送达这些零售企业。

行业配套商品配送模式是指配送中心专门为某行业生产经营所需的各种系列化的商品和原材料进行采购与配送的业务模式。例如，某专门经营日用百货用品配送业务的企业从不同的生产厂商（服装厂、鞋厂等）批量化采购不同的日用商品，再按经营日用百货商品的零售企业的要求，将这些不同种类的商品重新组合成符合零售企业销售要求的系列化商品组合（如服装、鞋帽、床上用品、洗涤用品等的系列化商品组合）后，再送达这些零售企业。

3. 零售商型配送中心

零售商型配送中心是指以零售业为主体的配送中心。零售商发展到一定规模后，就可以考虑建立自己的配送中心，为专业物品零售店、超级市场、百货商店等服务，其社会化程度介于前两者之间。

苏果超市配送中心

4. 专业物流配送中心

专业物流配送中心是指以第三方物流企业为主体的配送中心。这种配送中心有很强的运输配送能力，地理位置优越，可迅速将到达的货物配送给客户。它为制造商或供应商提供物流服务，而配送中心的货物仍归制造商或供应商所有，配送中心只是提供仓储管理和运输配送等服务。这种配送中心的现代化程度往往较高，也是未来配送中心发展的一种趋势。

（三）按服务范围的不同分类

按服务范围的不同分类，配送中心可分为以下几种。

1. 城市配送中心

城市配送中心是指以城市为配送范围的配送中心。这种配送中心可直接配送到终端客户，且多采用汽车进行配送。这种配送中心往往和零售经营结合紧密，由于运距短、反应快，因而从事多品种、少批量、多用户的配送比较有优势。

2. 区域配送中心

区域配送中心具备较强的辐射能力和丰富的库存储备，是可以跨省、跨市的配送中心，甚至可以进行国际配送。这种配送中心的配送特点是批量大、批次小、数量多、活动能力强，往往配送给下一级的城市配送中心，有时也配送给营业所、商店、批发商和企业，但不是主体形式。

（四）按配送货物属性的不同分类

按配送货物属性的不同分类，配送中心可分为：食品配送中心、日用品配送中心、医药品配送中心、化妆品配送中心、家电品配送中心、电子产品配送中心、书籍产品配送中心、服饰产品配送中心、汽车零件配送中心及生鲜处理中心等。由于所配送的产品不同，配送中心的规划方向就完全不同。

查找资料

上网查资料，辨别下列各配送中心分别属于什么类型的配送中心，各自的特点分别是什么？

（1）天津劝业场（集团）股份有限公司配送中心。

（2）美国Keebler芝加哥配送中心。

（3）广州医药有限公司物流配送中心。

（4）美国DSC干货物流公司。

除以上划分类型外，还有将配送中心按归属划分为自有型配送中心和公共型配送中心等，不再一一赘述。

四、配送中心的选址

在物流系统中，配送中心居于重要的枢纽地位。配送中心选址是以提高物流系统的经济效益和社会效益为目标，根据供货状况、需求分布、运输条件、自然环境等因素，用系统工程的方法，对配送中心的地理位置进行决策的过程。

知识必备

一个物流系统如果只设置一个配送中心，称单中心选址问题；如果设置多个配送中心，称多中心选址问题。两者的示意图如图8-4、图8-5所示。

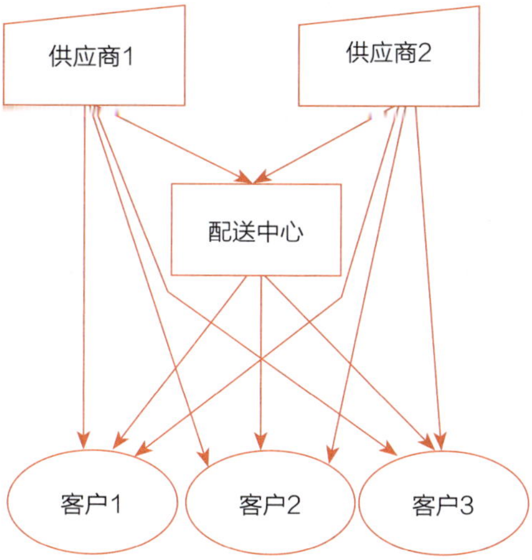

图8-4　单中心配送网络示意图

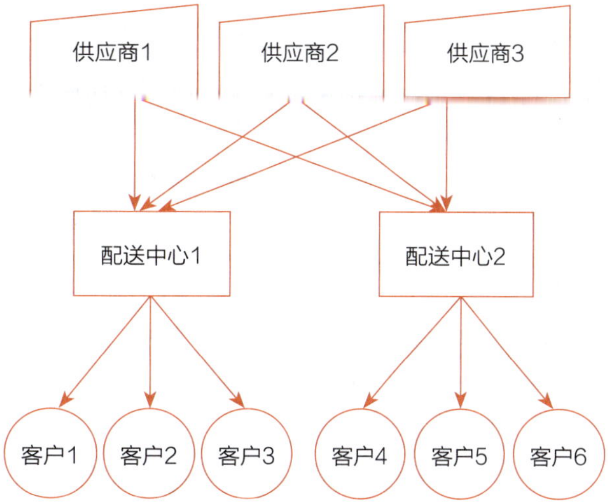

图8-5　多中心配送网络示意图

一个好的配送中心选址方案可以有效节约费用，促进生产和消费的协调与配合，保证物流系统的平衡发展。方案选择合理与否会直接影响到配送中心各项活动成本、作业效率、服务水平和经济效益。因此，配送中心选址与布局必须在充分调查分析的基础上综合自身经营的特点、交通状况等因素，在详细分析现状及预测的基础上进行。

（一）配送中心选址的影响因素

影响配送中心选址的因素有很多，在选址时应考虑客户分布、供应商分布、交通条件、配送货物的性质、土地条件、自然条件、人力资源条件、政策环境等，这些因素是把握配送中心的关键点。

1．客户分布

配送中心的运营目的以为客户提供服务为主，因此配送中心选址时首先要考虑的就是所服务客户的分布状况。对于消费品来说，配送中心通常寻找具有一定购买力的人群，并为其提供配送及配套服务。它可能为商店、零售店提供配送。这些客户大部分分布在人口密集的地方或大城市。配送中心为了降低运输成本和提高服务水平，多选择在城市边缘接近客户分布的地区建立配送中心。

大型城市低温配送中心的专业化趋势

2．供应商分布

配送中心的选址应该考虑的另一个重要因素是供应商的分布情况。因为配送中心的物品几乎全部是由供应商所供应的，选址越接近供应商，则其商品的运输费用就会越低，库存成本也会越低。

动脑筋：哪种类型的配送中心最适合离供应商近一些？

3．交通条件

交通条件是影响配送成本及效率的重要因素之一，交通运输的便利与否将直接影响配送的运输成本。因此，必须考虑距离车站的远近、道路状况、车站的性质、交通连接状况、搬运状况，以及未来交通与邻近地区的发展状况等因素。选址应以重要的运输线路为主，以方便配送运输作业的进行。一般来说，配送中心应尽量选择在交通方便的高速公路、国道及快速道路附近的地方，如果以铁路、轮船、飞机作为运输工具，则要考虑靠近火车站、港口、机场等。

4．配送货物的性质

配送货物的性质在一定程度上也会影响配送中心的选址。如果配送货物主要是保鲜保质期较短的生鲜物品，选址应尽量接近生活区、居民区；如果是危险化工制品，选址应尽量远离居民区、生活区。如国家标准《危险化学品经营企业安全技术基本要求》（GB 18265-2019）规定，550平方米以上的大中型危险化学品仓库应与周围公共建筑物、交通干线（公路、铁路、水路）、工矿企业等距离至少保持1000米。

5．土地条件

配送中心选址还要考虑土地与地形的限制。对于土地的使用，必须符合相关法规及城市规划，尽量选在物流园区或经济开发区。建设用地的形状、长宽、面积和未来扩充的可能性与配送中心规划方案的内容有密切的关系。因此在选择地址时，有必要参考规划方案中关于仓库的设计内容，必要时需要修改规划方案的相关内容。另外，还要考虑用地大小与地价，在实际选址中，土地地势好的地价都很高，因此在选址时要综合考虑现有地价及未来增值状况，并配合未来可能扩充的需求程度决定最合适的土地面积。

6. 自然条件

自然条件也是选址时必须要考虑的，事先了解当地自然环境有助于降低建设和运营风险。例如，有的地方空气湿度大，有的地方空气湿度小，有的地方靠近海边，空气中盐分含量比较高，这些都会影响物品的储存品质。另外，降雨量、台风、地震及河川等，对于配送中心的影响也非常大，对此必须特别留意以避免造成不必要的损失。同时，还要重视配送中心选址建设对环境污染的影响与控制。

7. 人力资源条件

在配送作业中，人力资源至关重要，如果是机械化程度低的配送中心，需要的人力会更多。目前，我国的物流作业大多属于劳动力密集的作业型态，在配送中心内部必须有足够的人力作业。因此，在决定配送中心位置时必须考虑劳工的来源、技术水准、工作习惯和工资水准等因素。

人力资源的评估条件有附近人口、上班交通状况、薪资水准等几项。如果配送中心的选址附近人口不多且交通不方便，则不容易招募基层的作业人员；如果附近地区的薪资水准太高，也会影响到基层的作业人员的招募。因此，必须调查该地区的人力、上班交通状况及薪资水准。

8. 政策环境

政策环境条件也是物流选址时要考虑的重要因素之一。如果有政府政策的支持，则有助于物流业的发展。政策环境条件包括：企业优惠措施（土地提供、减税、补贴）、城市规划（土地开发、道路建设计划）、地区产业政策等。如果配送中心布局在有补贴地区，则可享有资金上的优惠，如可向地方政府贷到贷款利率较低的用于建设厂房的资金，享受税赋方面的减免等，这都有助于降低配送中心的营运成本。

（二）配送中心选址的程序和方法

1. 配送中心选址的程序

进行配送中心选址是一项复杂的工程，也是一个决策过程。选址时要考虑的因素有很多，必须经过反复调研和论证才能保证项目地址的相对客观性。在选址时要遵循一定的程序。配送中心的选址可参照图8-6所示的程序进行。

（1）外部条件论证。外部条件在前面选址的影响因素部分已提到，此处不再赘述。

（2）内部业务分析预测。

① 配送业务量分析。配送中心的主要业务量有以下几个方面：供应商到配送中心的运输量、配送中心向客户的配送量、配送中心储存保管的数量、配送中心流通加工的业务量及配送中心搬运装卸的业务量。

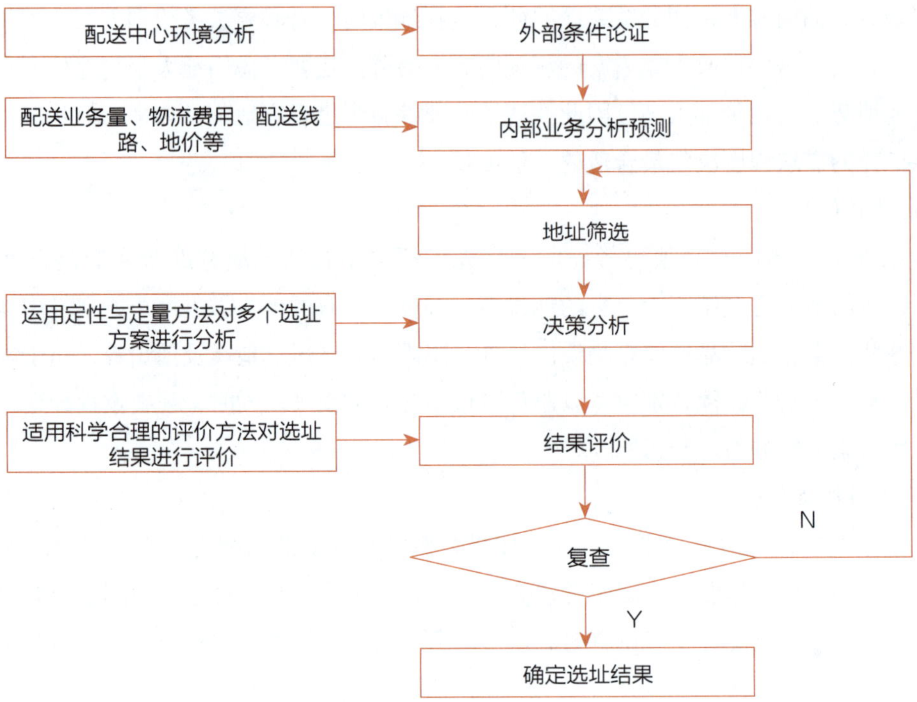

图8-6 配送中心选址的一般程序

② 成本分析。配送中心的成本主要有伴随业务量发生的相应成本及其他管理费用。值得注意的是，运输成本随业务量的增加而增加，而加工、搬运装卸成本包括固定成本和变动成本，应进行准确分析。

（3）地址筛选。在对所取得的上述资料进行充分的整理和分析，考虑各种因素的影响并对需求进行预测后，就可以初步确定选址范围，即确定初始地址。

（4）决策分析。对筛选后的初始地址进行选址时，可采用定性分析和定量分析的方法进行决策。由于配送中心的投资额较大，可采用定量分析方法进行决策。定量分析可针对不同的情况选用不同的数学模型进行计算，得出结果。例如，对单一配送中心进行选址可采用重心法进行计算。

（5）结果评价。结合市场适应性、购置土地条件、服务质量等，对计算所得的结果进行评价，对其可行性进行评价。

（6）复查。分析其他影响因素对决策结果的相对影响程度，分别赋予它们一定的权重，采用加权法对计算结果进行复查。如果复查通过，则为最终计算结果；如果复查时发现原计算结果不适用，则返回第三步继续计算，直至得到最终结果为止。

（7）确定选址结果。采用加权法复查通过后，则计算的结果即为最终的结果。

2. 配送中心选址的方法

配送中心选址的方法可以分为两类：定性分析法和定量分析法。

（1）定性分析法。定性分析法主要是指根据选址的原则和选址的影响因素，依靠专家或管理人员的丰富经验、知识及其综合分析能力，确定配送中心的具体选址。定性分析法主要有专家打分法、德尔菲法。定性分析法的优点是注重历史经验、简单易行，其缺点是容易犯经验主义和主观主义的错误，并且当可选地址较多时，不易做出理想的决策，导致决策的可靠性不高。

（2）定量分析法。定量分析法主要包括重心法、运输规划法、双层规划法等。定量分析法的优点是可以求出比较准确可信的解。这里主要介绍重心法。

重心法是确定单个物流配送中心选址的常用方法。这种方法将物流系统中的资源点和需求点看成分布在某一个平面范围内的物流系统，将各点的需求量和资源量分别看成物体的重量，物体系统的重心作为物流网点的最佳设置点。

重心法

（三）配送中心内部规划的内容

1．作业规划

物流作业是配送中心的核心工作环节，在进行规划时，应该考虑作业流程的规划、作业区的功能规划及作业区的能力规划。具体规划活动如下：

（1）作业流程的规划。配送中心的主要活动是订货、进货、储存、订单拣货、发货和配送作业。有的配送中心还有流通加工作业。当有退货作业时，配送中心还要进行退货品的分类、保管和退回作业。储运单位过多时，可将各作业单位予以分类合并，避免内部作业过程中储运单位过多的转换。规划时要尽量简化储运单位，以托盘或集装箱为容器，把体积、外形差别大的物品归类为相同标准的储运单位。

（2）作业区的功能规划。在规划作业流程后，可根据配送中心的运营特性进行作业区及周边辅助活动区的规划。物流作业区指装卸货、入库、订单拣取、出库、发货等作业区域；周边辅助活动区指办公室、计算机中心等。通过归类整理，可把配送中心分成如下作业区：

①配送中心基本物流作业区。这个区域是配送中心的核心区域，是进行基本物流作业的场所，包括车辆入库、卸货、进货点收货、理货、入库、储存、流通加工、发货、配载、配送等作业。

②退货物流作业区。此区域的设置可根据配送中心的规模大小及与供应商的协议等实际需要而定。在此区域进行的作业有退货卸货、退货点收、退货责任确认、退货良品处理、退货瑕疵品处理、退货废品处理等。

③换货补货作业区。这项作业可以在基本物流作业区内进行，主要有退货后换货作业、零星补货拣取作业、零星补货包装、零星补货运送等。

④流通加工作业区。此区域根据实际需要设置，如果流通加工业务量很小，可在基本物流作业区进行。流通加工作业区的主要作业有拆箱、裹包、多种物品集包、包装、发货商品称重、印贴标签等。

⑤物流配合作业区。物流配合作业是指配合物流基本作业的诸如容器回收、空容器暂存、废料回收处理等逆向物流作业。可根据实际需要具体设置，如设置容器暂存区或容器储存区、废料暂存区或废料处理区等。

⑥厂房使用配合作业区。此区域是指保证配送中心业务正常进行的配合区域，主要的作业项目有电气设备的使用、动力及空调设备的使用、安全消防设备的使用、设备维修工具器材的存放、人员车辆的通行、机械搬运设备的停放等。

⑦办公事务区。办公事务是配送中心正常运转及高效率运行的基础保证，主要的事务活动有配送中心各项事务性的办公活动、一般公文文件与资料档案的管理、配送中心计算机系统的使用及管理等。

⑧ 劳务活动区。劳务活动区是配送中心员工及供应商休息、膳食、盥洗的场所。

（3）作业区的能力规划。在确定了配送中心的作业区之后，根据配送中心服务的对象、物品的特性、自动化水平、信息系统建设情况等因素进一步确定各作业区的具体内容。在对作业区进行规划时应以物流作业区为主，再延伸到相关的周边区域。对物流作业区的规划可根据流程进出顺序逐区进行。

①装卸货平台。需要考虑进发货口是否共用或相邻、装卸货车的进出频率、物品的装载特性、装卸设施设备选用、平均装卸货时间、进货时段、配送时段等。

②进货暂存区。需要考虑每日进货数量、容器使用规格、容器流通频率、进货等待入库时间、进货点收作业内容等。

③库存区。需要考虑最大库存量需求、商品特性基本资料、储区划分原则、储位指派原则、存货管理方法、物品周转情况、盘点作业方式等。

④拣货区。需要考虑订单处理原则、拣货信息传递方式、拣货方、配送品项分析等。

当缺乏有关资料而无法逐区规划时，可对仓储和拣货区进行详细分析，再根据仓储和拣货区的规划进行前后相关作业的规划。

2．设施规划

配送中心的设施是保证配送中心正常运行的必要条件。设施规划是配送中心规划中的重要工作，涉及建筑模式、空间布局、设备安置等多个方面。一个完整的配送中心包含的设施基本上分为三类：物流作业区设施、辅助作业区设施和厂房建筑周边设施。

（1）物流作业区设施。配送中心的主要物流作业活动均与仓库、搬运和拣取作业有关，为此，规划的重点是对物流设施的规划设计和选用。不同功能的物流设施要和相应的厂房布置与面积相适应。在系统规划阶段，由于厂房布置尚未定型，物流设施规划主要以要求的功能、数量和选用的型号等内容为主。

（2）辅助作业区设施。辅助作业区设施是保证配送中心正常运行的辅助性设施，如文件保管等办公设施；信息系统设施、网络设施；员工休息、膳食等劳务设施。

（3）厂房建筑周边设施。厂房建筑周边设施主要是指水电、动力、土建、空调、消防等设施。

3．信息系统规划

信息化、网络化、自动化是配送中心的发展趋势。配送企业的信息中心指挥和管理着整个配送中心，是配送中心的中枢神经。它的功能包括：对外负责收集和汇总各种信息，包括门店的销售、订货信息，以及与部分直接供应商联网的信息，并根据这些信息做出相应的决策；对内负责协调、组织各种活动，指挥调度各部门的人员以共同完成配送任务。配送中心信息系统如图8-7所示。

图8-7 配送中心信息系统示意图

项目小结

配送中心是根据客户需求，以最有效的方式对货物进行分类、存储、拣选、加工、包装、组配、运输等作业，并按时将货物送交客户的现代物流设施和场所。配送中心具有采购、储存、衔接、运输、分拣、配组、集散、加工等功能。按不同的分类标准，配送中心可分为不同的类型：按功能可分为储存型配送中心、流通型配送中心、加工型配送中心和综合型配送中心；按运营主体可分为制造商型配送中心、批发商型配送中心、零售商型配送中心和专业物流配送中心；按服务范围可分为城市配送中心和区域配送中心等。配送中心选址要遵循适应性原则、协调性原则、经济性原则和战略性原则。选址时要综合考虑客户分布、供应商分布、交通条件、配送货物的性质、土地条件、自然条件等。配送中心选址的方法分为定性分析法和定量分析法。重心法是研究单个物流配送中心选址常用的定量分析方法。

重点概念：配送中心　配送中心选址　重心法　配送中心内部规划

知识巩固

一、不定项选择题

1. 配送将物流和（　　）紧密结合起来。

A. 装卸　　B. 供应链　　C. 商流　　D. 仓储

2. 按规定的批量进行配送，但不严格确定时间，只是规定在一个指定的时间范围内配送称为（　　）。

A. 定时配送　　B. 定量配送　　C. 定时定量配送　　D. 即时配送

3. 按客户要求，将所需的各种物品（每种物品需要量不大）配备齐全，凑成整车后由配送中心送达客户手中，这种配送方式称为（　　）。

A. 多品种大批量配送　　B. 少品种大批量配送

C. 多品种少批量配送　　D. 定时配送

4. 将同一时间内出货的不同客户的货物组合在同一批次运输车辆进行运送称为（　　）。

A. 集货　　B. 配货　　C. 配装　　D. 分类

5. 按配送中心功能的不同分类，配送中心可以分为储存型配送中心、流通型配送中心、加工型配送中心和（　　）。

A. 综合型配送中心　　B. 专业物流配送中心

C. 城市配送中心　　D. 批发商型配送中心

6. 按服务范围分，配送中心可分为（　　）。

A. 区域配送中心　　B. 公共配送中心

C. 城市配送中心　　D. 专业配送中心

7. 定量分析法主要包括（　　）。

A. 数据法　　B. 重心法　　C. 运输规划法　　D. 双层规划法

8. 配送中心选址的程序在进行内部业务分析预测时需要（　　）。

A. 决策分析　　B. 业务量分析　　C. 结果评价　　D. 成本分析

9. 重心法适合于（　　）选址。

A. 多个配送中心　　B. 单个配送中心

C. 其他　　D. 多个配送中心与单个配送中心

10. 配送中心内部规划的内容包括（　　）。

A. 作业规划　　B. 设施规划　　C. 信息系统规划　　D. 土地规划

二、判断题

1. 自营配送模式的优点是反应快速、灵活，配送效率高。（　　）

2. 定时定量配送是指按照客户企业所规定的配送时间和配送数量进行配送。（　　）

3. 配送中心配送商品的类型通常在配送中心规划时需要与配送中心的功能结合在一起考虑。（　　）

4．配送中心区别于传统仓库的明显特征是功能齐全，更能快速响应客户需求。（ ）

5．一般配送中心建设规模越小，经营能力越强，其辐射范围越广，服务的范围越大。（ ）

三、简答题

1．简述配送的类型。

2．配送的功能要素有哪些？

3．配送中心的功能主要有哪些？

4．简述配送中心的类型。

5．简述配送中心内部规划与布置的步骤。

四、计算思考题

鑫洋配送中心的选址

鑫洋配送中心每年需要从P_1地运来水果，从P_2地运来蔬菜，从P_3地运来乳制品，从P_4地运来日用百货，各地与某城市中心的距离和每年的运输量如表8-1所示。

表8-1 各地与某城市中心的距离和每年的材料运量

供应地	P_1		P_2		P_3		P_4	
坐标	X_1	Y_1	X_2	Y_2	X_3	Y_3	X_4	Y_4
距离市中心的坐标距离/千米	30	80	70	70	30	30	60	30
年运输量/吨	2200		1800		1500		2500	

思考

（1）重心法的计算原理是什么？

（2）根据表8-1中的数据，使用重心法确定配送中心的坐标值。

技能实训

一、实训目标

学院拟根据专业协会和兴趣小组的需求进行大学生创业项目试点，要在校园周围开一家鲜花配送中心，面向全市进行鲜花配送，请运用学过的方法进行选址规划。通过实训，使学生能够熟悉配送中心选址的原则，掌握配送中心选址的方法。

二、实训步骤

1．熟悉配送中心选址的流程和步骤。掌握本地鲜花生产基地的资料，通过互联网与供应商建立合作关系，了解鲜花的包装方法、储存注意事项及包装成本。

2. 具体步骤：

（1）学生自由组合成小组，每组约为8个人。

（2）明确每个人的职责，分析鲜花的特性。

（3）明确选址流程和原则，计算配送中心与本地几个鲜花供应基地的距离及运费。

（4）利用重心法选择最优方案。

三、实训要求

1. 了解本次实训的目的。
2. 学生在实训过程中应做好记录。
3. 形成实训报告。
4. 进行实训考评。

四、实训评价

评分表

考评人	实训教师	被考评人	
考评地点			
考评内容			
考评标准	具体内容	分值	实际得分
	鲜花特性分析	20	
	供应商分析	20	
	鲜花包装技巧与成本核算	20	
	距离与运费计算、选址方案撰写	30	
	团队合作和职业素养表现	10	
合计		100	

五、实训报告

实训报告

班级		姓名		时间	
实训目的					
实训步骤					
实训内容					
我的做法					
我的结论					
我的想法					

项目九　订单处理作业

【知识目标】

1. 明晰订单处理作业的概念
2. 掌握订单处理作业的流程
3. 熟悉订单状况跟踪及处理
4. 了解订单处理员的岗位职责和工作内容

【技能目标】

1. 会通过传统订货方式或电子订货方式对订单信息进行有效确认
2. 会根据客户需求与企业实际对存货进行合理分配与缺货处理
3. 会分析订单处理作业的状况，并会对订单处理进行初步管理

【素质目标】

1. 培养学生善于沟通、诚实守信、吃苦耐劳的品质
2. 培养学生的团队合作精神和创新能力

思维导图

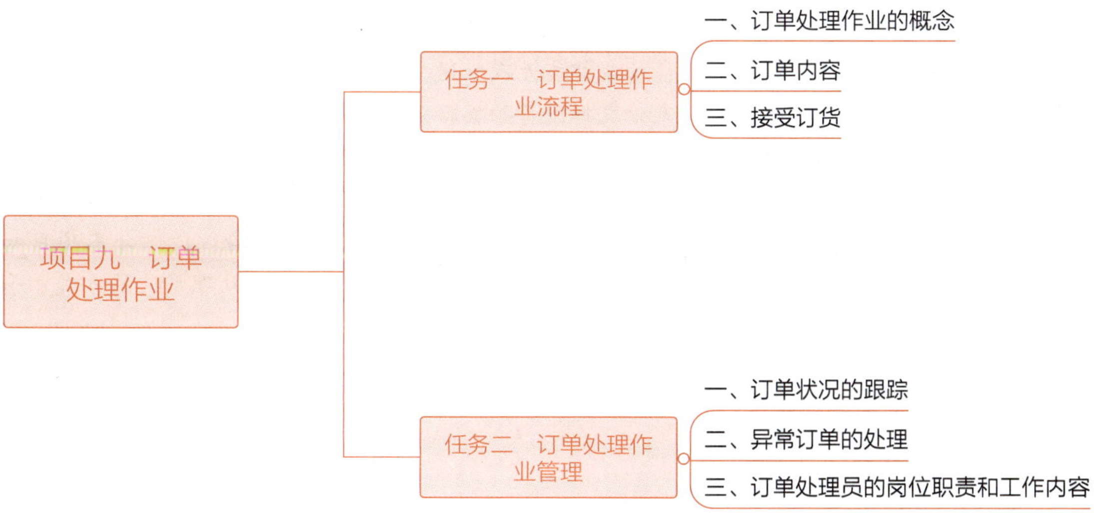

案例导入

日日顺大件物流无人仓日处理订单达 3000 单

日日顺大件物流智能无人配送中心占地面积238亩，两栋物流仓库，高度22米，总货位数14000个，拆零拣选及发货区面积10000平方米。该配送中心项目涵盖分拣、输送、仓储、软件信息规划等为一体，实现了订单快速处理。

第一，作用全景五面扫。日日顺大件物流无人仓采用的线性工业相机配备高灵敏度CMOS图像传感器，在物体高速运动状态下也能通过五面全景扫描提供超高清晰度的图像，将信息采集效率稳步提高80%以上。每天2.4万件大商品经过它扫描入库，在极大提高进仓速度的同时，还为运营分析提供出色的平台，顺利实现数据智能化。

第二，应用关节机器人。它可以配合3D与2D视觉实现场景实时定位，而多种算法的控制，也保障了动作起落间的自主避障。在关节机器人的运作下，产品被安全放至对应托盘，完成码垛。

第三，应用自动立体库堆垛机。自动立体库堆垛机利用激光导航和条形码导航完成托盘自动上下架，同时通过大数据分析对订单和库存进行预测，倒逼营销及时调整，并根据预测结果对库区进行冷热区调整。此外，它所实现的密集存储，可以在简便操作的基础上，最大限度挖掘空间存储能力。

第四，龙门拣选机器人的使用。在出库环节，大件物流领域首次使用龙门机械手进行产品订单全自动分拣的尝试在这里实现了。龙门拣选机器人借助3D机器视觉识别对产品在库内运动造成的位移进行视觉补偿，并通过算法解析位置反馈至控制系统，进而打破空间桎梏，快速锁定目标。

第五，应用AGV激光导引。凭借其超高的灵活性，AGV地面控制系统接收指令后可以对车辆进行自由调度和任务分配，接收到指令的AGV再通过算法控制和监控平台计算任务最优路径，实现路径的实时优化、变更以及避障，保证运输效率与安全。

第六，实现数字孪生。日日顺大件物流智能无人配送中心集监控、决策、控制于一体，根据实时数据，对全仓进行调配安排，充分发挥设备的集群效应，保障运行效率最优。

日日顺通过实现作业流程标准化，整体物流效率得到大幅度提升；通过打通信息流，订单履行速度加快。与此同时，无人化作业，大量节省人力成本。运营以来，平均每天处理订单能力达到3000单，装卸货等待时间0.4小时，缩短交付时效，提升了用户体验。请结合本项目知识，针对日日顺大件物流智能无人配送中心的经营理念，好好总结其订单处理系统的方式、手段及效果。

问题提出：

1. 什么是订单处理作业？
2. 订单处理作业的流程有哪些？
3. 异常订单应该怎么处理？
4. 订单处理员的岗位职责和工作内容是什么？

任务一 订单处理作业流程

订单处理作业是实现企业客户服务目标重要的环节之一，是配送服务质量得以保证的根本。改善订单处理过程，缩短订单处理周期，提高订单满足率和供货准确率，提供订单处理全程信息跟踪，可大大提高客户服务水平与客户满意度，同时可降低库存水平和配送总成本，使配送中心获得竞争优势。

一、订单处理作业的概念

订单处理作业是指有关客户和订单的资料确认、存货查询和单证处理等活动。具体是指从接到客户订货开始到准备着手拣货为止的作业阶段，是对客户订单进行品项数量、交货日期、客户信用度、订单金额、加工包装、订单号码、客户档案、配送货方法和订单资料输出等一系列的技术工作。订单处理作业贯穿物流的全过程，订单处理作业效率的高低影响库存管理的各项作业（图9–1）。

订单处理作业可通过人工或计算机信息处理系统来完成。人工处理具有弹性，但只适合少量的订单，一旦订单数量稍多，人工处理将变得缓慢且容易出错；而计算机处理不但速度快而且成本低，差错极少，适合大量的订单。

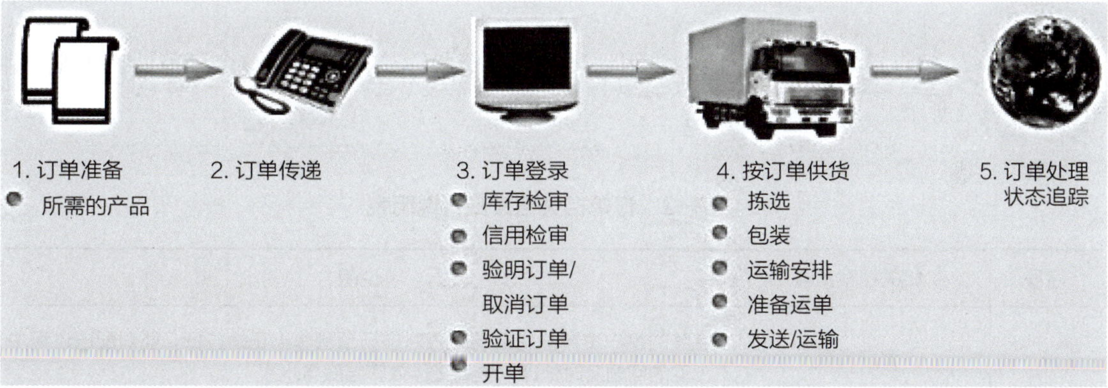

图9–1 订单处理模式

二、订单内容

为了提高订单处理作业效率，订单内容的设计要实用简洁，减少重复。订单记录订货品项的详细信息，如表9–1所示。当客户订单被分割或汇总处理时，订单之间可借助关键信息来连接，如可用订单号连接。

表9-1 某客户订单信息表

<table>
<tr><td>订单号</td><td>1932311499</td><td>下单时间</td><td>2022年5月26日14:20</td><td></td></tr>
<tr><td>发货时间</td><td>2022年5月27日</td><td>配送公司</td><td>北京宏发 电话：010-66771235</td><td></td></tr>
<tr><td colspan="4">收货人信息
收货人：***
收货地址：中国，北京，北京市，海淀区××街××号
邮政编码：100089
联系电话：010-********</td><td></td></tr>
<tr><td colspan="4">送货方式
普通快递送货上门，时间不限</td><td></td></tr>
<tr><td colspan="4">商品清单
商家：</td><td></td></tr>
<tr><td>商品名称</td><td>市场价</td><td>优惠价</td><td>发货数量</td><td>小计</td></tr>
<tr><td>物流信息技术</td><td>￥35.00</td><td>￥28.00</td><td>50</td><td>￥1400.00</td></tr>
<tr><td>电子商务物流</td><td>￥49.00</td><td>￥42.80</td><td>50</td><td>￥2140.00</td></tr>
<tr><td>商品金额合计</td><td></td><td></td><td></td><td>￥3540.00
运费：￥0.00</td></tr>
<tr><td colspan="4">发票信息
发票抬头：北京****学院
发票内容：图书
发票金额：￥3540.00</td><td></td></tr>
</table>

通常在处理订单数据时，可能需要用到某些相关资料，这样才能使整个订单处理作业一体化，如表9-2所示。

表9-2 订单相关档案资料说明表

序号	相关档案资料	说明
1	客户资料	完整的客户资料能使配送中心对市场预测做出正确分析，能对配送过程中出现的问题及时处理，提高工作效率与服务水平
2	物品资料	替代性物品、物品价格结构、最小订货单位、单位换算、物品单位体积及物流单位重量等资料
3	库存资料	已采购未入库资料、可分配量、已分配量等资料
4	促销信息	赠品、兑换券、价格/数量折扣等信息
5	客户寄存资料	客户在促销期间大量订购但先寄放在出库中，还未出货的资料
6	流通加工资料	客户要求分装、重新包装（如礼盒）的资料，或赠品的包装等资料
7	客户应收账款资料	

订单处理作业是配送作业的灵魂。配送中心订单处理作业的流程包括接受订货、确认订单、设定订单号码、建立客户档案、存货查询与分配、拣货标准时间的计算、排定出货时间及拣货顺序、缺货处理、处理输出订单资料等环节。

订单处理作业流程如图9-2所示。

联邦快递公司的订单处理

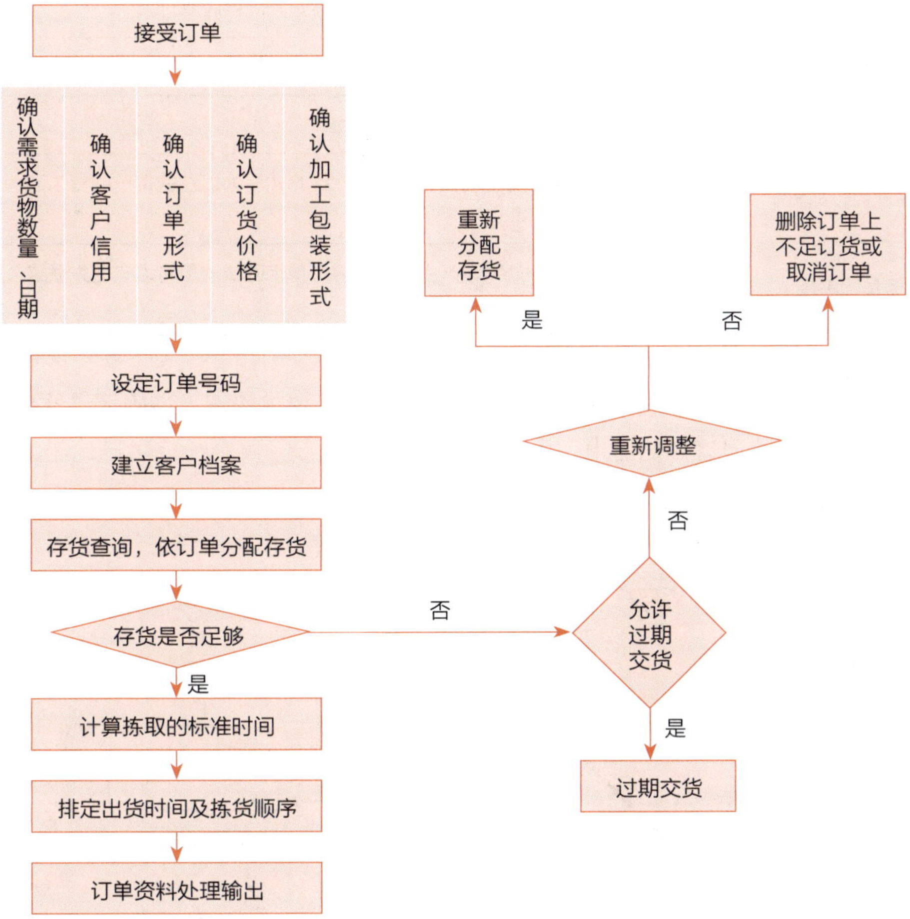

图9-2　订单处理作业流程

三、接受订货

接受客户订货为订单处理作业的第一步。随着流通环境及科技的发展，接受客户订货的方式也逐渐由传统的人工下单、接单，演变为计算机之间直接送收订货信息的电子订货方式。

（一）传统订货方式

传统订货方式运用简单，成本比较低廉，其中很多方式目前在企业中广泛应用。但是传统的订货方式皆为人工输入，而且经常重复输入、订单资料重复誊写，并且在输入时常造成时间耽误及产生错误，这些无谓的浪费，不利于订单处理过程的改善。传统订货方式如表9-3所示。

表9-3 传统订货方式

传统订货方式	具体操作
厂商补货	供应商将货物放在车上，一家一家去送货，客户缺多少供应商补多少，适用于周转率较快或新上市的商品
厂商巡货、隔日送货	供应商派巡货人员先至各客户处巡查需补充的货物，隔天进行补货
电话口述订货	订货人员将货物名称及数量以电话口述方式向供应商订货
传真订货	客户将缺货资料整理成书面资料，利用传真机传给供应商
邮寄订单	客户将订货表单邮寄给供应商
客户自行取货	客户自行到供应商处看货、取货，此种方式多为以往的传统杂货店因地域较近所采用
业务员跑单接单	业务员至各客户处推销产品，而后将订单带回或紧急时以电话先联络公司通知客户订单

现今客户更趋向于多品种、小批量、高频率的订货，且要求快速、准确无误地配送，传统订货方式已逐渐无法满足客户的需求。

传统订货方式如图9-3所示。

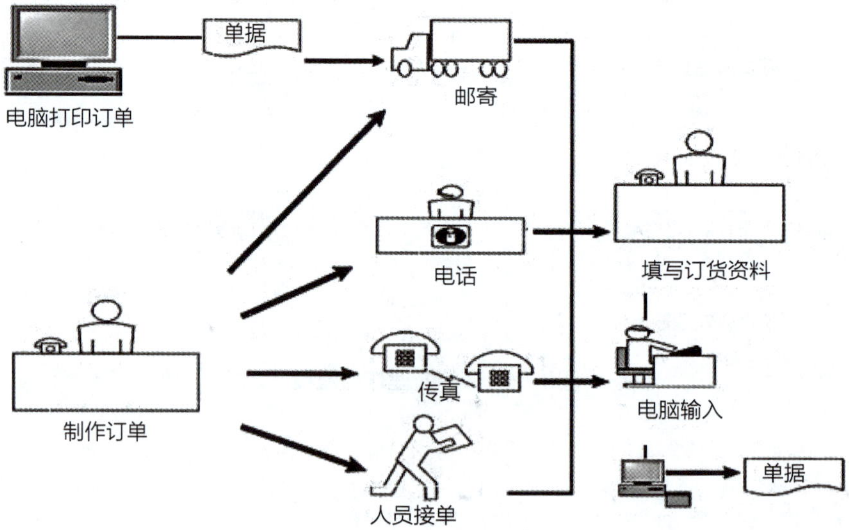

图9-3 传统订货方式

（二）电子订货方式

电子订货方式是指通过电子传递方式取代传统人工书写、输入、传送的订货方式，即将订货资料转为电子资料的形式，再由通信网络传送进行订货，此系统即为电子订货系统，是可以在不同组织之间利用通信网络和终端设备进行订货作业与订货信息交换的系统。电子订货方式可分为三种，如表9-4所示。

表9-4 电子订货方式

电子订货方式	具体操作
订货簿或货架标签配合手持终端机及扫描器	订货人员携带订货簿及手持终端机及扫描器巡视货架，若发现货物缺货则用扫描器扫描订货簿或货架上的商品标签，再输入订货数量，利用计算机将订货资料传给总公司或供应商
销售时点系统（Point of Sale，POS）	客户设定安全存量，每当销售一笔货物时，计算机自动扣除该商品库存，当库存低于安全存量时，自动产生订货资料，将此订货资料确认后即可通过信息网络传给总公司或供应商
订货应用系统	客户信息系统里若有订单处理系统，可将应用系统产生的订货资料，经由特定软件转换成与供应商约定的共同格式，在约定时间里将资料传送出去

电子订货方式安全性高、传递速度快，对客户和配送企业都是非常有益的。对于客户来说，电子订货方式下单快速、正确和简便；商品库存适量化，只订购所需数量，可分多次下单；完全适用于多品种、小批量和高频率的订货方式；缩短了交货时间，减少了因交货出错造成的缺货概率，减少进货、验货作业。对于配送企业而言，电子订货方式简化了接单作业，缩短了接单时间，减少了人工处理错误，使接单作业更加快捷、正确和简便；减少了退货处理作业；满足了客户多品种、小批量和高频率的订货要求；缩短了交货的前置时间（图9-4）。

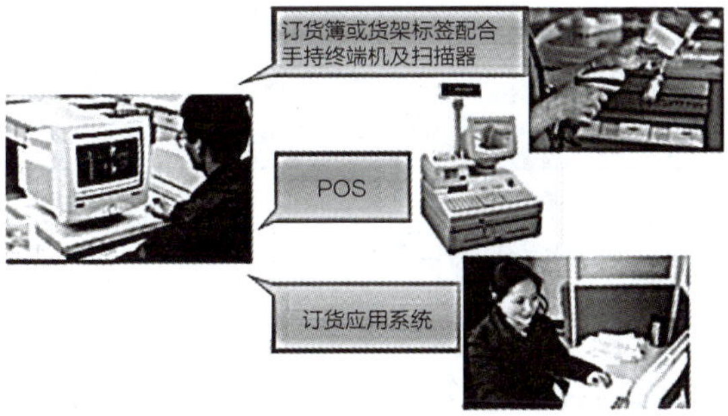

图9-4 电子订货方式

（三）确认订单

对于输入的订单资料，需要确认的项目至少有以下几项。

1. 确认货物名称、数量及日期

确认货物名称、数量及日期是对订单资料的基本检查工作。尤其是不能按要求送货时间出货或出货已延迟时，更需要再与客户确认一下订单内容或更正期望运送时间。

2. 确认客户信用

查核客户的财务状况，确定其是否有能力支付该件订单的账款。具体做法是检查客户的应收账款是否已超过其信用额度，可通过输入客户代号（名称）、订购货品资料两种途径进行查询。

3. 确认订单类别

配送中心面对众多的交易对象，由于客户的不同需求，其做法也有所不同，反映到订单处理作业上，则表现为具有多种订单类别及相应的处理方式，如表9-5所示。

表9-5 订单类别与处理方式

订单类别	含义	具体处理方法
一般交易订单（常见订单）	一般交易是指接单后按正常的作业流程拣货、出货、配送、收款结账的交易	接单后，将资料输入订单处理系统，按正常的订单处理流程处理，资料处理完后进行拣货、出货、配送、收款结账等作业
现销式交易订单	现销式交易是指与客户当场交易、直接给货的交易	订单资料输入前就已把货物交给了客户，故订单资料无须再参与拣货、出货、配送等作业，只需记录交易资料，以便收取应收款项
间接交易订单	间接交易是指客户向物流中心订货，但由供应商直接配送给客户的交易	接单后，将客户的出货资料传给供应商，由其代配。客户的送货单是自行制作或委托供应商制作的。应对出货资料（送货单回联）加以核对确认
合约式交易订单	合约式交易是指与客户签订配送契约的交易，如签订在某一期间内定时配送某一数量的货物	约定送货日到时，将该资料输入系统处理以便出货配送；或一开始就输入合约内容并设定各批次的送货时间，在约定送货日到时系统自动处理
寄库式交易订单	寄库式交易是指客户因促销、降价等市场因素而先行订购某一数量的货物，随后视需要再要求出货的交易	当客户要求配送寄库货物时，系统进行检核，若有货物，则出货，出货时要从此项货物的寄库量中扣除。此项货物的交易价格依据客户当初订购时的单价计算
兑换券交易订单	兑换券交易是指客户通过兑换券所兑换货物的配送出货	依据兑换的商品及兑换条件予以出货，并应回收客户的兑换券资料

4. 确认订货价格

不同客户、不同订购量，可能有不同的售价，在确定接受订货价格时，需要兼顾配送中心和客户的利益与业务关系，避免任何一方遭受损失。

5. 确认加工包装

配送加工包装是对商品进行运输加工和包装的作业，有的物品可能出现二次加工，也可能出现多个运输包装。因此，应按照要求对物品进行一定的分类和整理后，分门别类地装入运输容器中。在这一过程中，要确认、记录客户对订购的货物是否有特殊的包装、分装或贴标签等要求。

（四）设定订单号码

每一张订单都要有其单独的订单号码，此号码是由控制单位或成本单位来指定的，除了便于计算成本外，可用于制造、配送等一切有关工作，并且所有配送工作说明单及进度报告均应附订单号码。

有时为了减缓高峰订单拥挤，可以采用订单确认作业平均化这种方法。首先，截止订货时间订单的确认。在订货截止时间的前一小时通常会出现大量订单，为避免这种巨额的订单在某一时刻涌入可将客户分类，每类客户分别设定其订货截止时间，以分散高峰订货量。其次，针对账款结算日订单的确认。结算日的后一天，常有大量订单出现，可设定多种结算日期，以分散高峰时段的拥挤。最后，针对节日或假日的订单确认。节日或假日的前后时间，通常也是订货量较多的时段，不过这种因季节性或因消费者需求形态引起的高峰订货量较不易控制，只能由人员调用或系统功能加强来加以调控。

（五）建立客户档案

1. 客户档案的主要内容

客户档案要详细记录客户信息，这样不但能让此次交易更容易进行，而且有利于以后合作机会的增加。客户档案应包含订单处理需要用到的及与物流作业相关的资料，具体包括以下内容：

（1）客户姓名、代号、等级等信息。

（2）客户信用额度。

（3）客户销售付款及享受折扣率的条件。

（4）开发或负责此客户的业务员。

（5）客户配送区域。例如，地区、省、市、县及城市的各区域等。基于地理位置或相关特性将客户分类于不同区域将有助于提升管理及配送的效率。

（6）客户收货地址。

（7）客户点配送路径顺序。按照区域、街道、客户位置，为客户分配适当的配送路径顺序。

（8）客户点适合的车辆类型。客户所在地的街道对车辆的大小会有所限制。

（9）客户点卸货特性。建筑物本身或周围环境的特性（如地下室有限高或高楼层），可能对卸货有不同的要求，使卸货的难易程度不同。因此，配送中心在车辆及工具的调度上应加以考虑。

（10）客户配送要求。客户对于送货时间有特定要求或有协助上架、贴标签等要求。

（11）过期订单处理指示。若客户能统一决定每次延迟订单的处理方式，则可事先将其写入资料档案，以省去临时询问或需要紧急处理的不便。

2. 客户档案的管理

（1）建立客户档案卡。客户档案管理的基础工作是建立客户档案卡（又称客户卡、客户管理卡、客户资料卡等）。

客户档案卡主要记载各客户的基础资料，这种资料的取得，主要有以下三种形式：

①由业务员进行市场调查和客户访问时整理汇总。通过业务员进行客户访问建立客户档案卡是最常用的方式，主要做法是：编制客户访问日报（或月报），由业务员随身携带，在进行客户访问时，即时填写，按规定时间上报，企业汇总整理，据此建立分客户和综合客户档案。除此之外，还可编制客户业务报表和客户销售报表，以从多角度反映客户状况。为此，需要制定业务员客户信息报告制度（其中包括日常报告、紧急报告和定期报告）；需要制定推销员客户信息报告规程。

②客户寄送客户资料表，请客户填写。这种方式由于客户基于商业秘密的考虑，不愿提供

全部翔实的资料，或者由于某种动机夸大某些数字（如企业实力等），所以对这些资料应加以审核。但一般来讲，由客户提供的基础资料绝大多数是可信的，且比较全面。

③委托专业调查机构进行专项调查。这种方式主要是用于搜集较难取得的客户资料，特别是危险客户的信用状况等，但需要支付较多的费用。

（2）客户分类。

①从时间序列来划分：包括老客户、新客户和未来客户。以未来客户和新客户为重点管理对象。

②从交易过程来划分：包括曾经有过交易业务的客户、正在进行交易的客户和即将进行交易的客户。对于第一类客户，不能因为交易中断而放弃对其的档案管理；对于第二类客户，需逐步充实和完善其档案管理内容；对于第三类客户，档案管理的重点是全面搜集和整理客户资料，为即将展开的交易业务准备资料。

③从客户性质来划分：包括政府机构（以国家采购为主）、特殊公司（与本公司有特殊业务等）、普通公司、顾客（个人）和交易伙伴等。这类客户因其性质、需求特点、需求方式、需求量等不同，对其实施档案管理的特点也不尽相同。

④从交易数量和市场地位来划分：包括主力客户（交易时间长、交易量大等）、一般客户和零散客户。不言而喻，客户档案管理的重点应放在主力客户上。总之，每个企业都或多或少地拥有自己的客户群，不同的客户具有不同的特点，对其的档案管理也具有不同的做法，从而形成了各具特色的客户档案管理系统。

（六）存货查询与分配

1. 存货查询

查询商品名称和货物代号时，应能查出存货档案材料，看此货物是否缺货，若缺货则应提供货物资料，核实缺货货物是否已经采购但未入库等信息，便于接单人员与客户协调是否改订其他替代品，或是生成相应的采购订单，及时与客户沟通，协调采用相近货品或允许延后出货等，以提高接单人员的接单率及接单处理效率。

2. 存货分配

将订单资料输入系统、确认无误后，最主要的处理作业在于如何将大量的订单资料做最有效的汇总分类、调拨库存，以便后续的物流作业能有效地进行。存货分配有以下两种方式：

（1）单一订单分配。此种情况多为线上即时分配，也就是在输入订单资料时，就将存货分配给该订单。

（2）采用批次分配。累积汇总数笔订单资料后，再一次分配库存。配送中心因订单数量多、客户类型等级多，且多为每天固定配送次数，通常采用批次分配的方式以确保对库存做最佳的分配。因此，采用批次分配时，要注意订单的分批原则，也就是批次的划分方法，如表9-6所示。

表9-6 订单按批次分配的处理原则与方法

批次划分原则	处理方法
按接单时序划分	将整个接单时段划分成几个区段，若一天有多个配送批次，可配合配送批次，将订单按接单先后的顺序分为几个批次处理
按配送区域或路径划分	将同一配送区域或路径的订单汇总在一起处理
按流通加工需求划分	将需要加工处理或相同流通加工处理的订单汇总在一起处理
按车辆需求划分	若配送货物需要特殊的配送车辆（如低温车、冷冻车、冷藏车）或客户所在地存在卸货特性，将特殊类型的车辆汇总合并处理

按批次分配选定参与分配的订单后，如果订单的某货物的总出货量大于可分配的库存量，则可依据以下原则进行订单优先配送的选择：

（1）具有优先权的客户订单进行优先处理。提前允诺交货的订单，如缺货补货订单、延迟交货订单、紧急订单或远期订单，或客户提前预约或紧急需求的订单，应有优先取得存货的权利。

（2）根据客户等级来取舍。优先分配客户重要性程度高的订单。

（3）根据订单交易量或交易金额来取舍。优先处理对公司贡献度大的订单。

（4）根据客户信用状况来取舍。优先处理信用较好的客户订单，即优先把订单留给优质客户。

存货分配方式决定了下一步的拣货作业方式：如果是单一订单分配，则采用单一顺序拣选的方式；如果是按批次分配，则采用批量拣选的方式。

（七）拣货标准时间的计算

为了有计划地安排出货，订单处理人员要事先掌握每一个订单或每批订单可能花费的拣取时间，以便有计划地安排出货过程，因此要计算订单拣取的标准时间。

（1）计算拣取每一单元货物的标准时间，且将它设定于电脑记录标准时间档，个别单元的拣取时间记录下来，很容易推导出整个标准时间。

（2）有了单元的拣取标准时间后，便可依每品项订购数量再配合每品项的寻找时间，来计算出每品项拣取的标准时间。

（3）根据每一订单或每批订单的订货品项，以及考虑一些纸上作业的时间，将整张或整批订单的拣取标准时间算出。

需要注意的是，这种计算只是一个粗略的计算，因为总的拣货时间还与拣货人员行走时间、作业熟练程度有关。

（八）安排出货时间及拣货顺序

前面已由存货状况进行了存货的分配，但对于这些已分配存货的订单，应如何安排出货时间及拣货先后顺序，通常会根据客户需求、拣取标准时间及内部工作负荷来拟定。

拣货顺序可根据仓储货位的状况及货物存放的位置来确定，其直接影响拣货的效率。它决定了拣货人员行走距离的长短，即拣货时间的长短。拣货顺序可根据仓储货位的状况及货物存放的位置来确定。

（九）缺货处理

在现有存货数量无法满足客户需求，且客户不愿意以替代品代替的情况下，应根据客户意愿与公司政策来决定应对方式，其处理方式大致有如下几类。

1. 根据客户意愿

（1）客户不允许过期交货，则取消订单上不足额的订货，甚至取消订单。

（2）客户允许不足额的订货等到有货时再予以补送。

（3）客户允许不足额的订货与下一次订单一起配送。

（4）客户希望所有订货一起配送。

2. 根据公司政策

一些公司允许过期分批补货，但有一些公司考虑分批出货的额外成本不愿意分批补货，宁愿客户取消订单，或要求客户延后交货日期。

3. 存货不足的处理方式

结合上述客户意愿与公司政策，对于存货不足的处理方式有以下几种：

（1）重新调拨。当客户不允许过期交货，而公司也不愿失去此客户订单时，则重新调拨分配订单。

（2）补送。对于以下两种情况，应采取补送的方法：一是客户允许不足额的订货等到有货时再予以补送，且公司政策也允许；二是客户允许不足额的订货或整张订单留待下一次订单一起配送。

（3）删除不足额订单。若客户允许不足额订单可等到有货时再予以补送，但公司政策并不希望分批出货，则删除不足额的订单；若客户不允许过期交货，且公司也无法重新调拨，则考虑删除不足额的订单。

（4）延迟交货。分两种情况：一种是有时限延迟交货，即客户允许一段时间的过期交货，且希望所有订单一起配送；另一种是无时限延迟交货，即无论需要等多久，客户都允许过期交货，且希望所有订货一起送达，则等待所有订货到达再出货。对于这种将整张订单延迟后配送的，也应将这些顺延的订单记录成档。

（5）取消订单。如果客户希望所有订单一同配送，而且不允许过期交货，但是公司也无法重新调拨时，则只能将整张订单取消。

京东东莞亚洲一号物流中心正式投用，单日订单处理能力达160万单

（十）处理输出订单资料

1. 拣货单（出库单）

拣货单可提供货物出库指示资料，并作为拣货的依据。拣货单需配合配送中心的拣货策略及拣货作业方式来加以设计，以提供详细且有效的拣货信息，便于拣货作业的进行。拣货单的打印应考虑商品储位，依据储位前后相关顺序打印，以减少人员重复往返取货，同时拣货数量、单位也要详细确认标记出来（表9-7～表9-9）。

表9-7　分户拣货单

拣货单编号				用户订单编号				
用户名称								
出货日期					出货货位号			
拣货时间	年　月　日　时　分至　时　分				拣货人			
核查时间	年　月　日　时　分至　时　分				核查人			
序号	储位号码	货物名称	规格型号	货物编码	数量			备注
					托盘	箱	单件	
1								
2								
3								

表9-8　品种拣货单

拣货单编号			数量			储位号码
货物名称			托盘	箱	单件	
规格型号						
货物编码						
拣货时间	年　月　日　时　分至　时　分				拣货人	
核查时间	年　月　日　时　分至　时　分				核查人	
序号	订单编号	客户名称	单位	数量	出货货位	备注
1						
2						
3						

表9-9　分货单

分货单编号					数量		
商品名称							
规格型号					托盘	箱	单件
商品编码							
生产厂家				储位号码			
分货时间	年　月　日　时　分至　时　分			分货人			
核查时间	年　月　日　时　分至　时　分			核查人			
序号	订单编号	用户名称	数量（包装单位）			出货货位号	备注
			托盘	箱	单件		
1							
2							
3							

2. 送货单

货物交货配送时，通常要附上送货单据给客户清点签收。因为送货单主要是给客户签收、确认的出货资料，其正确性及明确性很重要，要确保送货单上的资料与实际送货相符，除了出货前的清点外，对于出货单据的打印时间以及修改也要注意。送货单见表9-10。

表9-10 送货单

<table>
<tr><td>收货单位</td><td colspan="3"></td><td colspan="2">送货人员</td><td colspan="2"></td></tr>
<tr><td>送达地点</td><td colspan="3"></td><td colspan="2">送货时间</td><td colspan="2"></td></tr>
<tr><td colspan="8">发运物品详细内容</td></tr>
<tr><td>货物名称</td><td>型号</td><td>规格</td><td>单位</td><td>数量</td><td>单价</td><td>总额</td><td>备注</td></tr>
<tr><td></td><td></td><td></td><td></td><td></td><td></td><td></td><td></td></tr>
<tr><td></td><td></td><td></td><td></td><td></td><td></td><td></td><td></td></tr>
<tr><td></td><td></td><td></td><td></td><td></td><td></td><td></td><td></td></tr>
<tr><td>有关说明</td><td colspan="7"></td></tr>
<tr><td rowspan="3">收货方验收情况</td><td colspan="3"></td><td rowspan="3">收货方负责人签字</td><td colspan="3"></td></tr>
<tr><td>验收人员</td><td colspan="2"></td><td>负责人</td><td colspan="2">（公章）</td></tr>
<tr><td>日期</td><td colspan="2"></td><td>日 期</td><td colspan="2"></td></tr>
</table>

注：此送货单一式三联，第三联送财务办理结算用，第二联送仓储部提货用，第一联为货物到目的地后用作签收，并由送货人员带回交给部门主管。

3. 缺货资料

对于库存短缺的货物或缺货的订单资料，应提供依货物类别或供应商类别查询的缺货货物资料，以提醒采购部门紧急采购或做出相应处理。对于缺货订单，系统提供依据客户类别或外务人员类别查询的缺货订单资料，以便相关人员处理。

（十一）订单处理的合理化

1. 订单处理系统

订单处理系统是指配送企业完成从用户订货到发运交货，以及受理用户接受订货后的反馈要求这整个过程中单据处理的功能子系统。与配送中心存货、补货、理货、送货系统相比，订单管理系统具有以下特点：

第一，配送中心订单处理系统是配送中心所有物流作业组织的开端和核心。在业务操作中，配送中心的各个用户都要在规定时间以前将订单或要货单通知给配送中心，然后配送中心再将这些订单汇总，并以此来进一步确定需要配送货物的种类、数量及配送时间。

第二，配送中心订单处理系统的作业范围超越了配送中心的内部作业范围。为了提高订单处理的效率，配送中心需要用户按照规定的时间和格式将订单传输给配送中心，随后配送中心还要进行接单、订单资料输入处理、出货商品的拣货、配送、签收、清款、取款等一连串的数据处理，这些活动都需要用户的配合。

第三，配送中心订单处理系统的作业活动伴随整个配送活动的全过程。通常情况下，人们认为配送中心订单处理系统的作业流程起始于接收订单，经由接收订单所取得的订货信息，经过处理和输出，终止于配送中心出货物流活动，但是在这一连串的物流作业中，订单是否有异常变动、订单进度是否如期进行也包括在订单处理范围内。

第四，配送中心订单处理系统的电子化要求很高。由于配送中心订单处理系统每天要面对大量的用户订单，为了提高订单处理的效率，减少差错，需要提升配送中心订单处理系统的电子化水平。

2．订单处理的原则

订单处理要遵循以下原则：

（1）使客户产生信赖感。客户订货的基础是产生信赖感。订单处理工作人员每次接到订单后，在处理过程中都要认识到，如果这次处理不当将会影响到下次订货。

（2）尽量缩短订货周期。订货周期是指从发出订单到收到货物所需的全部时间，订货周期的长短取决于订单传递的时间、订单处理的时间以及货物的运输时间。

（3）提供紧急订货。在以客户需求为导向的市场机制下，强调为客户服务，在紧要关头提供急需的服务，是与客户建立长远的相互信赖关系极为重要的手段。

（4）减少缺货现象。保持客户连续订货的关键之一便是减少缺货现象的发生，工业原料和各种零件一旦缺货，会影响到客户的整个生产安排，后果极为严重。

（5）不忽略小客户。小客户的订货量不多，但也是大批买卖的前驱，而且大客户也有要小批量的时候。对小客户的订单处理及时，会提高小客户的满意度，可能带来其以后的大批量订购或持续订购。

（6）装配力求完整。企业所提供的货物应尽量做到装配完整，以便于客户使用为原则。实在办不到时，也应采取便于客户自行装配的措施，如适当的说明及图示等，或通过网络进行技术支持。

（7）提供对客户有利的包装。针对不同客户的货物应采取不同的包装，有些零售货物包装要适于在货架上摆放，有些要适于经销商及厂商开展促销活动，应以便于客户处理为原则。

（8）提供订单处理要及时透明。物流部门要使客户能够随时了解配货发运的进程，以便预计何时到货，便于安排使用或销售。这方面的信息是巩固与客户关系的重要手段，也有利于企业本身的工作检查。

一款电商订单处理软件对卖家的影响有多大

3．订单处理的合理化

配送中心订单处理时效关系到配送企业的效益和竞争力，一个高效的订单处理系统能够给配送中心带来诸多益处。例如，持续降低平均订单周期前置时间、降低配送中心运作成本、及时输出发货单和会计账目、改善顾客关系等。

任务二 订单处理作业管理

一、订单状况的跟踪

订单的执行必须要适时跟踪，订单的状态随着作业流程相应地发生变动，对订单进行跟踪，不仅能更好地管理订单的处理和执行，还可以满足客户希望了解订单处理状态信息的要求（表9-11、表9-12）。

表9-11 订单处理流程的跟踪

档案资料名称	说明
1. 预计销售资料及不合格资料	客户的订单资料进入订单处理系统经过确认核实后，将正确的订单资料记录为预计销售资料文件；而不合格的订单资料记录为不合格资料文件
2. 已分配未出库的销售资料及缺货资料、转录资料、补送资料	预计销售资料经过库存分配后，转为已分配未出库销售资料，而分配后缺货的物品资料记录为缺货资料文件；缺货的订单若要合并到下一张订单则记录为合并订单文件，若有库存时予以补送则记录为补送订单文件
3. 已拣货未出库销售资料	已分配未出库销售资料经过打印拣货单后转为已拣货未出库销售资料，如果拣货后发现缺货的物品资料记录为缺货资料文件；缺货的订单若要合并到下一张订单则记录为合并订单文件，若有库存时予以补送则记录为补送订单文件
4. 在途销售资料	已拣货未出库资料，出货配送后即转为在途销售资料
5. 销售资料	在途销售资料，经过回库确认修改后即转为销售资料，此为实际的销售资料，为应收账款系统的收款资料来源
6. 历史销售资料	经过结账后即为历史销售资料

表9-12 订单状况跟踪表

客户名称	订单号	订单接收时间（接收即处理）	货品及订单交付时间	配送完成时间	合计处理时间	现在状态（黄、绿、红）

说明：黄色表示正在进行、绿色表示完成、红色表示停滞。

二、异常订单的处理

对于异常订单要针对不同情况采取不同的处理方式。

1. 客户取消订单

客户取消订单通常会造成一定的损失，因此在订单业务处理上需要与客户进行沟通与协商。如果目前订单处于已分配但还没有出库的状态，则应该从已分配未出库销售资料里找出此订单，将其删除，并恢复相关货品的库存信息；如果此订单处于已拣货状态，则应从已拣货未出库销售资料里找出这笔订单，将其删除，并恢复相关货品的库存信息，且将已拣取的货物按拣货的相反顺序放回拣货区。

赣州菲尔雪蛋糕订单配送与跟踪系统

2. 客户增订

如果客户在出货前临时要求增加订购某种货物，那么作业人员要先查询客户的订单目前处于何种状态，是否还未出货，是否还有时间再去拣货。

如果接受增订，则应追加此笔增订资料；如果客户订单处于已分配状态，则应修改已分配未出库销售资料文件里的这笔订单资料，并更改物品库存档案资料，即库存量和出库量。

3. 拣货时发生缺货

拣货时发现仓库缺货，则应从已拣货未出库销售资料里找出这笔缺货订单资料，加以修改。如果此时出货单据已打印，则必须重新进行打印。

4. 配送前发生缺货

当配送前装车清点时才发现缺货，则应从已拣货未出库销售资料里找出此笔缺货订单资料，加以修改。如果此时出货单据已打印，则必须重新打印。

5. 送货时客户拒收/短缺

配送人员送货时，如果客户对所送货物的品项、数目有异议拒绝收货，或是发生少送或多送的情况，则回库时应从在途销售资料里找出此客户的订单资料加以修改，以反映实际出货资料。

15天倒计时挑战收官，40倍效率提升，击破零售业订单处理难题

三、订单处理员的岗位职责和工作内容

为保证配送业务的正常开展，一般应设立订单处理员岗位。

（一）订单处理员的岗位职责

（1）进行订单处理，保证客户及时准确收到货物，并定期对订单进行整理、归档。

（2）协助销售部、财务部做好各类单证的填制工作（异常开票申请单、返利单、价格变动单/清单等）。

（3）审核经销商资质及产品销售价格，确保按照法规、公司价格体系执行。

（4）建立并定期更新客户档案资料，保证两套数据的准确性、一致性。每月15日将Excel资料发至客服部经理。

（5）收集客户反馈信息及时上报客服部经理。

（6）合理控制运输成本，提高运输效率。

（7）每月23日上交月工作计划及小结。

（8）未尽事宜要自觉安排及执行。

（二）订单处理员的工作内容

订单的准确下达，协助订单主管处理国内客户订单相关事务，并做好维护工作。订单处理员工作的基本内容如下：

（1）根据供应商的原始订单（送货单）打印收货预检单给供应商。

（2）根据供应商拿回收货完成的预检单在系统中打印出收货单，交仓库管理员与供应商做收货确认处理；其中有一联及供应商的原始订单交订单员统一装订后交财务。

（3）每天打单员从门店原始要货单中，按规定制作成拣货单，通知仓库管理员准备拣货。

（4）每天将仓库拣完货且已复核的订单，在仓库管理信息系统中制成配送送货单，并交给仓库管理员。

（5）每天须对驾驶员已配送完成的回单和送货单进行核对，并统一装订后交财务。

（6）若配送完成的回单中存在退货（除当日送货当日退货外），则必须做退货差异处理。当日送货存在的退货，由仓库管理员在系统中作配货差异处理，并打印一联交与订单员保存。

（7）根据配送单位的要货日期，进行送货前的预约。

（8）跟踪每张订单的状态，并顺利地将修改好的订单在确认后的情况下传给客户。

（9）每月负责对货品进、销、存数量的统计及核对，并制作报表。

（10）在规定日期内核对好各配送单位的账目，并定期汇报对账进度。

（11）接收各供应商的建议及客户的投诉信息，并将相关的信息传递到配送中心的相关部门。

某运营部订单处理员岗位职责如表9-13所示。

表9-13 ××运营部订单员岗位职责表

××运营部订单员岗位职责表	
岗位	订单员
人员	2人
工作职责	1. 根据供应商的原始订单（送货单）打印收货预检单给供应商
	2. 根据供应商拿回收货完成的预检单在系统中打印出收货单（三联），交仓库管理员与供应商作收货确认处理；其中有一联及供应商的原始订单交订单员统一装订后交财务
	3. 每天打单员从门店原始要货单中，按规定制作成拣货单，通知仓库管理员准备拣货
	4. 每天将仓库拣完货且已复核的订单，在仓库管理系统中制成配送送货单（三联）交于仓库管理员
	5. 每天须对驾驶员已配送完成的回单和送货单进行核对，并统一装订后交财务
	6. 若配送完成的回单中存在退货（除当日送货当日退货外），则必须作退货差异处理。当日送货存在的退货，由仓库管理员在系统中作配货差异处理，并打印一联交与订单员保存
	7. 根据配送单位的要货日期，进行送货前的预约
	8. 每月负责对货品进、销、存数量的统计及核对，并制作报表
	9. 在规定日期内核对好各配送单位的账目，并定期汇报对账进度
岗位要求	有较高的工作责任心、熟悉商品知识、有较高的对账业务知识、有良好的沟通能力，会计算机操作

项目小结

本项目主要介绍了订单处理的概念，详细阐述了订单处理的作业流程，同时对订单处理各环节的业务内容进行了详细说明，并介绍了订单处理员的岗位职责和工作内容，学习掌握订单处理员应当具备的相应职业技能。

订单处理作业的流程包括接受订货、确认订单、设定订单号码、建立客户档案、存货查询与分配、拣货标准时间的计算、排定出货时间及拣货顺序、缺货处理、处理输出订单资料等环节。

订单的执行必须要适时跟踪，订单的状态随着作业流程相应地发生变动，对订单进行跟踪，不仅能更好地管理订单的处理和执行，还可以满足客户希望了解订单处理状态信息的要求。对于异常订单要针对不同情况采取不同的处理方式。为保证配送业务的正常开展，一般应设立订单处理员岗位，规定相应的岗位职责和工作内容。

重点概念：订单处理作业　接受订货　电子订货　确认订单　一般交易订单　合约式交易订单　订单处理流程的跟踪

知识巩固

一、不定项选择题

1. 不同的订单交易形态有（　　）的订货处理方式。

A. 相同　　B. 不同　　C. 差别不大　　D. 没有区别

2. 接受订货是订单处理的第（　　）步。

A. 一　　B. 二　　C. 三　　D. 四

3. 订单处理过程的最后环节是（　　）。

A. 订单录入　　B. 订单准备　　C. 订单履行　　D. 订单状况报告

4. 掌握影响订单处理时间的因素，从而采取相应的措施，能够显著提高订单处理的效率和（　　）。

A. 企业利润　　B. 客户服务水平

C. 订单处理的时间　　D. 减少缺货

5. 供应商直接将商品放在车上，依次给各订货方送货，缺多少补多少的方式是（　　）。

A. 口头订货　　B. 厂商补货

C. 厂商巡货，隔日送货　　D. 邮寄订单

6. 输入所有的订单资料后，一次分配库存指的是（　　）。

A. 间接分配　　B. 直接分配

C. 单一订单分配　　D. 批次分配

7. 订单处理分（　　）等形式。

A. 人工处理　　B. 订单确认　　C. 存货查询　　D. 计算机处理

8．存货分配模式可以分为（　　）。

A．单一订单分配　B．批次分配　C．数量分配　D．时间分配

9．订单录入是指配送中心在订单实际履行前所进行的各项工作，包括（　　）。

A．人工传输　　B．核对订货信息

C．审核客户信用　　D．开具账单

10．订货周期的长短取决于（　　）。

A．订单传递的时间　　B．订单处理的时间

C．货物运输时间　　D．订单状况报告

二、判断题

1．为了提高订单处理作业效率，订单内容的设计要实用简洁，减少重复。（　　）

2．配送中心接受客户订货的方式主要有传统订货方式和现代订货方式两种。（　　）

3．间接交易订单是与客户当场交易、直接给货的交易。这类订单不需要再参与拣货、发货和配送作业，只需记录资料，以便收取款项和存档。（　　）

4．提前允诺交货的订单，如缺货补货订单、延迟交货订单、紧急订单或远期订单，或客户提前预约或紧急需求的订单，应有优先取得存货的权利。（　　）

5．订单的执行必须要适时跟踪，订单的状态随着作业流程相应地发生变动，对订单进行跟踪，不仅能更好地管理订单的处理和执行，还可以满足客户希望了解订单处理状态信息的要求。（　　）

三、简答题

1．简述订单处理的作业流程。

2．如何确认订单的内容？

3．存货分配的方式有哪些？

4．存货不足的处理方式是什么？

5．如何处理异常订单？

四、分析思考题

沃尔玛的电子订货

预先发货清单（Advance Shipping Notice，ASN）是生产厂家或者批发商在发货时利用电子通信网络提前向零售商传送货物的明细清单。沃尔玛的供应商在发货前向其传送ASN。这样，沃尔玛事前可做好进货准备工作，省去数据的输入作业。沃尔玛在接收货物时，用扫描器读取包装箱上的物流条码，把扫描读取的信息与预先储存在计算机内的进货清单核对，判断到货和进货清单是否一致，使商品检验作业效率化。同时利用电子支付系统向供应商支付货款。在此基础上，只要把ASN数据和POS数据比较，就能迅速知道商品库存的信息。这样做，不仅为沃尔玛节约了大量事务性作业成本，而且还能压缩库存，提高商品周转率。

思考

（1）什么是电子订货方式？

（2）沃尔玛的电子订货方式有何特色？

• 技能实训

一、实训目标

学院物流协会联系本地某物流配送中心，进行模拟招聘会，拟进行订单处理员岗位人员招聘。请在实地调研座谈的基础上，进行模拟设置订单处理中心并收集岗位职责资料，完成招聘任务。通过实训，使学生能够熟悉订单处理的作业流程，掌握订单处理作业的操作方法，了解企业岗位任职条件和职责范围，为将来就业奠定基础。

二、实训步骤

1. 熟悉订单处理作业流程。通过与配送中心的接触，掌握配送中心订单处理中心的主要业务内容，了解订单处理员岗位的任职条件和职责范围。

2. 具体步骤

（1）学生自由组合成小组，每组约为8个人，各组分别扮演招聘方和应聘方。

（2）招聘方成员明确每个人的职责，设计公司简介、招聘流程和招聘岗位相关要求。

（3）招聘方准备笔试和面试考题，以及评分方法。

（4）应聘方做好应聘准备工作。

（5）举办招聘会。

三、实训要求

1. 了解本次实训的目的。

2. 学生在模拟招聘过程中应做好记录。

3. 形成实训报告。

4. 进行实训考评。

四、实训评价

评分表

考评人	实训教师	被考评人	
考评地点			
考评内容			
考评标准	具体内容	分值	实际得分
	实地调研报告撰写	20	
	招聘方案设计	20	
	应聘方整体表现	20	
	应聘方订单处理能力考核	30	
	团队合作和职业素养表现	10	
合计		100	

五、实训报告

实训报告

班级		姓名		时间	
实训目的					
实训步骤					
实训内容					
我的做法					
我的结论					
我的想法					

项目十　进货与补货作业

【知识目标】

1. 了解进货和补货的含义
2. 掌握进货作业流程
3. 掌握补货作业流程

【技能目标】

1. 能操作进货和补货作业
2. 能根据业务情况进行货物补充作业

【素质目标】

1. 培养学生的职业素养，提高配送作业过程中的综合能力
2. 培养学生协同合作的团队精神，有良好的组织纪律性和团队合作精神

思维导图

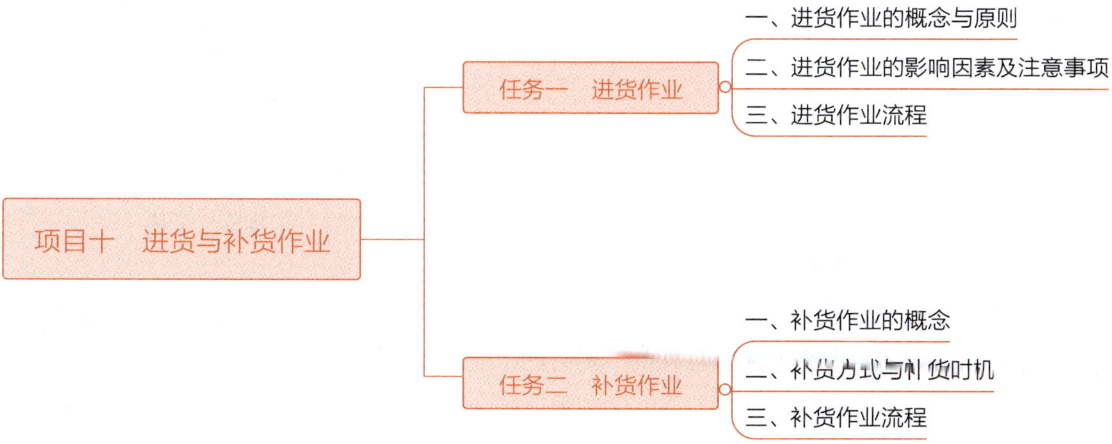

案例导入

远博配送中心接到7-11便利店的配送订单，要求配送10箱康师傅矿泉水和10箱伊利纯牛奶。配送中心新来的仓管员小王查询库存后，发现库存不足，需要向供应商紧急订货，并组织进货作业。小王第一次组织进货，他应该注意什么？

问题提出：

1. 什么是进货？

2. 进货时应注意什么？
3. 进货的流程是什么？

任务一 进货作业

在基本配送流程中，进货作业是从供应商根据采购指令将货物送达配送中心后开始的。

一、进货作业的概念与原则

（一）进货作业的概念

进货作业是指从货车上把货物卸下、拆箱验收、理货，然后将必要的信息进行书面化的记载，主要包括收货、检验和入库三个流程。

收货是指配送中心的进货指令向供货厂商发出后，配送中心对运送的货物进行接收。收货检验工作一定要慎之又慎，因为一旦商品入库，配送中心就要担负起商品完整的责任。

检验活动包括核对采购订单与供货商发货单是否相符、开包检查商品有无损坏、商品分类、所购商品的品质与数量比较等。数量检查有四种方式：一是直接检查，将运输单据与供货商发货单对比；二是盲查，即直接列出所收到的商品种类与数量，待发货单到达后再做检查；三是半盲查，即事先收到有关列明商品种类的单据，待货物到达时再列出商品数量；四是联合检查，即将直接检查与盲查结合起来使用，如果发货单及时到达就采用直接检查法，未到达就采用盲查法。

经检查准确无误后方可在厂商发货单上签字将商品入库，并及时登录有关入库信息，转达采购部，经采购部确认后开具收货单，从而使已入库的商品及时进入可配送状态。

进货作业是后续作业的基础和前提，进货作业的质量直接影响后续作业的质量。

（二）进货作业的原则

进货作业应遵循以下原则：

（1）尽量使进货地点靠近货物存放点，避免货物进库过程的交叉、倒流。

（2）尽量将各项作业集中在同一个工作场所进行。即在进货作业过程中，将卸货、分类、验货等理货作业环节集中在同一个场所完成，这样既可以减少空间的占用，也可以节省货物搬运所消耗的人力和物力，降低作业成本，提高作业速度。

（3）依据各作业环节的相关性安排活动，即按照各作业环节的相关顺序安排作业，避免倒装、倒流，提高作业效率。

（4）将作业人员集中安排在进货高峰期，保证人力的合理安排与进货作业的顺利进行。

（5）合理使用可流通的容器，尽量避免更换容器。对小件货物或可以使用托盘集合包装的货物，尽量固定在可流通的容器内进行理货与储存作业，以减少货物倒装的次数。

（6）详细认真地处理进货资料和信息，便于后续作业及信息的查询与管理。

二、进货作业的影响因素及注意事项

（一）进货作业的影响因素

在组织与计划进货作业时，首先必须对影响进货作业的主要因素进行分析。这些影响因素主要来自供应商及其送货方式，货物种类、特性与数量，进货作业人员与仓储作业的配合方式等方面。

1. 供应商及其送货方式

每天送货的供应商的数量、供应商所采用的送货方式、送货工具、送货时间等因素都会直接影响到进货作业的组织与计划。

2. 货物种类、特性与数量

不同货物具有不同的特性，需要采用不同的作业方式，因此每种货物的包装形态、规格、质量特性及每天运到的批量大小等，都会影响物流中心的进货作业方式。

3. 进货作业人员

在安排进货作业时，要考虑现有的工作人员及人力的合理利用，尽可能缩短进货作业时间，避免车辆等待装卸时间过长的问题。

4. 仓储作业的配合方式

一般来说，物流中心的出货、储存有托盘、箱、单件三种方式，进货同样也有这三种方式。因此，在进货作业时必须通过拆箱、整合等方式将进货方式转换成储存方式，进货方式应尽量与储存方式统一，否则将增加作业环节，造成不必要的浪费。

（二）进货作业的注意事项

（1）进货要严格遵守时间。进货时间的确定应考虑厂商作业时间、交通状况、营业需要及内部员工出勤时间。

（2）验收单、发票需要齐备。

（3）商品整理分类要清楚，在指定区域进行验收。

（4）先退货再进货，以免退调商品占用店内仓位。

（5）验收后，有些商品直接进入卖场，有些商品则进内仓或进行再加工。

（6）拒收变质、过保质期或已接近保质期的商品。

三、进货作业流程

进货作业流程包括以下主要环节。

（一）进货作业计划

进货作业计划制订的主要依据是需求订单。进货作业计划的制订必须依据订单所反映的信息，掌握货物到达的时间、品种、数量及到货方式，尽可能准确预测出到货时间，以尽早做出卸货、储位、人力、物力等方面的计划和安排。进货作业计划的制订有利于保证整个进货作业流程的顺利进行；同时，有利于提高作业效率，降低作业成本。

（二）进货前的准备

在货物到达物流中心之前，物流中心必须根据进货作业计划，在掌握入库货物的品种、数量和到库日期等具体情况的基础上做好进货前的准备。做好进货前的准备是保证货物入库稳中有序的重要条件。准备工作的主要内容有储位准备、人员准备、搬运工具准备及相关文件准备等。

（三）接运与卸货

有些货物通过铁路、公路、水路等公共运输方式转运到达，物流中心需要从相应的站港接运货物，对直接送达物流中心的货物，物流中心必须及时组织卸货入库，这些属于商品接运作业。

1．商品接运

商品接运人员要熟悉各交通运输部门及有关供货单位的制度和要求，根据不同的接运方式，处理接运中的各种问题。

（1）专用线接运。专用线接运是铁路部门将转运的商品直接运送到仓库内部专用线的一种接运方式。仓库接到车站到货通知后，就确定卸车货位，力求缩短场内搬运距离，准备好卸车所需的人力和机械。车皮到达后，开始卸货。

（2）车站码头提货。凭提货单到车站、码头提货时，应根据运单和有关资料认真核对商品的名称、规格、数量、收货单位等。货到库后，接运人员应及时将运单连同取回的商品向保管人当面点清，然后由双方办理交接手续。

（3）仓库自行接货。配送中心的仓库接受货主委托直接到供货单位提货时，应根据提货通知，了解所提货物的性能、规格、数量，准备好提货所需的机械、工具、人员，配备保管员在供货方当场检验质量、清点数量，并做好验收记录，接货与验收合并一次完成。

（4）库内接货。存货单位或供货单位将商品直接运送到仓库储存时，应由保管员直接与送货人办理交接手续，当面验收并做好记录。若有差错，应填写记录，由送货人签字证明，根据此证明向有关部门索赔。

（5）接运记录。在完成商品接运工作的同时，每一个步骤应有详细的记录，并详细列明接运商品到达、接运、交接等各环节的情况。接运工作全部完成后，所有的收货接运资料均应分类输入电脑系统以备复查。

2．卸货

卸货一般在进货站台上进行。供货商要将送货汽车停靠在指定车位，并交验送货凭证、发票，再由配送中心组织卸货。卸货方式有人工卸货、输送机卸货及叉车卸货。在卸货过程中，要注意车辆与站台间的间距，也要注意后车厢与站台的高度差。为卸货作业的安全与方便，可选用升降平台及卸货汽车升降尾板或吊钩来卸货。

某单位卸货区管理规定

如果车辆后车厢高度与站台平台同高，就可采用直接将车辆尾端开入停车平台卸货的方式。这种方式不但使车辆与平台更加紧密结合，也使得装卸作业更有效率，并能很好地保证货物安全。目前，很多配送中心已经采取了这种方式。

（四）分类与标识

在对货物进行初步清点的基础上，需按储放地点进行分类并做出标记。在这一阶段，要注意根据有关单据和信息对货物进行初步清理验收，以便及时发现问题，查清原因，明确责任。

货物分类的方式主要有：为适应货物储存保管要求，按照货物特性分类；为配合货物使用而按照货物使用目的、方法及程序分类，如需流通加工的货物划分为一类，直接原料划分为一类，间接原料划分为一类；为适应货物采购的便利，按照交易行业分类；为便于货物账务处理，按照会计科目分类，如价值高的货物划分为一类，价值低的货物划分为一类；依货物状态分类，如货物的形状、尺寸、颜色、重量等；按照货物配送的区域进行分类等。

（五）核对单据

进货货物通常要具备送货单，采购订单、采购进货通知，供应方开具的出仓单、发票、磅码单、发货明细表等。除此之外，有些货物还有随货同行的货物质量保证说明书、检疫合格证、装箱单等。对由承运企业转运的货物，接运时还需审核运单，核对货物与单据反映的信息是否相符。

通常凡入库商品应该具备下列证件：

（1）存货单位提供的入库通知书、订货合同等。

（2）供货单位提供的质量证明书或合格证、装箱单、磅码单、发货明细表等。

（3）运输单位提供的运单，如入库前在运输途中发生残损，应有笔录内容。

（六）入库验收

入库验收是指对即将入库的货物按规定的程序和手续进行数量与质量的检验，是保证库存质量的第一个重要的工作环节。货物的检验方式有全检和抽检两种，一般由供货方和接货方双方通过签订协议或在合同中规定检验方法。货物验收的内容包括质量验收、包装验收、数量验收及交货期检验。

验货过程中操作说明如下：

（1）仓管员根据采购计划进行验货。

（2）货物如有差错，及时通知财务主管与采购干事，以扣压货款，并积极联系厂商进行更正处理。

（3）验货时，原则上根据要货计划收货，认真核对物品的名称、规格、型号、数量，并详细填写好相关数据。

（4）所有物资的验收，一律打印入库单或直拨单，一式两联，第一联交财务部，第二联送货人留存；所有退货单一律三联，第一联交财务部，第二联交仓库，第三联送货人留存。

便利店的进货作业

（七）进货信息的处理

1. 货物信息的登录

到达物流中心的货物，经验收确认后一般应填写“入库验收单”。单据的格式因货物及业务形式的不同而不同，但一般都包含供应商信息、货物信息、订单信息等。

2. 作业辅助信息的收集与整理

在进货通道、站台、库房等硬件设施的设计与布局中，需要考虑许多相关因素才能达到既能控制适当的规模、节省投资，又能满足作业需要的目的。这些信息将决定进货工作量的大小，装卸货的方式及设备的选择，库内外卸货站台的空间，进货验收对人员及设备等方面的需求，进货作业活动所需场地和空间的大小、车辆等运输工具的安排等。进货作业辅助信息主要来自进货作业过程中发生的相关信息，因此必须注意收集与整理，以便为管理决策提供重要的参考数据。

验货员的职责

任务二 补货作业

在仓储配送作业中，补货作业的地位十分重要。原因就在于补货作业是拣货作业的准备作业，也是拣货作业得以顺利进行的保障。补货作业是对拣选区的订单货物进行数量的补充，补货前对货物的外包装、名称、数量、条形码等信息的核对是后续操作顺利进行的保证。做好补货作业有利于提高仓储配送中心整体的作业效率。

一、补货作业的概念

补货作业是指补货人员将标好价格的货物，依照货物各自既定的陈列位置，定时或不定时地将货物补充到货架上去的作业。补货可分为定时补货和不定时补货。定时补货是指在非营业高峰时对货架货物进行补充，不定时补货是指只要货架上的货物即将售完就立即补货。

补货作业的目的是为了将正确的货物在正确的时间、正确的地点，以正确的数量和最有效的方式送到指定的拣货区，保证拣货区随时有货可拣，能够及时满足客户订货的需要，以提高拣货的效率。

二、补货方式与补货时机

（一）补货方式

补货方式主要有以下几种。

1. 整箱补货

整箱补货指由货架保管区补货到流动货架的动管拣货区（动管区）。这种补货方式的保管区为料架储放区，动管区为两面开放式的流动棚拣货区。拣货员拣货之后把货物放入输送机并运到发货区，当动管区的存货低于设定标准时，则进行补货作业。这种补货方式由补货人员到货架保管区取货箱，用手推车载箱至动管区，较适合于体积小且少量多样出货的货物（图10-1）。

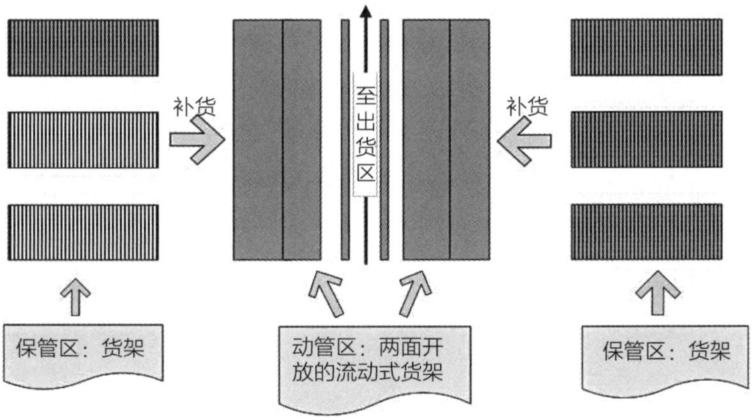

图10-1 整箱补货

2．托盘补货

这种补货方式是以托盘为单位进行补货。根据补货的位置不同，又分为两种情况：一种是地板至地板，另一种是地板至货架。

地板至地板补货方式保管区为以托盘为单位地板平置堆叠存放，动管区也为以托盘为单位地板平置堆叠存放，所不同之处在于保管区的面积较大，存放物品量较多，而动管区的面积较小，存放物品量较少（图10–2）。

拣取时拣货员于拣取区拣取托盘上的货箱，放至中央输送机出货；或者可使用叉车将托盘整个送至出货区（当拣取大量品项时）。而当拣取后发觉动管拣取区的存货低于水准之下，则要进行补货动作，其补货方式为作业员以叉车由托盘平置堆叠的保管区搬运托盘至同样是托盘平置堆叠之拣货动管区。此保管、动管区存放形态的补货方式较适合体积大或出货量多的物品。

地板至货架补货方式保管区是以托盘为单位地板平置堆叠存放，动管区则为托盘货架存

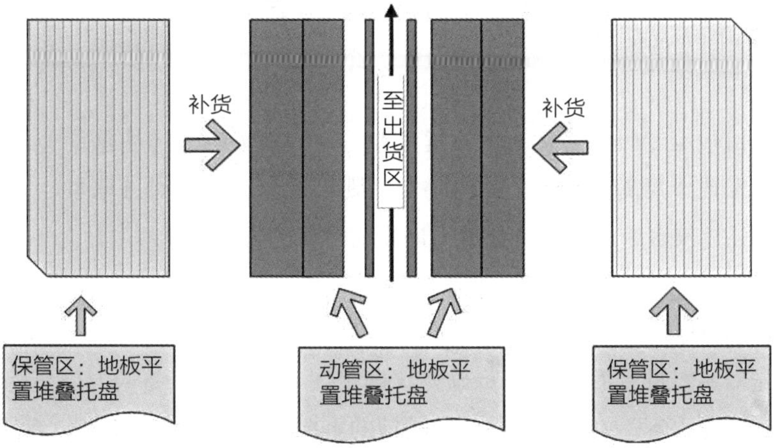

图10-2 地板至地板的整托盘补货

放。拣取时拣货员在拣取区搭乘牵引车拉着推车移动拣货，拣取后再将推车送至输送机轨道出货。而一旦发觉拣取后动管区的库存太低，则要进行补货动作（图10-3）。

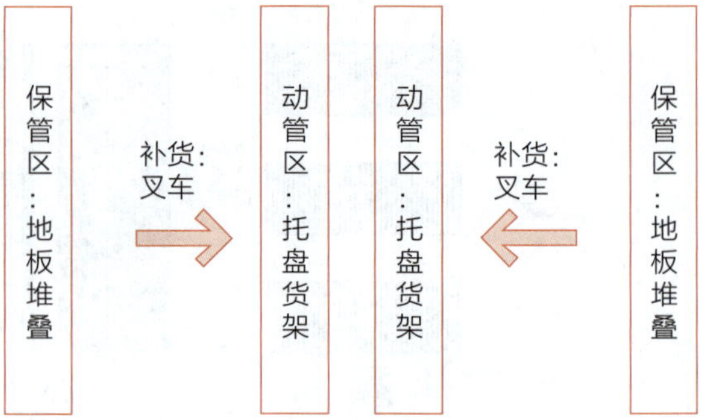

图10-3 地板至货架的整托盘补货

补货方式为作业员使用叉车很快地至地板平置堆叠的保管区搬回托盘，送至动管区托盘货架上存放。此保管、动管区存放形态的补货方式较适合体积中等或中量（以箱为单位）出货的物品。

3. 货架上层—货架下层的补货方式

此种补货方式的保管区与动管区属于同一货架，也就是将同一货架上的中下层作为动管区，上层作为保管区，而进货时则将动管区放不下的多余货箱放到上层保管区。当动管区的存货低于设定标准时，利用堆垛机将上层保管区的货物搬至下层动管区。这种补货方式适合于体积不大、存货量不多，且多为中小量出货的货物。

（二）补货时机

补货作业的发生与否主要看拣货区的货物存量是否符合需求，因此何时补货要看拣货区的存量，以避免出现在拣货中途才发现拣货区货量不足需要补货，而影响整个拣货作业。通常，可采用批次补货、定时补货、随机补货三种方式。

1. 批次补货

批次补货是指在每天或每个批次拣取之前，经由计算机计算所需货物的总拣取量和拣货区的货物量，计算出差额并在拣货作业开始前补足货物。这种补货原则比较适合于一天内作业量变化不大、紧急追加订货不多，或是每个批次拣取量需要事先掌握的情况。

2. 定时补货

定时补货是指将每天划分为若干个时段，补货人员在时段内检查拣货区货架上的货物存量，如果发现不足，马上予以补足。这种补货原则较适合于分批拣货时间固定的情况。

3. 随机补货

随机补货是指指定专门的人员从事补货作业，这些人员随时巡视拣货区的分批存量，发现不足随时补货。此种补货原则较适合于每批次拣取量不大、紧急追加订货较多，一天内作业量不易事前掌握的场合。

配送中心自动补货系统的基本功能

三、补货作业流程

补货前要先对系统的库存数据进行确认，确定属于缺货时，将暂时缺货标签放置在货架上。补货品项依促销品项、主力品项、一般品项的重要等级依次补货上架。有保质期限的货物必须遵循先进先出的原则。

补货时要注意检查货物的质量、外包装及条形码是否完好，价格标签是否正确，按区域依货架的顺序进行。补货人员可在不改变陈列位置和方法的前提下进行补货。

下面以托盘补货为例说明补货作业的流程，如图10-4所示。

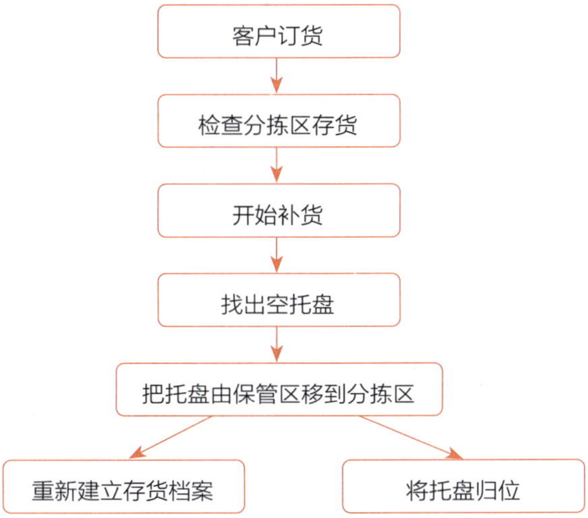

图10-4　托盘补货作业流程

门店数字化智能补货的实现逻辑

项目小结

本项目主要介绍了配送作业流程中的进货作业和补货作业。在介绍进货作业中详细阐述了进货作业的概念与原则以及进货作业的影响因素，重点讲解了进货作业的流程，具体包括进货作业计划、进货前的准备、接运与卸货、分类与标识、核对单据、入库验收和进货信息处理等。补货作业是配送的重要环节，要把握好补货方式和补货时机。

重点概念：进货作业　补货作业　进货作业流程　补货方式　补货时机

知识巩固

一、不定项选择题

1．进货作业的影响因素有（　　）。

A．生产订单　　B．进货作业人员　　C．进货的种类　　D．内部订单

2．配送中心进货作业不包括（　　）。

A．订货　　B．盘点　　C．接货　　D．验收入库

3．到达物流中心的货物，经验收确认后一般应填写（　　）。

A．订单　　B．补货单　　C．入库验收单　　D．回执

4．定时补货较适合于（　　）的情况。

A．分批拣货时间固定

B．分批补货时间随机

C．每批次拣取量不大、紧急追加订货较多

D．一天内作业量变化不大、紧急追加订货不多

5．进货作业计划制订的主要依据是（　　）。

A．空间利用的最大化　　B．需求订单

C. 货物的有效移动　　D. 维持良好的储存环境

6. 进货信息的处理内容包括货物信息的登录和（　　）。

A. 做好货物保管保养工作的基础　　B. 验收有利于维护客户的利益

C. 作业辅助信息的收集与整理　　D. 避免货物积压

7. 补货方式有整箱补货、托盘补货和（　　）。

A. 货架上层—货架下层补货方式　　B. 定时补货

C. 随机补货　　D. 按量补货

8. 托盘补货根据补货的位置不同，又分为地板至地板和（　　）。

A. 货架至货架　　B. 货架至拣货区

C. 地板至拣货区　　D. 地板至货架

9. 补货时机分为批次补货、定时补货或（　　）三种方式。

A. 定位补货　　B. 随机补货　　C. 分类补货　　D. 分类随机补货

10.（　　）是指在每天或每个批次拣取之前，经由计算机计算所需货物的总拣取量和拣货区的货物量，计算出差额并在拣货作业开始前补足货物。

A. 批次补货　　B. 定时补货　　C. 随机补货　　D. 批量补货

二、判断题

1. 进货作业是指从货车上把货物卸下、拆箱验收、理货，然后将必要的信息进行书面化的记载，主要包括收货、检验和入库三个流程。（　　）

2. 货物种类、特性与数量不会影响进货作业。（　　）

3. 整箱补货指由货架保管区补货到流动货架的动管拣货区（动管区）。（　　）

4. 整托补货适合于体积小且少量多样出货的货物。（　　）

5. 定时补货是指将每天划分为若干个时段，补货人员在时段内检查拣货区货架上的货物存量，如果发现不足，马上予以补足。（　　）

三、简答题

1. 简述进货作业的影响因素。

2. 简述进货作业的流程。

3. 简述进货作业的注意事项。

4. 简述补货作业的流程。

5. 简述补货方式。

技能实训

一、实训目标

在学校物流实训室进行储存作业实训，请运用学过的储位管理知识和储存作业策略展开实训。通过实训，使学生能够将学习到的知识学以致用，并加深对理论知识的理解。

二、实训步骤

1. 熟悉实训室储存设备的情况，熟悉需要储存物品的特点，尽可能丰富储存的物品。

2. 具体步骤：

（1）学生自由组合成小组，每组约为8个人。

（2）明确每个人的职责，合理分工。

（3）制定储存方案。

（4）实施方案。

三、实训要求

1. 了解本次实训的目的。

2. 学生在实训过程中应做好记录。

3. 形成实训报告。

4. 进行实训考评。

四、实训评价

评分表

考评人	实训教师	被考评人		
考评地点				
考评内容				
考评标准	具体内容		分值	实际得分
	储存物品分析		20	
	储存策略分析		20	
	储位分配		20	
	储存方案撰写		30	
	团队合作和职业素养表现		10	
合计			100	

五、实训报告

实训报告

班级		姓名		时间	
实训目的					
实训步骤					
实训内容					
我的做法					
我的结论					
我的想法					

项目十一 流通加工、拣货与配货作业

【知识目标】

1. 掌握流通加工合理化的方法
2. 掌握拣货单位与拣货方式
3. 掌握拣货作业的基本流程
4. 掌握配货作业流程
5. 熟悉配货作业管理方式

【技能目标】

1. 能对流通加工作业提出合理化建议
2. 能选择适当的拣货方式
3. 能实施拣货作业计划
4. 能编制配货作业计划
5. 能对配货作业进行管理

【素质目标】

1. 培养学生独立思考的能力
2. 培养学生爱岗敬业的精神

思维导图

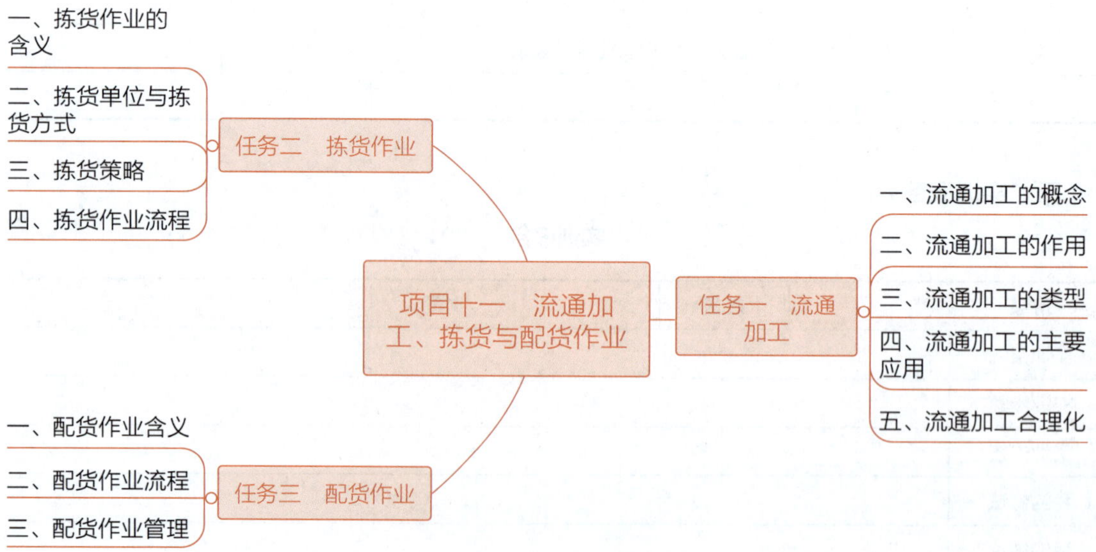

案例导入

汇源与京东携手，优化流通环节，助力国货自强

与很多生产加工企业一样，汇源过往的仓储物流环节主要依靠自建的仓库搭配第三方运配，自有仓库依靠传统人工作业，无法充分释放产能；而分布在全国各地的工厂对接各自的物流企业，无法满足直播电商等新兴渠道快速发货的业务需求。

自2022年3月与京东物流合作以来，双方取得了以下成果：

（1）提升仓储运营效率：将汇源全国10个核心工厂纳入京东物流生态仓业务范畴，对其进行系统赋能，通过WMS等先进仓储系统提升仓储作业效率。

（2）提升消费者体验：汇源全国10个核心工厂的所有快递运输业务都交由京东快递承运，直接改变了过去多地工厂分头对接多家快递的现状，既统一了快递服务标准，也提升了时效。

（3）满足新兴业务需求：为适应汇源拓展抖音、小红书等线上销售渠道需求，京东物流通过ToB与ToC物流网络的高效柔性协同，实现了汇源果汁全渠道、一盘货的管理，同时可以实现最少一件代发，全面满足抖音、小红书等新兴渠道的发货需求，助力业务拓展。

双方合作之后的效果是明显的：合作一月以来，汇源整体物流成本同比下降20%；全国范围的快递服务标准做到了统一，超过80%以上的订单实现了当日达和次日达的运输时效。

问题提出：

怎样才能有效发挥流通加工的能力？

任务一　流通加工

随着经济增长，国民收入增多，消费者的需求出现多样化。为了提高物流速度和物品的利用率，按客户的要求进行加工活动；为了促进销售、维护商品质量和提高物流效率，对物品进行一定程度的加工。

一、流通加工的概念

在配送中，流通加工这一功能要素不具有普遍性，但往往是有重要作用的功能要素。这是因为通过配送加工，可以大大提高客户的满意程度。流通加工是指物品在生产地到使用地的过程中，根据需要施加包装、切割、计量、分拣、刷标志、拴标签、组装等简单作业的总称（图11-1）。

中华人民共和国国家标准《物流术语》（GB/T 18354-2021）中对流通加工（Distribution Processing）的定义是："根据顾客的需要，在流通过程中对产品实施的简单加工作业活动的总称（简单加工业活动包括包装、分割、计量、分拣、刷标志、拴标签、组装、组配等）。"由于消费者的需求出现多样化，促使在流通领域开展流通加工。目前，在世界许多国家和地区的物流中心或仓库经营中都大量存在着流通加工业务。

图11-1　流通加工作业

二、流通加工的作用

（一）流通加工的一般作用

1．方便用户

通过流通加工环节，对某些原材料按用户的要求进行简单的初级加工，可使用户省去进行初级加工的投资、设备及人力。例如，混凝土搅拌车可以根据客户的要求，把沙子、水泥、石子、水等各种不同材料按比例要求装入可旋转的罐中。在配送路途中，汽车边行驶边搅拌，到达施工现场后，混凝土已经均匀搅拌好，可以直接投入使用。

2．促进销售

流通加工对于促进销售也有积极的作用，特别是在市场竞争日益激烈的条件下，流通加工成为重要的促销手段。例如，将运输包装改换成销售包装，进行包装加工，改变商品形象以吸引消费者；将蔬菜、肉类洗净切块分包以满足消费者的要求；对初级产品和原材料进行加工以满足客户的需要，赢得客户信赖，增强营销竞争力。

3．提高原材料利用率

下料环节的工作对产品消耗的高低有很大影响。实行集中下料、供应成材的方法，做到优材优用、小材大用、合理套裁，因此能提高原材料的利用率，降低产品的原材料消耗。例如，我国有些地区对平板玻璃实行集中裁制，玻璃的利用率由60%左右提高到90%左右，经济效果十分显著。

4．提高加工效率及设备利用率

在分散加工的情况下，加工设备由于生产周期和生产节奏的限制，设备利用时松时紧，使得加工过程不均衡，设备加工能力不能得到充分发挥。流通加工面向全社会，加工数量大、范围广、任务多，可以通过建立集中加工点，采用效率高、加工量大、技术先进的专门机具和设备，不但保证了加工质量，而且提高了设备利用率和加工效率。

（二）流通加工在物流中的作用

1．流通加工是物流的重要利润源

流通加工具有低投入、高产出的特点，往往以简单的加工实现较大的价值增值，减少了不必要的社会浪费，增加了物流企业自身的收益。同时，流通加工也衔接了不同的运输方式，使物流更加合理化，提高了物流的效率，降低了不必要的运输损失。所以，流通加工是物流中的重要利润源。

社区零售布局：苏宁冷链13城建生鲜加工中心

2．流通加工有效地完善了流通

在物流中，运输（空间效用）和储存（时间效用）是主要功能要素，而流通加工也是不可或缺的功能要素，它具有补充、完善、提高与增强的作用，能起到运输、保管等其他功能要素无法起到的作用。所以，流通加工的地位可以描述为：提高物流水平，促进流通向现代化发展的不可少的形态。

3．流通加工是国民经济中重要的产业形态

随着经济增长，国民收入增加，消费者的需求呈现多样化，促使流通领域开展流通加工。在整个国民经济的组织和运行方面，流通加工是其中一种重要的产业形态，对推动国民经济的发展和完善国民经济的产业结构与生产分工有一定的意义。

三、流通加工的类型

为了充分体现流通加工对物流服务功能的增强，根据流通加工目的的不同，流通加工可以分为以下几种类型。

1．为弥补生产领域加工不足的深加工

这种流通加工实际是生产的延续，是生产加工的深化，对弥补生产领域加工不足有重要意义。有许多产品在生产领域的加工只能到一定程度，这是由于存在许多限制因素限制了生产领域不能完全实现终极的加工。

2．为促进销售的流通加工

流通加工可以从若干方面起到促进销售的作用。如将过大包装或散装物（这是提高物流效率所要求的）分装成适合一次销售的小包装的分装加工；将零配件组装成用具、车辆以便于直接销售；将蔬菜、肉类洗净切块以满足消费者的要求等。这种流通加工可能是不改变“物”的本体，只进行简单改装的加工，也有许多是组装、分块等深加工。

3．为提高物流效率，方便物流的加工

有一些产品由于本身的形态而难以进行物流操作，如鲜鱼的装卸、储存操作困难；过大设备搬运、装卸困难；气体运输、装卸困难等。进行流通加工，可以使物流各环节易于操作，如鲜鱼冷冻、过大设备解体、气体液化等。这种加工往往改变“物”的物理状态，但并不改变其化学特性。

4．为满足需求多样化的服务性加工

从需求角度看，需求存在着多样化和多变性两个特点，为满足这种要求，经常是用户自己设置加工环节。例如，生产消费型用户的再生产往往从原材料初级处理开始。

5. 为保护产品的加工

在物流过程中，直到用户投入使用前都存在对产品的保护问题，流通加工可以防止产品在运输、储存、装卸、搬运、包装等过程中遭到损失，使使用价值能顺利实现。与前几种加工不同，这种加工并不改变进入流通领域的“物”的外形及性质。这种加工主要采取稳固、改装、冷冻、保鲜、涂油等方式。

6. 为提高原材料利用率的流通加工

流通加工利用其综合性强、用户多的特点，可以实行合理规划、合理套裁、集中下料的办法，这就能有效提高原材料的利用率，减少损失浪费。

7. 衔接不同运输方式，使物流合理化的流通加工

在干线运输及支线运输的结点，设置流通加工环节，可以有效解决大批量、低成本、长距离的干线运输多品种、少批量、多批次末端运输和集货运输之间的衔接问题，在流通加工点与大生产企业间形成大批量、定点运输的渠道，又以流通加工中心为核心，组织对多用户的配送，也可在流通加工点将运输包装转换为销售包装，从而有效衔接不同目的的运输方式。

8. 生产—流通一体化的流通加工形式

依靠生产企业与流通企业的联合，或者生产企业涉足流通，或者流通企业涉足生产，形成的对生产与流通加工进行合理分工、合理规划、合理组织，统筹进行生产与流通加工的安排，这就是生产—流通一体化的流通加工形式。这种形式可以促成产品结构及产业结构的调整，充分发挥企业集团的经济技术优势，是目前流通加工领域的新形式。

9. 为提高加工效率的流通加工

许多生产企业的初级加工由于数量有限，加工效率不高，也难以投入先进科学技术。流通加工以集中加工形式，解决了单个企业加工效率不高的弊病，以一家流通加工企业代替了若干生产企业的初级加工工序，促使生产水平有新的发展。

10. 以提高经济效益，追求企业利润为目的的流通加工

流通加工的一系列优点，可以形成一种“利润中心”的经营形态，这种类型的流通加工是经营的一环，在满足生产和消费要求基础上取得利润，同时在市场和利润引导下使流通加工在各个领域中能有效地发展。

课堂讨论

液化天然气（Liquefied Natural Gas，LNG）是天然气的液态形式，LNG有利于远距离运输、储存，使天然气的应用范围更广。目前，国内LNG的利用刚刚开始，已建成投产了中原油田的天然气液化工厂、上海浦东的天然气液化工厂及新疆广汇集团在吐哈油田的天然气液化工厂。

在液化天然气工厂将油气田产出的含有甲烷的天然气经过“三脱”（即脱水、脱烃、脱酸性气等）净化处理后，采用膨胀制冷工艺或外部冷源，使甲烷变为−162℃的低温液体Ⅲ。LNG的密度取决于其组分，通常为430～470kg / m^3，常压下温度为−162℃，天然气液化后体

积缩小为原来的约1/600，为天然气的高效输送提供了新的途径，也扩大了天然气的利用领域。由于LNG温度低，使金属产生低温收缩，容易造成管道损坏和泄漏。

LNG通过低温槽车运到气化站，槽车储罐通过增压器进行增压，在压差作用下，通过卸车台的管道进入站内的低温储罐。低温储罐通过增压器使储罐压力达到一定值，罐内LNG通过出液管道进入气化系统，使LNG气化升温达到设定值，再通过出站调压器将压力降到要求值，然后通过计量和加臭系统进入燃气管网系统。

1. 以天然气的液化加工为例，试分析流通加工会带来哪些经济效益？

2. 除天然气的液化加工外，你还能举出对哪些工业原材料进行加工以提高物流效率，方便物流吗？

四、流通加工的主要应用

（一）食品的流通加工

1. 生鲜食品的冷冻加工

为了保鲜而进行的加工，为解决鲜肉、奶制品在流通中保鲜及搬运装卸的问题，采取低温冻结方式加工。这种方式也用于某些液体商品、药品等。

2. 分选加工

为了提高物流效率而进行的对蔬菜和水果的加工，如去除多余的根叶等。农副产品规格的产品，质量离散情况较大，为获得一定规格的产品，采取人工或机械分选的方式加工称为分选加工。这种方式广泛用于果类、瓜类、谷物、棉毛原料等。

3. 农副产品的精致加工

农、牧、副、渔等产品精制加工是在产地或销售地设置加工点，去除无用部分，甚至可以进行切分、洗净、分装等加工。比如，鱼类的精制加工所剔除的内脏可以制成某些药物或用作饲料，鱼鳞可以制成高级黏合剂等；蔬菜的加工剩余物可以制饲料、肥料等。

4. 分装加工

为了便于销售，在销售地区按所要求的零售起点进行新的包装：大包装改小、散装改小包装、运输包装改销售包装。例如，葡萄酒是液体，从产地批量地将原液运至消费地配制、装瓶、贴商标，包装后出售，既可以节约运费，又安全保险，以较低的成本，卖出较高的价格，附加值大幅度增加。

（二）煤炭的流通加工

以提高煤炭纯度为目的的除矸加工；将煤炭磨成细粉，再用水调和成浆状，像其他液体一样进行管道输送的煤浆加工；在使用地将各种煤及一些其他发热物质，按不同配方进行掺配加工，生产出各种不同发热量的燃料，称为配煤加工。

1. 除矸加工

以提高煤炭纯度为目的的加工形式。可以提高煤炭运输效益和经济效益，减少运输能力的浪费。但是，有时一些客户不允许煤炭中混入矸石，在一些运力较为紧张的地区，就要求充分利用运力，降低成本，多运“纯物质”，少运矸石。

2．煤浆加工

在流通的起始环节将煤炭磨成细粉，本身便有了一定的流动性，再用水调和成浆状，则具备了流动性，可以像其他液体一样进行管道输送。这种方式不和现有运输系统争夺运力，输送连续、稳定、快速，是一种经济的运输方法。

3．配煤加工

配煤加工是在使用地区设置集中加工点，将各种煤及一些其他发热物质，按不同配方进行掺配加工，生产出各种不同发热量的燃料，以实现煤质互补，提高燃煤质量，取得较好的经济、社会与环境效益。配煤加工可以按需要发热量生产和供应燃料，防止热能浪费和“大材小用”，也防止发热量过小，不能满足使用要求。

（三）钢材的流通加工

一般来说，钢材用户需要不同尺寸、规格、形状的钢材，而钢铁生产企业生产的钢铁产品多为标准化的材料。很多家电产品的生产制造企业每天需要大量的钢板，除了大型汽车制造企业外，一般规模的生产企业如若自己单独剪切，难以解决因用料高峰和低谷的差异引起的设备忙闲不均和人员浪费问题。因此，按照用户设计的规格尺寸和形状进行套裁加工，配套相应的设备，如切割设备、开平设备、包装设备等，按照一定的工序，对这些标准化的钢材进行进一步的剪切加工，这些作业可提升钢铁产品的二次增值及服务品质。

（四）木材的流通加工

许多生产木材的企业初级加工由于数量有限，加工效率不高，而流通加工中，可以以集中加工的形式，解决单个企业加工效率不高的弊端。例如，造纸用的木材磨成木屑的流通加工，可以极大提高运输工具的装载效率。

1．集中开木下料

在流通加工点将原木锯裁成各种规格的锯材，同时将碎木、碎屑集中加工成各种规格板，甚至还可以进行打眼、凿孔等初级加工。用户直接使用原木，不但加工复杂、加工场地大、设备多，更严重的是资源浪费大，木材平均利用率不到50%、平均出材率不到40%。实行集中下料，按用户要求供应规格下料，可以使原木利用率提高到95%、出材率提高到72%左右，有相当大的经济效益。

2．磨制木屑压缩输送

这是一种为了提高流通（运输）效益的加工方法。木材容量小，往往使车船满装不能满载，同时装车、捆扎也比较困难。从林区外送的原木中，有一部分是造纸材料，就采取在林木生产地就地将原木磨成木屑，然后采取压缩方法，使之成为容重较大、容易装运的形状，然后运至靠近消费地的造纸厂，取得了较好的效果。

（五）水泥的流通加工

1．水泥熟料的流通加工

在需要长途调入水泥的地区，变调入成品水泥为调入熟料这种半成品，在该地区的流通加工点磨细，并根据当地资源和需要的情况掺入混合材料及外加剂，制成不同品种及标号的水泥供应给当地用户，这是水泥流通加工的重要形式之一。按照当地的实际需要大量掺加混合材料，更好地衔接产需，方便用户；容易以较低的成本实现大批量、高效率的输送，大大降低水泥的输送损失。

2. 集中搅拌混凝土

将水泥的使用从小规模的分散形态改变为大规模的集中加工形态，在相同的生产条件下，能大幅度降低设备、设施、电力、人力等费用；可以采取准确的计量手段，选择最佳的工艺，提高混凝土的质量和生产效率，节约水泥；可以减少加工据点，形成固定的供应渠道，实现大批量运输，使水泥的物流更加合理；有利于新技术的采用，简化工地的材料管理，节约施工用地等。

五、流通加工合理化

（一）流通加工实现合理化的途径

1. 流通加工和配套结合

在对配套要求较高的流通中，配套的主体来自各个生产企业，但是，完全配套有时无法全部依靠现有的生产单位，进行适当流通加工，可以有效促成配套，大大提高流通的桥梁与纽带作用。例如，方便食品的配套生产；礼品包装的拼装包装等。

2. 流通加工和配送结合

将流通加工设置在配送点中。一方面按配送的需要进行加工，另一方面加工又是配送业务流程中分货、拣货、配货之一环，加工后的产品直接投入配货作业，这就无须单独设置一个加工的中间环节，使流通加工有别于独立的生产，而使流通加工与中转流通巧妙地结合在一起。同时，由于配送之前有加工，可使配送服务水平大大提高。

3. 流通加工和合理运输结合

在干线运输和支线运输的结点设置流通加工环节，促进两种运输形式的合理化。利用流通加工，在支线运输转干线运输或干线运输转支线运输这本来就必须停顿的环节，按干线或支线运输合理的要求进行适当加工，从而大大提高运输及运输装载水平。

4. 流通加工和合理商流结合

通过加工有效促进销售，使商流合理化，也是流通加工合理化的考虑方向之一。加工和配送的结合，通过加工，提高了配送水平、强化了销售，是加工与合理商流相结合的一个成功例证。例如，将零配件组装成用具、车辆以便于直接销售；将原来以保护产品为主的运输包装改换成以促进销售为主的装饰性包装，以起到吸引消费者的作用。

5. 流通加工和节约结合

节约人力、节约设备、节约资源、减少消耗是流通加工合理化重要的考虑因素。对于流通加工合理化的最终判断，是看其是否能实现社会的和企业本身的两个效益，而且是否取得了最优效益。经济效益和社会效益有些时候是矛盾的，抓经济效益就不可能顾及社会效益；搞社会效益将影响经济效益。但两个效益一起抓，看似影响经济效益，但从长远来说，社会效益的结果会推动经济效益发展。

（二）不合理流通加工形式

1. 流通加工地点设置的不合理

为衔接单品种大批量生产与多样化需求的流通加工，加工地设置在需求地区，才能实现大批量的干线运输与多品种末端配送的物流优势。如果将流通加工地设置在生产地区，其不合理之处在于：一是多样化需求要求的产品多品种、小批量，由产地向需求地的长距离运输会出现不合理；二是在生产地增加了一个加工环节，同时增加了近距离运输、装卸、储存等一系列物流活动。为方便物流的流通加工环节应设在产出地，否则是不合理的。

2. 流通加工方式选择不当

流通加工方式包括流通加工工艺、流通加工技术、流通加工对象、流通加工程度等。流通加工方式的正确选择实际上是指与生产加工的合理分工。分工不合理，本来应由流通加工完成的，却错误地由生产过程去完成；本应由生产加工完成的，却错误地由流通加工完成，都会造成不合理。

3. 流通加工作用小，形成多余环节

有些流通加工过于简单，不能弥补生产加工不足，或对消费者起到的作用不大，甚至有时由于流通加工的盲目性，不仅没能解决质量、规格、品种、包装、利用率等问题，反而增加了不必要的环节，造成了成本的增加，这也是流通加工不合理的重要形式。

4. 流通加工成本过高，效益不好

流通加工的目的在于能提高物流效率和物品的利用率，从而创造更大的经济效益和社会效益。如果流通加工的成本过高，则不能实现以较低投入实现更高使用价值的目的，势必会影响经济效益。除了一些必需的、服从政策要求即使亏损也应进行的加工外，其他成本过高、效益较低的流通加工都应看成是不合理的加工。

RFID的工作原理

任务二　拣货作业

拣货作业是配送作业的中心环节。拣货作业不仅工作量大、工艺复杂，而且要求作业时间短、准确度高、服务质量好。因此，加强对拣货作业的管理非常重要。

一、拣货作业的含义

拣货作业是指依据客户的订货要求或配送中心的作业计划，将货物从其储位或其他区域拣取出来的作业过程。在进行拣货作业时，根据配送的业务范围和服务特点，即根据客户订单所反映的货物特性、数量多少、服务要求、送货区域等信息，采取科学的拣货方式进行高效的拣货作业是提高配送作业效率的关键一环。

二、拣货单位与拣货方式

（一）拣货单位

基本上，拣货单位可分为托盘、箱及单品三种。一般而言，以托盘为拣货单位的货物体积及重量最大，其次为箱，最小为单品。

（1）单品。拣货的最小单位，可由箱中取出，可以用单手拣取。

（2）箱。由单品组成，可由托盘上取出，必须用双手拣取。

（3）托盘。由箱叠加而成，无法用人工直接搬运，必须利用堆高机或拖板车等机械设备进行搬运。

另外，部分体积大、形状特殊或必须在特殊条件下作业的特殊货物，如大型家具、桶装油料、长杆形货物、冷冻货品等，无法按托盘、箱归类。

拣货单位通常是由根据订单分析出来的结果所决定的，如果订货的最小单位是箱，则不需要以单品为拣货单位。对于库存的每种货物都要根据实际情况选择合适的拣货单位，一种货物可能需要两种以上的拣货单位，所以一个配送中心的拣货单位经常在两种以上，设计时要针对各种情况分别考虑。

（二）拣货方式

拣货作业方式分为订单拣取、批量拣取与复合拣取三种。

1. 订单拣取

订单拣取又称“拣取式”“摘果法”或“人到货前式”拣取作业。订单拣取是指针对每份订单，拣取者巡回于仓库内，按订单所列的货物及数量，将客户所订购的货物逐一从仓库储位或其他作业区中取出，然后集中起来的拣货方式。

拣货方式

摘果法具有作业方法单纯、订单处理前置时间短、导入容易且弹性大、作业人员责任明确及拣货后不必再进行分拣作业的优点。一般来说，按订单拣取准确度较高，很少发生货差，并且机动灵活。

摘果法的缺点是货物品种多时，拣货行走的路线过长、拣选效率低、拣选区域大时，搬运系统设计困难。少批量、多批次拣选时会造成拣选路线重复费时，效率低下。因此，其特点决定了摘果法适用于大批量、少品种订单的处理。

2. 批量拣取

批量拣取又称“分货式”“播种法”。批量拣取是指把多张订单集合成一个批次，按货物品种汇总后再进行拣取，然后按客户或不同订单做分类处理的拣货方式。

播种法的优点是可以缩短拣取时的行走搬运路线，增加单位时间的拣货量。

播种法的缺点是对订单的到来无法做出及时的反应，必须等订单达到一定数量时才做一次处理，因此会有停滞的时间产生。

与按订单拣取相比，批量拣取比较适合用户稳定而且用户数量较多的专业性配送中心，需求数量可以有差异，配送时间要求也不太严格，但品种共性要求如上。

3．复合拣取

复合拣取是指将按订单拣取和批量拣取组合起来的拣货方式，即根据订单的品种、数量及出库频率，确定哪些订单适用于按订单拣取，哪些订单适用于批量拣取，然后分别采取不同的拣货方式。因此，复合拣取适合订单密集的情形。

各种拣货方式优缺点的比较如表11-1所示。

表11-1 各种拣货方式优缺点比较

拣货方式	优点	缺点	使用范围
按订单拣取	◆ 作业方法简单 ◆ 作业前置时间短 ◆ 作业人员责任明确，易于安排人力 ◆ 拣货后不用进行分类作业，适用于配送批量大的订单的处理 ◆ 导入容易，作业弹性大	◆ 商品品类多时，拣货行走路径加长，拣货效率降低 ◆ 拣货区域大时，搬运系统设计困难 ◆ 少量多次拣取时，造成拣货路径重复，效率降低	◆ 用户不稳定，波动较大 ◆ 用户之间共同需求差异较大 ◆ 用户需求种类较多，增加统计和共同取货的难度 ◆ 用户的配送时间有明确要求且要求不一 ◆ 传统仓库改建成的配送中心
批量拣取	◆ 提高拣货规模，降低拣货成本 ◆ 可以缩短拣货时的行走时间，增加单位时间的拣货量 ◆ 节约人力，减少与其他作业的冲突	◆ 对紧急订单无法做及时处理 ◆ 积累订单数量时，延长停滞时间 ◆ 所有种类实施困难 ◆ 增加出货商品的分货作业 ◆ 必须全部作业完成后才能发货	◆ 用户稳定，数量较多 ◆ 用户之间共同需求大 ◆ 用户需求种类较少，便于统计和共同取货 ◆ 用户的配送时间没有明确要求 ◆ 专业性强的配送中心
复合拣取			◆ 订单密集且订单量大的场合

三、拣货策略

拣货策略是影响拣货作业效率的重要因素，对不同的订单需求应采取不同的拣货策略。决定拣货策略的四个主要因素为：分区策略、订单分割、订单分批和分类策略。

（一）分区策略

分区策略就是将拣选作业场地作区域划分，按分区原则的不同，有以下三种分区方法。

1．拣货单位分区

将拣货作业区按拣货单位划分，如箱装拣货区、单品拣货区，或是具有特殊货品特性的冷冻品拣货区等，其目的是使储存单位与拣货单位分类统一，以方便分拣与搬运单元化，使拣货作业单纯化。一般来说，拣货单位分区所形成的区域范围是最大的。

2．拣货方式分区

不同的拣选单位分区中，按拣选方法和设备的不同，又可分为若干区域，通常以货品销售的ABC分类为原则，按出货量的大小和拣选次数的多少做ABC分类，然后选用合适的拣选设备和拣选方式，目的是使拣选作业单纯一致，减少不必要的重复行走时间。在同一单品拣选区中，按拣选方式的不同，又可分为台车拣选区和输送机拣选区。

3．工作分区

将拣货作业场地细分成不同的分区，由一个或一组固定的拣货人员负责拣取区域内的货品。该策略主要的优点在于使拣货人员所需记忆的存货位置及移动距离减少，以缩短拣货的时间，或可配合订单分割策略，运用多组拣货人员在短时间内共同完成订单的拣取，但必须要注意工作平衡的问题。

（二）订单分割

当订单上订购的货品项目较多，或是拣货系统要求及时快速处理时，为能在短时间内完成拣货处理，可将订单分成若干子订单交由不同拣货区域同时进行拣货作业。将订单按拣货区域进行分解的过程叫作订单分割。

订单分割一般是与拣货分区相对应的，对于采用拣货分区的配送中心，其订单处理过程的第一步就是要按区域进行订单的分割，各个拣货区根据分割后的子订单进行拣货作业，各拣货区子订单拣选完成后，再进行订单的汇总。

（三）订单分批

订单分批是指为了提高拣货作业效率而把多张订单集合成一批，进行批次分拣作业。若再将每批次订单中的同一商品种类汇总拣取，然后把货品分类至每一顾客订单形成批量拣取，这样不仅缩短了拣取时平均行走搬运的距离，也减少了储位重复寻找的时间，进而提高了拣货效率。

1．总和计量分批

合计拣货作业前所有累积的订单中每一商品项目的总量，再按这一总量进行拣取。这样便可将拣取路径减至最短，同时储存区域也较为单纯，但需要功能强大的分类系统来支持。此种方式适合于周期性配送，如可将所有的订单在中午前搜集，在下午进行合计处理，隔日一早再进行拣取、分类工作。

2．时窗分批

当客户要求紧急发货时，可利用此策略。按时间分批，固定时间称为时窗（1小时、30分等）。该方式的重点在于时窗大小的决定，决定的主要因素是客户的预期等候时间及单批订单的预期处理时间。为了适应客户的紧急需求，时窗的大小不宜过大，且每批订单处理的时间在拣货系统的设计中也应尽可能地缩短。此分批方式较适合密集频繁的订单，且较能应付紧急插单的要求。

3．固定订单量分批

采取先到先处理的基本原则，按订单到达的先后顺序进行批次安排，当累计订单数到达设定的固定量时，再开始进行拣货作业。这种方式偏重于维持较稳定的作业效率，但在处理速度上慢于时窗分批方式。较先进的方法是利用智能分批的原则，将订货项目接近的订单同批处理，以缩短拣货移动的距离。优点：维持稳定的拣货效率，使自动化的拣货、分类设备得以发挥最大功效。缺点：订单的商品总量变化不宜太大，否则会造成分类作业的不经济。

4．智能型分批

智能型分批方式是技巧性较高的一种分批方式，适合仓储面积较大、储存货物项目多的拣货区域。订单通常在前一天汇集之后，经过电脑处理，将订货项目相近或拣货路径一致的货物分为同批，求得最佳的订单分批，以缩短拣货寻找的时间及移动的距离，其优点是分批时已考虑到订单的类似性及拣货路径的顺序，使拣货效率更进一步提高。缺点是所需软件技术层次较高不易达成，且信息处理的前置时间较长，若发生紧急插单处理作业较为困难。

（四）分类策略

采取批量拣货作业方式时，拣选完后还必须进行分类，而且不同的订单分批方式其分类作业的方式也有所不同。也就是说，决定分类方式的主要因素是订单分批的方式。不采取批量拣货的作业方式就不需要进行分类作业。分类方式有两种：拣货时分类与拣货后集中分类。

1. 拣货时分类

在拣选的同时将货品按各订单分类，这种分类方式常与固定订单量分批或智能型分批方式联用，因此需使用电脑辅助台车作为拣选设备，才能加快拣选速度，同时避免错误发生。此分类方法较适用于少量多样的场合，且由于拣选台车不可能太大，所以每批次的客户订单量不宜过大。

2. 拣货后集中分类

一般有两种分类方法：一种方法是以人工作业为主，将货品总量搬运到空地上进行分发，而每批次的订单量及货品数量不宜过大，以免超出人员负荷；另一种方法是利用分类输送机系统进行集中分类，是较自动化的作业方式。当订单分割越细，分批批量品项越多时，常使用后一种方式。

以上四类拣货策略因素可单独或联合运用，也可以不采用任何策略，直接按单拣选。

四、拣货作业流程

拣货是非常重要的环节，其要求拣货人员要严格按照流程，确保拿到的货物无误。拣货作业大致分为拟订发货计划、确定拣货路线及分派人员、拣货、分类与集中四个部分。

1. 拟订发货计划

拣货作业必须在拣货信息的指导下才能完成。拣货信息来源于客户的订单或配送中心的送货单，因此有些配送中心直接利用客户的订单或配送中心的送货单作为人工拣货的指示，即拣货作业人员直接凭订单或送货单拣取货物。这种信息传递方式无法准确标示所拣货物的储位，使拣货人员增加了寻找货物的时间和拣货行走路径。发货计划根据顾客的订单编制而成，订单是指顾客根据其用货需要向配送中心发出的订货信息。配送中心接到订货信息后需要对订单的资料进行确认、存货查询和单据处理，根据顾客的送货要求制定发货日程，最后编制发货计划。

按拣货单拣货是目前最常用的方式。如果配送中心使用了WMS，只要将原始的客户订单信息输入WMS进行拣货信息处理，就可以打印出专门用于拣货的单据，即拣货单。如果WMS具备货位管理功能，拣货单的品名就按照货位编号重新编号，以使拣货员的行走路径最短，同时拣货单上有货位编号，拣货人员按编号寻找货物，容易操作。

拣货单格式如表11-2、表11-3所示。

表11-2 拣货单格式1

序号	货物名称	货物编码	储位编号	拣货单位			拣取数量	备注
				托	箱	单		

表11-3 拣货单格式2

<table>
<tr><td colspan="2">拣货单编号</td><td colspan="4"></td><td colspan="3">包装单位</td><td rowspan="2">储位编号</td></tr>
<tr><td colspan="2">商品名称</td><td colspan="3"></td><td rowspan="4">数量</td><td>托盘</td><td>箱</td><td>单件</td></tr>
<tr><td colspan="2">规格型号</td><td colspan="3"></td><td></td><td></td><td></td><td></td></tr>
<tr><td colspan="2">商品编码</td><td colspan="3"></td><td></td><td></td><td></td><td></td></tr>
<tr><td colspan="2">生产厂商</td><td colspan="3"></td><td></td><td></td><td></td><td></td></tr>
<tr><td colspan="2">拣货时间</td><td colspan="4">年 月 日 时 分至 时 分</td><td colspan="2">拣货人</td><td colspan="2"></td></tr>
<tr><td colspan="2">核查时间</td><td colspan="4">年 月 日 时 分至 时 分</td><td colspan="2">核查人</td><td colspan="2"></td></tr>
<tr><td rowspan="2">序号</td><td rowspan="2">订单编号</td><td rowspan="2">用户名称</td><td colspan="3">包装单位</td><td rowspan="2">数量</td><td rowspan="2" colspan="2">出货单位</td><td rowspan="2">备注</td></tr>
<tr><td>单件</td><td>箱</td><td>单件</td></tr>
<tr><td>1</td><td></td><td></td><td></td><td></td><td></td><td></td><td colspan="2"></td><td></td></tr>
<tr><td>2</td><td></td><td></td><td></td><td></td><td></td><td></td><td colspan="2"></td><td></td></tr>
<tr><td>3</td><td></td><td></td><td></td><td></td><td></td><td></td><td colspan="2"></td><td></td></tr>
<tr><td>4</td><td></td><td></td><td></td><td></td><td></td><td></td><td colspan="2"></td><td></td></tr>
<tr><td>5</td><td></td><td></td><td></td><td></td><td></td><td></td><td colspan="2"></td><td></td></tr>
<tr><td>6</td><td></td><td></td><td></td><td></td><td></td><td></td><td colspan="2"></td><td></td></tr>
<tr><td>7</td><td></td><td></td><td></td><td></td><td></td><td></td><td colspan="2"></td><td></td></tr>
<tr><td>8</td><td></td><td></td><td></td><td></td><td></td><td></td><td colspan="2"></td><td></td></tr>
<tr><td>9</td><td></td><td></td><td></td><td></td><td></td><td></td><td colspan="2"></td><td></td></tr>
<tr><td>10</td><td></td><td></td><td></td><td></td><td></td><td></td><td colspan="2"></td><td></td></tr>
</table>

使用拣货单拣货的优点如下：

（1）避免传票在拣取过程中受污损。检品过程中再使用原始传票查对，可修正拣货过程或拣货单打印发生的错误。

（2）拣货单上有货物的储位编号，同时可按路径的先后次序排列储位编号，引导拣货人员依据最短路径拣货。

（3）可充分配合分批、分区、订单分割等拣货策略，提升拣货效率。

使用拣货单拣货的缺点是拣货单处理打印工作耗费人力、时间；拣货完成后仍需要检品过程，以确保拣货作业准确无误。

2. 确定拣货路线及分派人员

拣货时，拣货人员或机器必须直接接触并拿取货物，因此造成拣货过程中的行走与货物的搬运。缩短行走和货物搬运距离是提高配送中心作业效率的关键。要根据拣货单所指示的货物编码、储位编号等信息明确货物所处的位置，确定合理的拣货路线，安排拣货人员进行拣货作业。

这一过程有以下两种方式：

（1）人至物方式。采用这种方式拣货人员以步行或搭乘拣货车辆的方式到达货物储存位置。货物静止，移动方为拣取人员。

（2）物至人方式。采用这种方式作业时拣货人员在固定的位置作业，不必去寻找货物的储存位置，主要移动方是货物。货物处于动态，如轻负载自动仓储、旋转自动仓储等，拣货人员静止。

3. 拣货

当货物出现在拣货人员面前时，拣货人员一般采取的两个动作为拣取与确认。

拣取是抓取货物的动作，确认则是确定所拣取的货物、数量是否与指示拣货的信息相同。在实际的作业中，配送中心多采用读取品名与拣货单据做对比的确认方式，较先进的做法是利用无线传输终端机读取条码后，再由计算机进行确认。配送中心通常对小体积、小批量、搬运重量在人力范围内且出货频率不是特别高的货物，采取手工方式拣取；对体积大、重量大的货物，利用升降叉车等搬运机械辅助作业；对于出货频率很高的货物则采用自动分拣系统进行拣货。

4. 分类与集中

配送中心在收到多个客户的订单后，可以进行批量拣取作业，然后根据不同的客户或送货路线分类集中，有些需要进行流通加工的货物还需根据加工方法进行分类，加工完毕后按一定方式分类出货。多品种分货的工艺过程较复杂、难度大，容易发生错误，必须在统筹安排、形成规模效应的基础上，提高作业的精确性。在货物体积小、重量轻的情况下，可以采取人力分货的方式，也可以采取机械辅助作业的方式，或者利用自动分货机自动将拣取出来的货物进行分类与集中。分类完成后，货物经过查对、包装便可以出货、装运、送货了。

任务三 配货作业

一、配货作业含义

配货作业是指把拣取分类完成的货品经过配货检验过程后，装入容器和做好标示，再运到配货准备区，等待装车后发运。

配货主要包括分货和配装两个方面：分货是指根据出货单上的内容说明，按照出货的优先顺序、储位区域号、配送车辆趟次号、门店、先进先出等出货原则和方法，把需要出货的商品整理出来，经复核人确认无误后，放置到暂存区，准备装货上车的工作。配装是指集中不同客户的配送货物，进行搭配装载，以充分利用运能、运力的工作。

二、配货作业流程

（一）分货

分货作业是在拣货作业完成之后，将所拣选的货品根据不同的顾客或配送路线进行的分类，对其中需要经过流通加工的商品拣选集中后，先按流通加工方式分类，分别进行加工处理，再按送货要求分类出货的过程。该作业承接的是分拣作业的最后一个环节——货物集中。在开展分货作业时，物流人员需要根据实际情况选择不同的分货方式。

1. 人工分货

人工分货指所有分货作业过程全部由人根据订单、拣货单来进行，作业由人、货架、集装设备（货箱、托盘等）配合完成，不借助任何计算机或自动化的辅助设备。

2. 自动分类机分货

自动分类机分货指利用自动分类机及分辨系统完成分货。先将有关货物及分类信息通过信息输入装置输入自动控制系统，接着自动识别装置对输入的货物信息进行识别，然后自动分类机根据识别结果将货物分类后送至不同的分类系统。

3. 旋转架分货

旋转架分货指利用旋转货架完成分货工作。将旋转货架的每一格位当成客户的出货箱，作业人员在计算机中输入各客户的代号，旋转货架自动将货架转至作业人员面前，让其将批量拣取的物品放入进行分类。

（二）配货检查

配货检查属于确认拣货作业是否产生错误的处理作业，如果能先找出拣货作业不会发生错误的方法，就能避免事后检查，或只对少数容易出错的货品做检查。出货检查最简单的方法就是人工检查，也就是将货品一个个点数并逐一核对出货单，再进而查验出货品品质及状态。就货品的品质及状态检验而言，纯人工方式很难将问题一一找出，即使是多次检查，耗费了许多时间，错误很可能依然存在。因此，有必要拓展和开发更有效的出货检查方法，主要有条码检查、声音输入检查和重量计算检查。

1. 条码检查

导入条形码，让条形码跟着货物。检查时利用条形码扫描器读移动着的货物条形码，计算器自行统计扫描信息，并与出货单进行对比，从而检查货物数量和编号是否有误。相对人工检查，效率高、出错率低。

2. 声音输入检查

当作业人员发声读出货物名称、代码和数量后，计算机接收声音并自动判别，转换成资料信息后，与出货单进行对比，从而判断是否有误。声音输入检查法效率高，但要求作业人员发音准，且每次发音字节有限，否则会造成计算机识别困难，进而产生错误。

3. 重量计算检查

利用计算机计算出货单上的所有货物的总重量，再将计算结果与称出的货物的实际重量进行核对。利用装有检核系统的拣货台车拣货，在拣取过程中就能利用此法来对拣货商品进行检查，拣货人员每拣取一样货品，台车上的计重器就会自动显示其重量并做查对。重量计算检查可省去事后检查工作，而且效率及正确性极高。

（三）包装

配货作业中的包装主要是指运输包装，其主要作用是为了保护货物并将多个零散包装物品放入大小合适的箱子中，以实现整箱集中装卸、成组化搬运等，同时减少搬运次数、降低货损、提高配送效率。

配送的包装要求结构坚固、标志清晰、价格低廉，重点在于搬移管理、保护商品和信息传递。包装的设计不仅要考虑配送过程的要求，如方便配送人员识别、提高运输效率、方便装卸等，而且要考虑终端用户的要求。

1. 接受包装任务

首先，明确包装材料要求。包装材料要求包括对包装材料的类别、规格及型号等各个方面的规定。在配送作业过程中常用到的包装材料有纸质包装、木材包装、塑料包装和金属包装材料等。其次，要明确包装技术要求。常用的包装技术有防振保护技术、防破损保护技术、防锈包装技术、防霉腐包装技术、危险品包装技术和特种包装技术等。

2. 领取包装材料

（1）填写领料单或材料请购单。领取包装材料时，应按事先制定的材料消耗定额如实填写领料单，按公司规定的权限报相关人员审批后，将领料单提交给包装材料仓库管理员。若所需的材料库存不足，则需要及时填写材料请购单，按公司规定权限报相关人员审批后，提交给采购部门进行采购。

（2）到指定仓库领料。包装材料仓库管理员接到领料单后，快速核实材料的库存是否满足需求、检查领料单的审批手续是否齐全，按规定发料。包装人员在接到仓库管理员的领料通知后，按时到仓库领料，并把材料按类别完整地运回包装作业区。

3. 开展包装作业

（1）实施包装。包装人员在领取包装材料和包装用具后，即可开展具体的包装作业，将货物装进包装容器，按照统一规定的标准完成拼装、分装、换装、包扎、打捆以及加固等作业。

（2）填制包装清单。包装完毕后，包装人员应认真填写包装清单，将其连同包装的货物一起放进相应的包装容器内。

（3）进行封装。将包装件、包装清单放入包装容器后，使用专业工具或封装设备将包装容器封起来，确保货物在配送过程中的安全性。

4. 贴标记及标志

封装完毕后，需要在外包装容器上贴上有文字或图像说明的标签，以便相关作业人员快速辨认、识别货物，为货物在途跟踪、运输、交接、装卸搬运、核查清点等作业提供方便。

（1）张贴物流包装标记。物流包装标记是根据货物本身的特性，按有关规定文字、图形、表格等标明的标记，主要包括货物名称、数量、质量、规格尺寸、出厂时间、进出口公司名称、货物类别等。

（2）张贴货物包装标志。货物包装标志是指用来表明货物性质、物流活动安全及理货、装卸、搬运、分运等作业需要的文字和图像记号。货物包装标志主要包括运输标志、指示性标志、警告性标志（又称危险货物包装标志）。

5. 包装检验

选择正确的包装检验方式，然后核对包装标志、标记、号码等，还要检查包装的完好性和安全性，最后出具包装检验报告。

三、配货作业管理

配货作业的好坏直接影响后续送货作业的质量，在一定程度上代表了一个配送中心的实力和声誉，另外配货又是一件复杂、工作量大的工作，尤其是在多用户、多品种的情况下更是如此。配货作业管理是指将配送中心存入的多种类产品，按多个用户的多种订货要求取出，并分放在指定货位，完成各用户配送之前货物准备工作的一系列活动。

（一）配货管理的基本要求

配货管理的基本要求有以下几点。

1. 准确程度

这是对配送中心的基本要求，但现实是需要配货的品种、规格复杂且变化很大，这就需要采取适当的管理方法，如选择有效的分货和拣选方式配货来提高配货的准确程度。

2. 配货的速度

随着准时物流概念的提出以及配送企业间竞争的加剧，配送的速度显得日益重要，已成为影响配送中心发展的关键因素。解决这个问题，主要是选择合适的设备、工艺以及运输路线。

3. 配送的成本

配送中心产生的原因之一就在于它能有效节约经营成本，因此在保证配货速度、准确程度的同时更要考虑配货成本，选择适当的配货方式，在此消彼长的均衡过程中实现物流企业效益的最大化。

（二）配货作业管理方式

1. 拣选式配货

拣选式配货又称拣选式工艺，是拣选人员或拣选工具巡回于各个储存点将所需的物品取出，完成货物配备的方式。拣选配货的基本过程是：储物货位相对固定，而拣选人员或工具相对运动，所以又称作人到货前式配货。形象地说，又类似人们进入果园，在一棵树上摘下熟了的果子后，再转到另一棵树前去摘果，所以又形象地称之为摘果式或摘取式配货。

拣选式配货的特点：拣选式工艺采取按单拣选，一单一拣的方式，所以这种配货工艺准确程度较高，不容易发生货差等错误。这种工艺还有机动灵活的特点，其表现在：

（1）由于一单一拣，各用户的拣选互相没有牵制，可以根据用户要求调整配货先后次序。

（2）对紧急需求可以采取集中力量快速拣选方式，有利于配送中心开展即时配送，增强对用户的保险能力。

（3）拣选完一个货单，货物便配齐。因此，货物可不再落地暂存而直接放到配送车辆上，有利于简化工序，提高效率。

（4）其灵活性还表现在对机械化没有严格要求，无论配送中心设备多少，水平高低都可以采取这种工艺。

（5）用户数量不受工艺的限制，可在很大范围内波动。

2．分货式配货

分货式配货又称分货式工艺，是分货人员或分货工具从储存点集中取出各个用户共同需要的货物，然后巡回于各用户的货位之间，将这一种货物按用户需要量分放下，再集中取出共同需要的第二种，如此反复进行直至用户需要的所有货物都分放完毕，同时完成各个用户的配货工作。

分货式配货的特点：分货式工艺采取集中取出共同需要的货物，再按货物货位分放，这就需要在收到若干个用户配送请求之后，在可以形成共同的批量之后，再对用户共同需求做出统计，同时要安排好各用户的分货货位，才开始陆续集中取出进行反复的分货操作。与拣选式工艺相比，可综合考虑、统筹安排，利用规模效益，这是分货式工艺的重要特点。

3．直起式配货

直起式配货是人到货前，即拣选式配货的一种特殊形式。当用户所需种类很少，而每种数量又很大时，送货车辆可直接开抵储存场所装车，随时送货，而无须单设配货工艺。这种方式实际将配货与送货工艺合为一体，减少了几道工序。

在我国，尤其是大宗生产资料配送，直起式也是一种很重要的方式。

• 项目小结

本项目主要介绍了拣货作业和配货作业。详细介绍了拣货作业和配货作业的含义，分别阐述了拣货单位、拣货方式和拣货策略；同时，对配货作业管理的基本要求以及管理方式进行了详细解读。通过讲授拣货作业和配货作业流程，学习掌握拣货作业和配货作业的操作技能。

拣货作业是指依据客户的订货要求或配送中心的作业计划，将货物从其储位或其他区域拣取出来的作业过程。拣货单位可分为托盘、箱及单品三种；拣货作业方式分为订单拣取、批量拣取与复合拣取三种。决定拣货策略的四个主要因素为：分区策略、订单分割、订单分批和分类策略。拣货作业大致分为拟订发货计划、确定拣货路线及分派人员、拣货、分类与集中四个部分。

配货作业是指把拣取分类完成的货品经过配货检验过程后，装入容器和做好标示，再运到配货准备区，等待装车后发运。配货作业流程有分货、配货检查和包装三部分内容。配货作业管理的基本要求有准确程度、配货的速度、配送的成本；配货作业管理方式有拣选式配货、分货式配货、直起式配货三种方式。

重点概念：拣货作业　订单拣取　批量拣取　复合拣取　拣货策略　配货作业　拣选式配货　分货式配货　直起式配货

知识巩固

一、不定项选择题

1. 流通加工类型有为弥补生产领域加工不足的深加工，为促进销售的流通加工，为提高物流效率、方便物流的加工和（　　）。

A. 提高设备利用率的加工　　B. 方便用户的加工

C. 为满足需求多样化的服务性加工　　D. 分拣加工

2. 流通加工实现合理化的途径有流通加工和配套结合、配送结合、合理运输结合、合理商流以及（　　）。

A. 人力结合　B. 成本结合　C. 设备结合　D. 节约结合

3. 拣货作业方式分为订单拣取、批量拣取与（　　）三种。

A. 复合拣取　B. 单个拣取　C. 集中拣取　D. 统一拣取

4. 分区策略按分区原则的不同，有拣货单位分区、拣货方式分区和（　　）三种分区方法。

A. 储存分区　B. 分拣分区　C. 配货分区　D. 工作分区

5. 分类策略可分为（　　）和拣货后集中分类两种。

A. 拣货前分类　B. 配货时分类　C. 拣货时分类　D. 分批分类

6. 拣货作业大致分为拟订发货计划、确定拣货路线及分派人员、（　　）和分类与集中四个部分。

A. 收货　B. 拣货　C. 配货　D. 送货

7. 在开展分货作业时，物流人员需要根据实际情况选择人工分货、自动分类机分货和（　　）分货的分货方式。

A. 分批　B. 集中分货　C. 批量　D. 旋转架

8. 配货检查主要有（　　）、声音输入检查法、重量计算检查法。

A. 残次品检查　B. 溢出检查　C. 条码检查　D. 人工检查

9. 配货管理中的包装作业有（　　）、领取包装材料、开展包装作业、贴标记及标志、包装检验。

A. 选择包装材料　B. 接受包装任务　C. 设计包装　D. 检测包装封口

10. 配货管理的基本要求有配货的速度、配送的成本和（　　）。

A. 准确程度　B. 拣选方式　C. 拣选策略　D. 拣货资料

二、判断题

1. 流通加工具有高投入、高产出的特点。　（　　）

2. 拣货单位中的箱由单品组成，可由托盘上取出，可以用单手拣取。（　）

3. 订单拣取又称“拣取式”“播种法”或“人到货前式”拣取作业。（　）

4. 时窗分批是按时间分批，固定时间称为时窗，该方式的重点在于时窗大小的决定，决定的主要因素是客户的预期等候时间及单批订单的预期处理时间。（　）

5. 配货主要包括拣选和分货两个方面。（　）

三、简答题

1. 流通加工在物流中有哪些作用？

2. 简述拣货策略的主要因素。

3. 简述拣货作业的基本流程。

4. 简述配货作业的基本流程。

5. 配货作业管理的方式包括哪些？

四、论述题

1. 试述按单分拣与批量分拣的含义及其优缺点。

2. 分析拣货效率低的问题，找出提高拣货作业效率的办法。

• 技能实训

一、实训目标

根据订单的具体要求选择合适的拣货方式，并完成拣货任务。通过拣货效果分析提出改进措施，真正达到提高拣货效率、缩短拣货时间、降低拣货出错率的目标。

二、实训步骤

1. 熟悉拣货方式和拣货策略，认识各种拣货单据，熟练使用各种拣货设备，掌握拣货作业流程。

2. 具体步骤：

（1）学生自由组合成小组，每组约为4～6人。

（2）对设备的使用及拣货路径进行记录，并对拣货所用时间和拣货结果进行详细记录。

（3）对拣货作业过程及效果进行分析，找出影响拣货效率的原因，提出改进策略。

（4）针对改进策略，对于同一（批）拣货单重新进行拣货操作，比较改进前后的拣货时间和拣货效果。

（5）学生根据实训过程及实训结果分析撰写实训报告。

三、实训要求

1. 了解本次实训的目的。

2. 学生在实训过程中应做好记录。

3. 形成实训报告。

4. 进行实训考评。

四、实训评价

评分表

考评人		被考评人	
考评地点			
考评内容			
考评标准	具体内容	分值	实际得分
	根据货物进行分析，确定拣货方式和策略	20	
	熟练使用拣货设备及拣货路径	15	
	对拣货作业过程及效果进行分析，提出改进措施	30	
	重新进行拣货操作，比较改进前后的拣货时间和效果	25	
	团队合作和职业素养表现	10	
合计		100	

五、实训报告

实训报告

班级		姓名		时间	
实训目的					
实训步骤					
实训内容					
我的做法					
我的结论					
我的想法					

项目十二 送货与退货作业

【知识目标】

1. 掌握送货作业流程
2. 掌握配送作业路线优化
3. 掌握退货作业原因及原则
4. 掌握退货作业流程

【技能目标】

1. 能正确编制送货作业计划
2. 能根据实际情况规划最优的送货路线
3. 能正确判断退货原因
4. 能妥善制定退货处理方案

【素质目标】

1. 培养学生的综合职业技能
2. 培养学生树立高尚的职业道德和工匠精神

思维导图

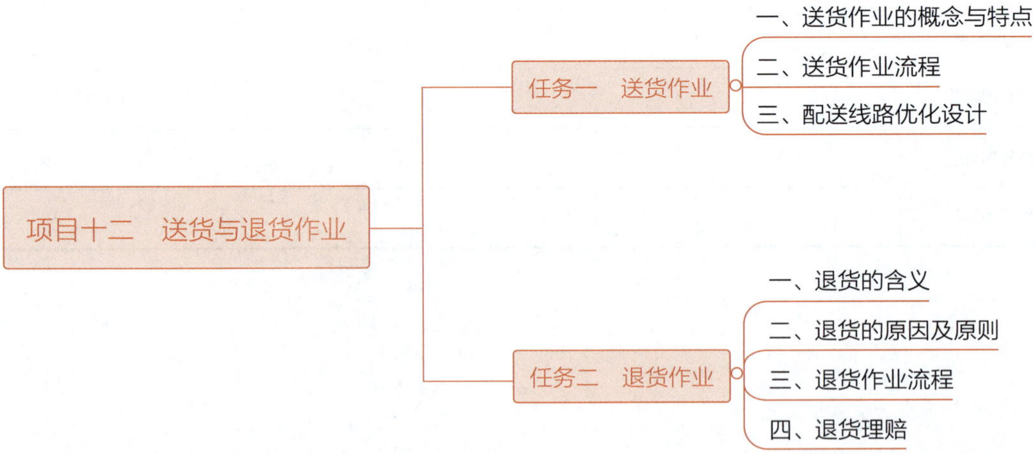

案例导入

与时争鲜！揭秘本来生活网生鲜服务履约能力

面向普通消费者的生鲜履约标准极其严格，冷链物流在建设方面投入巨大。作为中国生鲜电商先驱者，本来生活在这一领域的实践探索颇具意义。“生鲜领域看着简单，实则门槛很高。从供应链角度重点有两个：一个是商品的发掘和组织；另一个就是仓配物流体系的建设。”本来集团副总裁、供应链事业部总经理贾明指出。作为链接上游原产地与消费者的“大动脉”，本来生活仓配物流体系的能力决定了其生鲜服务水平和行业竞争力。

困囿于不算高的客单价和极高的履约成本，生鲜企业要摆脱亏损魔咒、跑通盈利模型，必须从供应短链化和物流优化两方面着力，从根本上实现降本增效。“与大多数同行不同，本来生活独有的DTC（Direct to Consumer）模式大大缩短了生鲜农产品流通环节，从而实现从产地到消费者的最短交易链路。”吴健伟指出。

这一成功背后的依托是其高效的仓储物流体系。吴健伟介绍，生鲜商品是管道商品，必须全流程可溯源。“我们的自建仓储不仅仅满足履约交付这一部分功能，还具备一个很重要的功能，就是质控。商品入仓这一步代表着我们对产品质量进行把控后再将安全的产品送到客户手上。”吴健伟表示。

本来生活网城市中心大仓模式的链路是这样的：生产基地—中心仓—消费者。在这条最短的流通链路中，城市中心大仓模式通过精益管理能实现更为严苛的生鲜商品品质把控。

本来生活网所有城市大仓均设置8个温区，从−60℃到25℃对不同商品进行分类、分温储存，并通过自主研发的生鲜仓储管理系统给予更快、更准确、更精细的精益化管理支持。

这套专业的管理体系以降低库存损耗为目标，实现了从入仓到出库全程专岗专人，出库包裹全程可查、可控、可定责，更能实时查看在库商品数量、临货架期天数、有效期异常等关键数据，实现商品流通环节每一步可追溯。目前，本来生活网库内货物损耗率仅为0.4%。

同时，本来生活网持续优化“最后一公里”的服务效率，其生鲜冷链直达已覆盖全国31个省级行政区，其中北京、上海、广州、南京等大部分城区已实现“今夜达”。质、效双优的配送服务与本来生活网提供的高品质生鲜商品相得益彰。

如今，在双碳目标的引领下，打造绿色供应链成为行业共识。本来生活网推行的数字化建设也成为重要发展趋势之一。通过创新搭建一整套数字平台，搭载自主研发的智慧系统“本来生鲜大脑”、企业资源管理系统（ERP）、供应商管理系统（SRM）、仓储管理系统（WMS）、数据仓库等，本来生活网应用AI及大数据分析引擎实时分析供应链各环节数据，从而更有针对性地优化商品采购、加工、配送等各环节效率，实现供应链全链路的信息透明，其更在“最后一公里”积极推行环保措施，致力于减少包裹数和包材用量。

问题提出：

1. 本来生活网是如何提高生鲜履约服务能力的？
2. 试分析送货作业管理在提高本来生活网生鲜履约服务能力方面的作用。

任务一　送货作业

送货是运输中的末端运输、支线运输，因此如何集中车辆调度，组合最佳路线，采取巡回送货方式是配送活动中送货组织需要解决的主要问题。因此，送货作业通常是一种短距离、小批量、高频率的运输方式。

一、送货作业的概念与特点

（一）送货作业的概念

送货作业是指利用配送车辆把客户订购好的货物送到客户指定地点，并与客户进行交接的过程。

送货通常以服务为目标，以尽可能满足客户需求为宗旨。一般来说，配送的有效距离最好在50千米半径以内，国内配送中心、物流中心，其配送经济里程在30千米以内。

（二）送货作业的特点

1. 时效性

时效性是配送业客户最重视的因素，也就是要确保能在指定的时间内交货。影响时效性的因素很多，除配送车辆故障外，所选择的配送线路不当、中途客户卸货不及时等均会造成时间上的延误。因此，必须在认真分析各种因素的前提下，用系统化的思想和原则，有效协调、综合管理，选择合理的配送线路、配送车辆和送货人员，使每位客户在预定的时间收到所订购的货物。

2. 可靠性

送货的任务就是要将货物完好无损地送到目的地。影响可靠性的因素有货物的装卸作业、运送过程中的机械振动和冲击及其他意外事故、客户地点及作业环境、送货人员的素质等。因此，在配送管理中必须注意可靠性的原则。

3. 沟通性

送货作业是配送的末端服务，它通过送货上门服务直接与客户接触，是与客户沟通最直接的桥梁。它不仅代表着公司的形象和信誉，还在沟通中起着非常重要的作用。所以，必须充分利用与客户沟通的机会，巩固与发展公司的信誉，为客户提供更加优质的服务。

4. 便利性

配送以服务为目标，以最大限度满足客户要求为宗旨。因此，应尽可能地让客户享受到便捷的服务。通过使用高弹性的送货系统，如采用急送货、顺道送货与退货、辅助资源回收等方式，为客户提供真正意义上的便利服务。

5. 经济性

实现一定的经济利益是企业运作的基本目标。因此，对合作双方来说，以较低的费用完成送货作业是企业建立双赢机制、加强合作的基础。所以，配送中心不仅要满足客户的要求，提供高质量、及时方便的配送服务，还必须提高配送效率，加强成本管理与控制。

二、送货作业流程

在操作过程中，要注意明确订单的内容、了解货物的性质、明确具体的配送地点、选择适当的配送车辆、优化配送路线，充分考虑各作业点的装卸货时间。送货作业流程如图12–1所示。

1. 划分基本送货区域

首先将客户做区域上的整体划分，再将每个客户分配在不同的基本送货区域中，作为配送决策的基本参考。例如，按行政区域或按交通条件划分为不同的送货区域，然后在区域划分的基础上再做弹性调整来安排送货顺序。

2. 车辆配载

由于配送货物的品种、特性各异，为提高送货效率、确保货物质量，必须首先对特性差异大的货物进行分类。在接到订单后，将货物按特性进行分类，以便分别采取不同的送货方式和运输工具，如按冷冻食品、速冻食品、散装货物、箱装货物等货物类别进行分类配载。其次，配送货物也有轻重缓急之分，必须初步确定哪些货物可配于同一辆车上，哪些货物不能配于同一辆车上，以做好车辆的初步配装工作。

3. 暂定送货的先后顺序

在考虑其他影响因素，做出最终的送货方案前，应先根据客户订单的送货时间将送货的先后顺序进行大致预定，为后面的车辆配载做好准备工作。预先确定基本的送货顺序可以有效地保证送货时间，提高运作效率。

4. 车辆安排

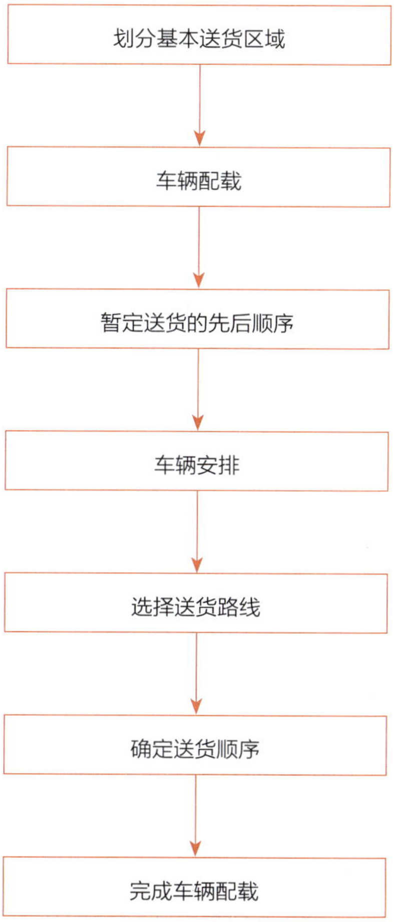

图12-1 送货作业流程

车辆安排要解决的问题是安排什么类型、多大吨位的配送车辆进行最后的送货。一般情况下，企业拥有的车型有限，车辆数量也有限。当本公司的车辆无法满足需求时，可以考虑外雇车辆。在保证送货质量的前提下，是组建自营车队，还是以外雇车辆为主，则视经营成本而定。无论选用自有车辆还是外雇车辆，都必须事先掌握有哪些车辆可供调派并符合要求，即车辆的容量和额定载重量是否满足要求。安排车辆之前，还必须分析订单上的货物信息，如体积、重量、数量、对装卸的特殊要求等。综合考虑多方面因素的影响后，做出最合理的车辆安排。

5. 选择送货路线

知道每辆车负责的具体客户后，如何以最快的速度完成对这些货物的配送，即如何选择配送距离短、配送时间短、配送成本低的路线，还需要根据客户的具体位置、沿途的交通情况等做出优先选择和判断。除此之外，还必须考虑有些客户或其所在地点对送货时间、车型等方面的特殊要求，如有些客户不在中午或晚上收货，有些道路在车辆高峰期实行特殊的交通管制等。送货路线的选择可以通过建立有关的运筹学模型来进行辅助决策。

6. 确定送货顺序

做好车辆安排及选择好最佳的送货路线后，就可以确定每辆车的送货顺序，从而预估出货物送到客户的大致时间，并通知客户。

7. 完成车辆配载

明确了客户的送货顺序后，就可以按一定的次序将货物装车，完成车辆的配载。要将货物依照“后送先装”的顺序装车。对于货物的装卸方法也需要考虑货物的性质、形状、重量、体积等因素后再决定。

三、配送线路优化设计

配送路线是指各送货车辆向每个用户送货时所要经过的线路。配送路线是否合理对配送速度、车辆的合理利用和配送费用都有直接影响，因此配送线路的优化问题是配送工作的主要问题之一。

配送线路优化是指在满足一定的约束条件下力争实现一定的目标。随着配送的复杂化，配送线路的优化一般要结合数学方法及计算机求解的方法来制定合理的配送方案。下面介绍配送线路优化常用的几种方法。

（一）直送式配送运输

直送式配送运输是指由一个供应点对一个客户的专门送货。从物流优化的角度看，直送式客户的基本条件是其需求量接近于或大于可用车辆的额定重量，需专门派一辆或多辆车一次或多次送货。因此，直送情况下，货物的配送追求的是多装快跑，选择最短配送线路，以节约时间、费用，提高配送效率。直送问题的物流优化主要是寻找物流网络中的最短线路问题。

位势法的应用

目前求解最短线路问题的方法有很多，如位势法、“帚”形法、动态法等。

（二）分送式配送运输

分送式配送运输是指一辆车集中配装几家的货，进行送货的一种配送运输方式。当客户需求商品的配送量较小，就要考虑用一辆车向多个客户送货的问题。这样不仅节约了车辆数、节约了费用，而且缓解了交通压力。这种方式，无论从配送企业本身角度还是从社会角度都是有益的。这种配送运输模式要求同一条线路上所有客户的需求量总和不大于一辆车的额定载重量，其基本思路是由一辆车装载所有客户的货物，沿一条优选的线路，依次逐一将货物送到各个客户的货物接收点，既保证按时送货又节约里程，节省运输费用。解决这种模式的优化设计问题可以采用节约里程法。

节约里程法是用来解决运输车辆数目不确定问题最有名的启发式算法，又称节约算法或节约法，可以用并行方式和串行方式来优化行车距离。节约里程法的核心思想是依次将运输问题中的两个回路合并为一个回路，每次使合并后的总运输距离减小的幅度最大，直到达到一辆车的装载限制时，再进行下一辆车的优化。

节约里程法的应用

任务二 退货作业

一、退货的含义

退货作业是指配送中心按配送合同将货物发出之后，由于某种原因客户将商品退回配送中心。退货作业是配送中心工作的最后一环，对配送中心最直接的影响就是增加了大量的退货，造成货品积压，增加了配送中心的退货成本，影响了配送中心的正常运转，降低了顾客的忠诚度和信誉度。

对退货进行合理的退货管理，制定良好的退货政策，降低退货成本，提高客户的服务水平。做好商品的退货工作可以建立良好的企业形象，通过及时进行退货管理，可保证广大客户的利益，提高自身的亲和力，建立良好的企业形象。做好商品退货管理工作还可以提高资源的利用率。

二、退货的原因及原则

（一）退货的原因

货物退货会即时减少公司的营业额、降低利润，因此企业要检讨货物竞争力，了解导致货物退货的原因，加强营业管理，并提高营运绩效。通常发生退货的原因主要有以下方面。

1. 依照协议退货

与配送中心订有特别协议的季节性商品、试销商品、代销商品等，协议期满后的剩余商品，配送中心将给予退回。

2. 有质量问题的退货

对鲜度不佳，不符合质量要求等有瑕疵的货物，接收单位提出退货，配送中心将给予退回。

3. 搬运途中损坏退货

由于包装不良，货物在搬运中受到剧烈振动，造成产品破损或包装污损的商品，配送中心将给予退回。

4. 商品过期退回

一般的食品或药品都有相应的有效期，如面包、牛奶、速食以及饮料等，通常配送中心与供应商有协议，商品的保质期或有效期一过就给予退货或换货。

5. 次品回收

产品在设计、制造过程中存在问题，但在销售后，才被消费者或厂商发现，存有重大缺陷的商品，必须立即部分或全部收回。此种情况虽不常发生，但却是不可避免的。

6. 商品送错退回

送达客户的商品不是订单所要求的商品，如商品条码、品项、规格、重量、数量等与订单不符，都必须退回。

（二）退货作业管理的原则

配送中心在处理客户的退货时，不管是“经销商的退货”，还是“使用者的退货”，都必须遵循一定的原则。

1. 责任原则

商品发生退换货问题时，配送中心首先要确定产生问题的责任人，即是配送中心在配送时产生的问题，还是客户在使用时产生的问题。与此同时，配送中心还要鉴别产生的问题是否是由己方产生，从而制定出最佳的解决方案。

2. 费用原则

进行货物的退货要消耗企业大量的人力、物力、财力。配送中心在实施退换货物时，除由配送中心自身原因导致的货物退换之外，通常需要对要求进行货物退换的客户加收一定的费用。

3. 条件原则

配送中心应当事先决定接收何种程度的退货，或者在何种情况下接收退货，并且规定相应的时间作为退换期限。例如，决定仅在“不良品或商品损伤的情况下接收退货”，或是“7天之内，保证退货还钱”等。

4. 凭证原则

配送中心应规定客户以何种凭证作为退换货物的证明，并说明凭证得以有效使用的方法。

5. 计价原则

退换货的计价原则与购物价格不同。配送中心应将退换货的作价方法进行说明，通常是取客户购进价与现行价的最低价进行结算。

三、退货作业流程

（一）接收退货申请，接待客户

当客户向配送中心提出退货申请时，配送中心的销售部门应立即受理，并同时将退货信息通知质量管理部门和市场部门，让质量管理部门人员尽快着手处理。退货中心业务员首先根据合同服务范围判断该客户的退货要求是否在服务范围之内。同时，要求客户向配送中心提供接货时间，发票，退换货理由，所退货物的型号、数量等信息材料，以便核实跟进处理。如果不在此范围内则不予受理；如果在此范围内，则判断客户的退货理由是否正当，如不正当则不予受理，如正当则对客户和其退回的物品进行登记，然后交由质量检测部门人员跟进。

（二）检测产品，确认退换货原因

配送中心处理退货验收工作的好坏直接关系到退货物品下一步的处理工作，因此必须要做到及时、准确、严格、经济。

1. 数量清点和质量检验

质量检查部门应该让检验人员熟悉基本的产品质量标准，如产品保质期、物品状态分类标准等，以便在检验时对物品进行初步的质量分类，检验人员再根据检验程序检验物品。该环节是配送中心处理销货退货的重要内容，因为退回物品的检验结果直接影响到成本、理赔以及物品的后续合理处理工作。货物检验重点是数量清点和质量检验。

（1）数量清点。检验人员首先要核实物品的数量。由于配送中心的收货工作非常繁忙，经常会出现运输同一批次或者不同批次货物的多辆车同时进场的现象，如果要逐辆车来验收会很费时间，所以一般采取“先卸后检”的方法，即由车辆送货人员按不同的商品分别堆码托盘，检验人员根据随货同行单据，用移动式计算机终端或其他相应的方法查阅核对实达的数量与单据的数量是否相符。

清点过程注意事项：一是在清点退货物品数量时，要注意物品的计量单位和“细数”，正确统计退货的实际数量；二是在清点过程中，要大体确定物品有无损伤，是否为物品的正常状态，如果有异常，要在物品包装表面贴上提示标志，并将该物品暂时放置一边，等待进一步的品质清点；三是对于易破易碎和流质的物品，在卸车时要采取“边卸边验”的方式，通过“听声音、看异状”等手段及时发现问题，分清责任；四是对于散装、畸形、零星等各种商品要实施实时验收，要将状况记录好，防止进一步损坏；五是在数量验收时还要同步进行商品规格验收，即根据单据核对退回商品的品名、规格、数量。例如，对退回的饼干核对品牌名称、同一品牌但不同规格的还要核对单包装的克数和包装区别。

（2）质量检验。质量检验非常重要，这直接影响到退货的范围和理赔数额，因此要认真细致地检验。货物质量检验的方法应根据采购合同或订单所规定的具体要求确定。合同没有约定的，按照货物的特性和习惯确定。在收货点验过程中，由于交货时间短和现场工作条件的限制，一般只采取感官检验方法，即“看”“闻”“听”“摇”“拍”“摸”等。检验范围也只能是物品的外包装。对于个别有争议的检查结果，企业质量检验部门在征得退货商的同意后在实验室里利用各种仪器、器具和试剂等工具，运用物理、化学及生物学的方法对退回物品进行进一步的品质检验。

货物检验的主要方法有以下几种：

①视觉检验，即在充足的光线下，利用视力观察货物的状态、颜色、结构等表面状态，检查有无变形、破损、脱落、变色、结块等损害情况，以判断质量。

②听觉检验，即通过摇动、搬运操作、轻度敲击，听取声音来判断质量。

③触觉检验，即利用手感鉴定货物的细度、光滑度、黏度、柔软程度等，判断质量。

④嗅觉、味觉检验，即通过货物所特有的气味、滋味来判断质量。

⑤运行检验，即对货物进行运行操作，检查其运行的功能是否正常。

⑥力学检验，通过各种力学仪器测定物品的力学性能，如物品的抗拉强度、抗压强度、抗冲击强度、抗疲劳性能、硬度、弹性、耐磨性等。

⑦光学检验，利用显微镜、折光仪等光学仪器进行物品光学性能的检验。

⑧电学检验，利用电学仪器测定物品电学方面的质量特性及物品的材质和含水量。

⑨热学检验，利用热学仪器检验物品的热学质量特性，包括熔点、凝固点、沸点、耐热性、导热性及热稳定性。

⑩化学检验，根据一定的、已知的、能定量完成的化学反应进行物品的重量分析、容量分析和气体分析。

⑪微生物检验，采用微生物技术手段进行物品中有害微生物的检验。

2．收货检验注意事项

第一，检验流质物品时，应细致检查全部包装外表有无污渍和溢漏，如果有，必须要开箱进一步检查。

第二，验收易碎物品时，应摇动或倾倒每一件物品，认真细听声音，如果有破碎声响，必须当场开箱检查破碎程度，并将情况认真记录在单，以明确责任。检查要注意力度，杜绝暴力检验，避免加剧货物损坏程度。

第三，验收会挥发有气味的物品，例如，检查香水时，除了“听”和“看”以外，还要在箱口处“闻”一下，如果闻到气味严重刺鼻，可以断定内部物品有异状，应立即开箱检查内部有没有破碎，并细心检查瓶盖的密封情况。

第四，验收纺织品等怕湿物品时，要注意物品包装外表是否有水渍。

第五，验收时要注意物品的出厂日期和有效期。

第六，验收物品的外包装时，要注意纸箱封条是否破裂、箱盖和箱底是否粘牢、纸箱内包装或者物品是否外露、纸箱是否受过潮。

检验人员在物品分拣完毕后，还应做好核对工作。操作过程注意事项：一是检验人员应列明产品的明细，包括品种、批号、数量、状态、损坏程度等项目；二是核对退货单中列明的产品数量、品种、状态等项目；三是在检验人员签名栏填写清楚，检查员名字以及证明人要正确，杜绝弄虚作假。

3．录入退货信息

按照检验人员提供的产品质量明细表，在物流系统中录入退货产品信息，包括品种、批号、数量、状态等，并使产品进入系统控制状态，防止货物再次发出。操作过程注意事项：一是收到检验结果后应马上将退货的相关信息录入物流管理系统，防止因为拖拉造成后续工作被动；二是录入产品信息时，要细心认真，防止因为粗心大意而输错信息；三是货物要贴好标记，防止与其他货品混放。

4．物品分类存放

为了有条理地管理退回货物，仓库管理人员要对货物进行正确的分类。对退货进行统一管理，避免因放置混乱而造成二次分类带来的成本支出。

货物分类的原则：一是货物要按统一标准、同一原则区分，质量检验部门要将各项指标细化，切勿凭个人经验分货；二是有系统地开展，逐次细分、层次分明。例如，退回的物品虽大多数属于零部件损坏而退回维修的，但每部机器损坏的部分不同，因此要在分了大类后，再按小类细分，做到一丝不苟；三是分类明确且互相排斥，不能互相交叉；四是分类方法具有稳定性，以免货物混乱；五是分类要符合常识，便于使用。

货物分类的方法：一是按照货物损坏程度分类；二是按照货物可回收程度分类；三是按照

货物的特性分类。

操作过程注意事项：一是退货分类时一定要按照分类标准和原则来操作，细致认真不错分；二是由于场地或库房一般要储存几百上千种的货品，因此要事先做好规划，实行分区、分类和定位保管，分区就是按照库房条件将仓库分为若干货区，分类就是按照商品的不同属性将存储商品分成若干大类，定位就是在分区、分类的基础上固定每种货品在仓库中具体存放的位置，使每种货物都有固定的货区、库房及货位存放，以利于加强物品的科学保管和养护，利于加快商品出入库作业的速度且减少差错，不要因为乱堆乱放而使货物要重新检验分拣；三是放置物品的时候，要按照产品状态进行明显标记，防止放错位置。

5. 调整库存量

退回的物品经清点后，配送中心要迅速调整库存量。在正常情况下，配送中心通过相应的库存管理，可以科学合理地控制库存的订购点、订购量和库存基准。但当发生退货问题时，配送中心的库存有时会超出货品库存数量的最高界限，若配送中心不及时调整库存安排，将会冲击购销计划，增加库存成本，降低企业效益。因此，退货后销售部门要尽快制作退货受理报告书，以作为商品入库和冲销货额、应收账款的基础资料；财务人员据此报告书调整账面上的“应收账款余额”与“存货余额”，备货人员据此报告书，重新调整购货计划及订购量，或者暂时少进，或者差额补缺，以保证库存物品数量科学合理，达到既满足客户需求，又能保持合理库存的目标。

（三）办理退换货手续，安排退换货

退换货原因得到确认后，配送中心应根据退货原因、责任归属、产品检验结果来进行退换货工作。一般处理退换货的方法有以下几种。

1. 无条件重新发货或替代

责任在配送中心的，如出现货品残缺、包装污损、货号不对、数量偏差、质量不佳、发错货等情况，配送中心应立即整理好相关资料，及时帮助客户进行退换货。营业人员应安排车辆收回退货商品，将商品集中到仓库退货处理区进行处理。用没有缺陷的同一种产品或替代品重新填补零售商的货架。

2. 协商处理退换货

责任在客户，配送中心销售部门应连同质量管理部门向客户详细说明判定责任的依据、原委及处理方式。若客户接受，则请客户取消退换货要求，质量管理部门将相关资料储存管理，以作为资料留用。如客户不接受仍坚持退货，销售和质量管理部门应对客户进一步详细说明情况；如客户依然坚持，企业主管应在将企业损失降到最小的前提下加以处理。在回收装车清点中工作人员要做到认真清点。

（四）入库入账

质量管理部门将退回的货品依照外观、生产日期、保质期限等要素分门别类整理好，清点退货的品项、数量，认真填写销货退回单后进行入库处理。财务人员依据退货通知单、退货签呈等核对，并依据客户提供的凭证（退货发票、对账单或折让证明单等）入财务库存账。

1．入库操作

（1）受理客户提出退货的要求后，配送中心的信息系统根据相关信息生成销货退回单。销货退回单上记载物品编号、货品名称、货品规格型号、货主编号、货主名称、仓库编号、区域、储位、批次、数量、单位、单价及金额等信息。销售人员要填写清楚和准确。

（2）客户退回物品后，销售人员将退货物品的名称和数量与销货退回单进行初步核对，确保退货的基本信息准确。

（3）销售部门将销货退回单送至配送中心的商品验收部门。验收部门据此进行退回物品的数量和质量清点验收后，填制验收单二联，第二联依验收单号码顺序存档，第一联送交信用部门核准销货退回。

（4）信用部门收到验收部门填写的销货退回单后，根据验收部门的报告核准销货退回，并在验收单上签名，以示负责；验收单送至仓库管理部门。

（5）仓库管理人员根据销货通知单上的货品信息录入货物管理系统，并根据物品的情况做出相应的处理。经过简单修理或换过新包装的物品，经质量检验合格可进入正品仓库；需要进一步修理或者回收废弃材料的物品放专用仓库等候处理。

2．入账操作

（1）信用部门收到验收部门填写的销货退回单后，根据验收部门的报告核准销货退回，并在验收单上签名，以示负责；同时将核准后的验收单送至开单部门。

配送中心的信用部门可以是一个组织，也可由某级主管担任，其主要任务：一是验明货物的销货地点、销货单据；二是向提出退货的客户概要说明本企业的商品退货规定；三是协调企业与客户的关系；四是核单签名，承担责任。

（2）开单部门接到信用部门转来的验收单后，编制贷项通知单（表12-1），一式三份，第一联连同核准后的验收单送至财务会计部门，编制应收账款细账，贷记应收账款；第二联送达客户，通知客户销货退回已核准并已记入账册；第三联依贷项通知单号码顺序存档。

表12-1　贷项通知单

日期：　　　　　　　　贷项编号：　　　　　　　　接收方：

数量	货品号	说明	单价	行合计
			小计	
			营业税	
			总计	

贷项通知单是一种用来表示由于销货退回或经批准的折让而引起的应收帐款减少的凭证。贷项通知单一般是由销售方的销售部门经有关领导审批或开具的。

（3）财务会计部门在收到开单部门转来的贷项通知单第一联及已核准的验收单后，经核对正确无误后在“应收账款明细账”中贷记客户明细，在“存货明细账”中贷记退货数量，以保证“应收账款余额”和“存贷余额”的正确无误，并将贷项通知单及核准后验收单存档。

（4）为了加强退换货的账目管理，配送中心的财务部门中每月月底记录总账的人员都要从开单部门取出存档的贷项通知单，核对编号顺序无误后，加总过入总分类账。

（五）跟踪处理

退货发生时，要跟踪处理客户提出的意见，要统计退货发生的各种费用，要通知供应商退货的原因并退回生产地或履行销毁程序。退货发生后，首先要处理客户端提出的意见。由于退货所产生的商品短缺、对质量不满意等客户端的问题是业务部门要重点解决的。退货所产生的物流费用比正常送货高得多，所以要认真统计、及时总结，将此信息反馈给相应的管理部门，以便制定改进措施。退货仓库的商品要及时通知供应商，退货的所有信息要传递给供应商，如退货原因、时间、数量、批号、费用、存放地点等，以便供应商能将退货商品取回，并采取改进措施。

四、退货理赔

对于一次购货数量较少但购物次数较多的商品配送业务，配送中心并不是直接面对客户实施配送，而是通过各种经销商实现商品的再分配，经销商是连接配送中心和各类客户的中间企业。当配送中心配送的商品经由经销商销售时，配送中心必须做好对经销商理赔退返工作的管理。

（一）理赔费用

对于易发生退换货的商品，配送中心的销售人员在执行销售合同过程中，往往根据经营商品的具体情况，统一给予经销商某一额度的理赔费用或补偿金，用于支付日常发生的商品退换损失。

理赔费用额度的确定，通常根据经销商的性质、规模，经营商品的性质、种类，经营风险的大小等因素来决定。

（二）理赔原则

配送中心面对经销商退回的货物进行处理时，要遵循一定的原则。

1. 及时原则

对于客户提出的退货要求，不管合理与否，配送中心一定要及时给予处理、及时了解情况、及时分析原因、及时提出解决方案，争取在最短的时间内达到客户的满意。

2. 效益原则

退货对于交易双方来说都存在经济上的损失。为了将损失降到最低程度，配送中心要积极、主动地提出解决问题的方法，缩短处理问题的时间，通过对问题的妥善解决，加强双方的进一步合作，从而推动双方获得更大的经济效益。

3. 关系原则

配送中心在处理退货问题时，要本着与客户进行密切合作的态度，一切从维系交易双方的合作关系出发，利用关系营销的思想与手段，树立以客户为中心的经营理念，重承诺、守信用，与客户建立良好的交易关系。

（三）结算理赔费用

配送中心实施配送供应的经销商越多，发生的理赔问题就越多，需核准、结算的理赔项目和费用办理越繁杂。在执行销售合同时，虽然销售人员已将统一的理赔费用给予经销商，但是出于意料之外而需要理赔的项目依然较多，为了更好地与经销商合作，配送中心要定期与各经销商进行理赔费用的结算。

结算理赔费用时，配送中心要与经销商依据相应的指标来进行。结算理赔费用的指标主要如下。

1. 退赔数量

即一定时期内实际发生的商品理赔退返数量，包括在保修期内免费维修的商品数量、超出保修期而维修的商品数量、无法维修全部或部分退货的商品数量。

2. 退赔品种

即一定时期内实际发生的商品理赔退返的商品品种类别。不同类别的商品，理赔额度不同，如工业品、生产资料单件品的理赔额度远高于一般日用品。

3. 退赔期限

配送中心和经销商还要确定合理的退赔期限。既不要过长，以免理赔金额过大，影响经销商的资金周转，也不要过短，以免使双方频繁结算，占用大量时间，影响日常工作进度。

• 项目小结

本项目主要介绍了送货作业、装卸搬运及退货作业。详细阐述了送货作业和退货作业流程；同时，对配送线路优化设计的两个配送运输方式进行了详细讲解；从不同层面对装卸搬运进行了分类，还详细介绍了装卸搬运作业的组织工作。针对退货的原因和退货原则进行了解读，学习掌握退货作业流程，以及对退货进行理赔。

送货作业首先划分基本送货区域，根据配送货物对车辆配载，暂定送货的先后顺序，接着安排配送车辆，选择合适的送货路线，确定好送货顺序，完成车辆配载。配送线路优化设计主要介绍了直送式配送运输和分送式配送运输。在进行退货作业时，退货原因有依照协议退货、有质量问题的退货、搬运途中损坏退货、商品过期退回、次品回收、商品送错退回。退货时先接收退货申请，接待客户；检测产品，确认退换货原因；办理退换货手续，安排退换货；入库入账；跟踪处理。对于退货理赔要考虑费用，理赔遵循的原则，最后结算理赔费用。

重点概念：送货作业　配送路线　配送线路优化　直送式配送运输　分送式配送运输　装卸搬运　退货作业

知识巩固

一、不定项选择题

1. 送货作业的特点包含时效性、可靠性、沟通性、经济性和（　　）。

A. 销售性　　B. 便利性　　C. 信息性　　D. 功能性

2. 配送线路优化方法有直送式和（　　）。

A. 集装式　　B. 纵横式　　C. 移动式　　D. 分送式

3. 国内配送中心、物流中心，其配送经济里程在（　　）千米以内。

A. 30　　B. 20　　C. 40　　D. 35

4. 用来解决运输车辆数目不确定问题最有名的启发式算法叫作（　　）。

A. 欧式距离　　B. 节约里程法　　C. 距离计算法　　D. 直线计算法

5. 送货是运输中的末端运输、（　　）。

A. 支线运输　　B. 干线运输　　C. 多式运输　　D. 公路运输

6. 节约算法或节约法，可以用并行方式和（　　）来优化行车距离。

A. 直线方式　　B. 曲线方式　　C. 串行方式　　D. 平行方式

7. 退货原因有依照协议退货、有质量问题、搬运途中损坏、商品过期退回、次品回收和（　　）。

A. 商品送错退回　　B. 恶意退回　　C. 溢出退回　　D. 亏损退回

8. 退货作业管理的原则有责任原则、费用原则、凭证原则、计价原则和（　　）。

A. 有效原则　　B. 简洁原则　　C. 创新原则　　D. 条件原则

9. 理赔原则有及时原则、效益原则和（　　）。

A. 协调原则　　B. 关系原则　　C. 顺序原则　　D. 战略原则

10. 结算理赔费用的指标主要有退赔数量、退赔期限和（　　）。

A. 退赔款式　　B. 退赔技术　　C. 退赔品种　　D. 退赔协议

二、判断题

1. 一般来说，国内配送中心、物流中心，其配送经济里程在50千米以内。（　　）

2. 直送式配送运输指一辆车集中配装几家货，进行送货的一种配送运输方式。（　　）

3. 对配送中心订有特别协议的季节性商品、试销商品、代销商品等，协议期满后的剩余商品，配送中心将给予退回。（　　）

4. 责任在客户，配送中心销售部门应连同质量管理部门向客户详细说明判定责任的依据、原委及处理方式。（　　）

5. 季节性商品、试销商品、代销商品等，协议期满后的剩余商品，配送中心将不予退回。（　　）

三、简答题

1. 简述送货作业流程。

2. 简述退货的原因及原则。

3. 简述退货作业流程。

四、计算思考题

已知配送中心P_0向5个用户P_j（j表示客户1、客户2……客户5）配送货物，其配送路线网络、配送中心与用户的距离以及用户之间的距离如图12-2所示。图12-2中括号内的数字表示客户的需求量（单位：吨），线路上的数字表示两结点之间的距离，配送中心有3台2吨卡车和2台4吨卡车两种车辆可供使用。

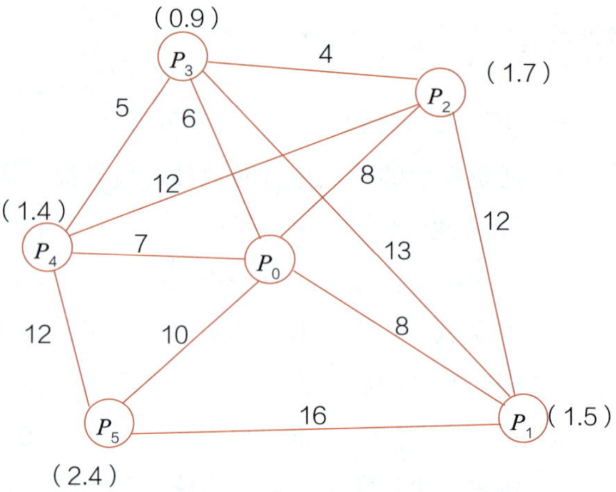

图12-2　配送线路图

1. 试利用节约里程法制定最优的配送方案。

2. 设卡车行驶的速度平均为40千米/小时，试比较优化后的方案比单独向各用户分送可节约多少时间？

• 技能实训

一、实训目标

现有一批不同品名和规格的货物卸放在仓门前的货台，已验收合格，要求整托盘存放到仓库指定的货位，请在规定的时间内完成搬运活动。通过实地考察，使学生了解实训室货位的规划，清楚搬运对象的属性，能够熟练掌握装卸搬运。

二、实训步骤

1. 掌握装卸搬运的基本知识，能正确在托盘上码放货物，正确使用地牛、手推车等搬运设备，在此基础上设计可行的装卸搬运方案。

2. 具体步骤：

（1）学生自由组合成小组，每组4～6个人。

（2）在实训室进行货物码放、地牛或手推车搬运体验。

（3）小组成员之间进行交流，切磋货物码放和搬运技巧。

（4）训练结束后，每组以PPT形式在课堂进行分享。

三、实训要求

1. 了解本次实训的目的。

2. 学生在实训过程中应做好记录。

3. 形成实训报告。

4. 进行实训考评。

四、实训评价

评分表

考评人		被考评人	
考评地点			
考评内容			
考评标准	具体内容	分值	实际得分
	实地观察	15	
	现场管理、资料认真整理	20	
	装卸搬运方案可行	30	
	练习总结	25	
	在训练过程中体现了团队合作和职业素养	10	
合计		100	

五、实训报告

实训报告

班级		姓名		时间	
实训目的					
实训步骤					
实训内容					
我的做法					
我的结论					
我的想法					

项目十三 配送成本与绩效管理

【知识目标】

1. 熟悉配送成本的分类
2. 掌握配送成本的核算方法
3. 了解配送中心成本控制策略
4. 掌握配送中心绩效评价指标体系的内容
5. 掌握现阶段常用的配送中心绩效评价的各种方法
6. 熟悉配送中心绩效提升的方法

【技能目标】

1. 能进行配送成本的核算
2. 探求配送成本的控制方法和降低配送成本的策略
3. 具备针对不同的物流配送企业选择相应绩效评价法的能力
4. 具备针对不同的物流配送企业选择合适的配送中心绩效评价改进方法的能力

【素质目标】

1. 培养学生的职业素养，提高配送作业过程中的综合技能
2. 培养学生协同合作的团队精神，有良好的组织纪律性和团队合作精神

思维导图

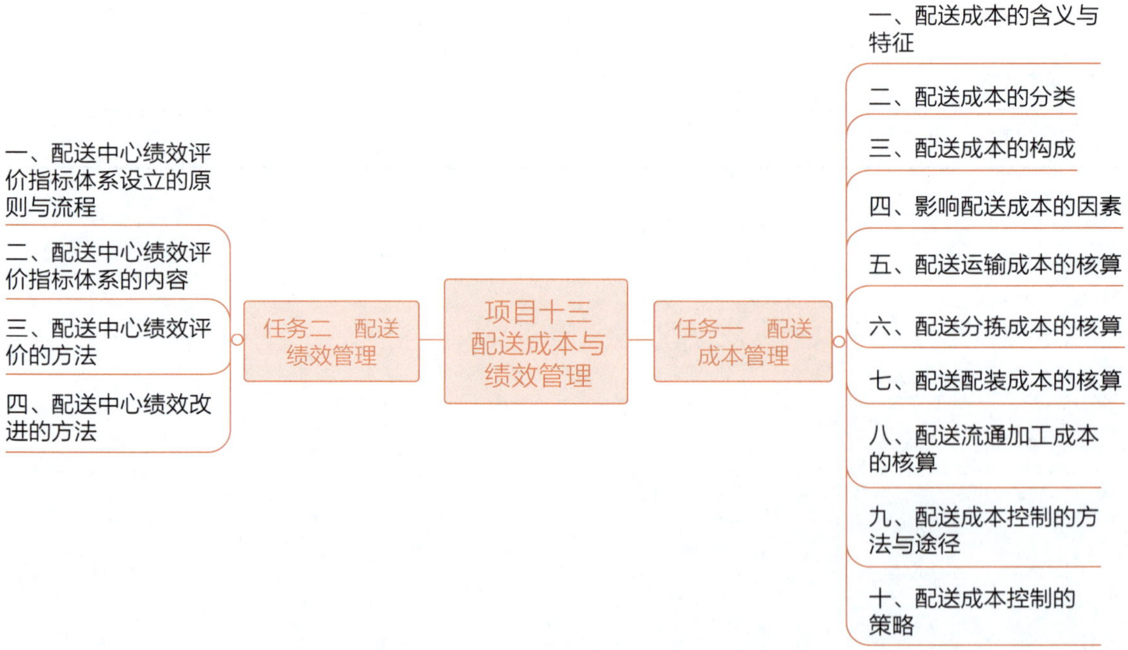

案例导入

某公司的生产作业成本法分类管理

一家生产化学品添加剂的公司为降低成本，按各种产品的销售量比重进行分类。A类产品的销售量占总销售量的70%以上，B类产品的销售量占20%左右，C类产品的销售量则占10%左右。对A类产品，公司在各销售网点都备有库存；对B类产品只在地区分销中心备有，而在各销售网点不备有库存；对C类产品仅在工厂的仓库才有存货。经过一段时间的运行，事实证明这种方法是成功的，企业总的配送成本下降了20%之多。

问题提出：

1. 配送成本的含义是什么？
2. 配送成本具有隐蔽性吗？
3. 营运车辆的折旧费是怎样计算的？
4. 配送中心绩效评价和普通企业的绩效评价是一样的吗？

任务一　配送成本管理

在企业的物流活动中，配送连接生产与消费，是商流与物流的结合体，它是直接面对客户提供物流服务的重要环节。正确选择配送模式和服务方式，科学安排配送作业流程，降低配送成本，对提高配送效率和经济效益有重要影响。

一、配送成本的含义与特征

配送成本（Distribution Cost）是配送过程中所支付的费用总和。根据配送流程及配送环节，配送成本实际上是含配送运输费用、分拣费用、配装及流通加工费用等全过程。配送成本费用的核算是多环节的核算，是各个配送环节或活动的集成。

（一）配送成本的含义

配送成本指在配送活动的集货、分拣、配货、配装、运输、送达服务及配送加工等环节中所发生的各项费用的总和，是货物从仓库到客户的所有配送成本，是配送过程中所消耗的各种活劳动和物化劳动的货币表现。

配送成本的高低直接关系到配送中心的利润，进而影响连锁企业利润的多少。因此，如何以最少的配送成本"在适当的时间将适当的产品送到适当的地方"是摆在企业面前的一个重要课题，对配送成本进行管理变得十分重要。

资料链接

美团披露：配送成本占其营收成本的95%

美团曾披露，配送成本占其营收成本的95%，而其他的带宽、网站维护、客服、折旧摊销、支付处理等支出只占5%。不过也难怪，美团有270万骑手，按每人每月4000元的工资来算，一个月光发工资的支出就有一百多亿元，这还没算美团本身的5万员工。

（二）配送成本的特征

1．配送成本具有效益背反规律

配送成本具有效益背反的特征，即改变系统中的任何一个要素，会引起其他要素的改变。要使系统中任何一个要素增益，必将减损系统中的其他要素。简单来说，就是配送成本中各项目间存在此消彼长的关系。

2．配送成本具有隐蔽性

一般情况下，配送成本的计算总是被分解得支离破碎、难以分辨。现在的企业财务会计把费用成本划分成原材料成本、生产成本、制造费用、管理费用、财务费用、销售费用等，但是在物流方面及配送成本方面没有单独的核算，由于企业的财务会计制度中没有单独的配送成本项目，配送企业习惯将配送费用包括在商品流通费用中，这样难以按照配送成本的内涵完整地、单独真实地计算出配送成本，人们无法看到配送成本真实的全貌，了解其可观的支出。

3．配送成本计算方法的不统一性

各配送中心的计算和控制配送成本的活动通常是分散进行的，即各配送中心根据自己不同的理解和认识来把握配送成本，这样配送中心之间无法就配送成本进行比较分析，增加了计算配送成本的难度，也无法得出产业平均配送成本值。

4．配送成本削减具有乘数效应

配送成本的控制对配送中心利润的增加具有显著作用，这可以从配送成本削减的乘数效应看出。假设销售额为100万元，配送成本为10万元，如果配送成本降低1万元，就可以直接增加1万元的利润。假如这个企业的销售利润率为2%，则创造10元利润需要增加500元的销售额，即降低10%的配送成本所起的作用相当于销售额增加50%。可见，配送成本的降低对配送中心经济利益的巨大影响。

二、配送成本的分类

1．按配送成本的特征分类

（1）固定成本。固定成本是指短期内不发生变化，与业务量没有直接关系，只要开展配送经营就必须支出的成本，如配送设备、设施、信息系统的购置成本，行政办公费用、管理人员工资等。企业规模越大、生产的技术手段越先进，其固定成本就会越高。

（2）变动成本。变动成本是指那些成本的总发生额在相关范围内随着业务量的变化而呈线性变化的成本。变动成本主要是由劳动力成本、固定资产的运行成本和社会资源的使用成本构成的。变动成本和固定成本一般会因为经营方式的不同而发生转化，如车辆费用，自购车辆配送时，购车成本为固定成本，但是采用租车配送时，车辆的租金就成了变动成本。

2. 其他分类

（1）按经济内容分类。按经济内容分类，配送成本分为固定资产折旧费、材料费、燃料动力费、工资、利息支出、税金和其他支出。

（2）按经济用途分类。按经济用途分类，配送成本分为配送运输成本、仓储成本、流通加工成本、分拣配货作业成本、包装成本、装卸与搬运成本、订单处理和信息流通成本。

（3）按成本计入营业成本的方式分类。按成本计入营业成本的方式分类，配送成本分为直接成本和间接成本。直接成本是指能直接计入各成本计算对象的各种费用，如从事配送运输生产而发生的各项费用。间接成本是指营运过程中发生的不能直接计入各成本计算对象的车站、车队经费，包括车站、车队人员的工资及福利费、办公费、水电费、折旧费等内容，但不包括管理费用。

三、配送成本的构成

根据配送流程，配送成本主要包括配送运输费用、分拣费用、配装费用及流通加工费用。

（一）配送运输费用

配送运输费用主要包括以下两个方面。

1. 车辆费用

车辆费用指从事配送运输作业而发生的各项费用，具体包括驾驶员及助手等的工资及福利费、燃油费、轮胎费、维修费、折旧费、养路费、车船使用税等项目。

2. 营运间接费用

营运间接费用是指营运过程中发生的不能直接计入各成本计算对象的经费支出，包括车站、车队人员的工资及福利费、办公费、水电费、折旧费等，但不包括管理费用。

（二）分拣费用

分拣费用包括以下两个方面。

1. 分拣人工费用

分拣人工费用是指从事分拣工作的作业人员及有关人员的工资、奖金、补贴等费用的总和。

2. 分拣设备费用

分拣设备费用是指分拣机械设备的折旧费用、修理费用及燃料消耗等。

（三）配装费用

配装费用主要包括以下三个方面。

1. 配装人工费用

配装人工费用是指从事包装工作的工人及有关人员的工资、奖金、补贴等费用的总和。

2. 配装材料费用

常见的配装材料有木材、纸、自然纤维、合成纤维及塑料等。这些包装材料功能不同，成本相差很大。

3. 配装辅助费用

除上述费用外，还有一些辅助性费用，如包装标记、标志的印刷，拴挂物费用等的支出。

（四）流通加工费用

流通加工费用主要包括以下三个方面。

1. 流通加工设备费用

流通加工设备因流通加工形式不同而不同，购置这些设备所支出的费用以流通加工费用的形式转移到被加工产品中去。

2. 流通加工材料费用

流通加工材料费用是指在流通加工过程中投入的一些材料消耗所产生的费用。

3. 其他费用

其他费用主要指在流通加工过程中从事加工活动的管理人员、工人及有关人员的工资、奖金等费用的总和。

在实际应用中，应该根据配送的具体流程归集成本。不同的配送模式，其成本构成差异较大；在相同的配送模式下，由于配送物品的性质不同，其成本构成差异也很大。

影响配送成本的因素

四、影响配送成本的因素

配送成本的高低受多种因素的影响，主要有配送管理因素、配送货物自身的因素及市场因素等，具体如下。

（一）配送管理因素

1. 配送满足率

配送满足率是指配送中心的存货量占客户所需要的货物数量的比率。如果配送满足率高，可以一次性、大批量地进行配送；如果配送满足率较低，则配送中心就会分次进行配送，对不足的货物还需要花费另外的时间和车辆进行配送，这些额外的工作同样会增加配送成本，有时还可能因缺货而失去客户。

2. 配送周期

配送持续时间的长短直接影响着配送成本的高低，如果配送效率低下，货物对配送中心的占用时间长，就会耗用更多的仓储固定成本。而这种成本往往表现为机会成本，使得配送中心不能提供其他配送服务获得收入或者在其他配送服务上需要另外增加成本。

3. 配送工具

不同的配送工具，其成本高低不同，运输能力大小也不同。运输工具的选择，一方面取决于所运货物的体积、重量及价值大小；另一方面取决于企业对所运货物的需求程度及工艺要求，因此选择运输工具既要保证客户的需求，又要力求配送成本最低。

4. 配送货物的数量、重量

配送货物的数量和重量增加虽然会使配送作业量增大，但大批量的作业往往使得配送效率提高。单件、小批量的配送不仅不能体现配送的优势，而且由于单位固定成本较高，因此其配送成本相对也会较高。

（二）配送货物自身的因素

1. 配送货物的密度

配送货物的密度越大，相同运输单位所装的货物越多，运输成本就越低。同样，配送中心一定空间领域存放的货物也越多，库存成本也会降低。

2. 配送货物的价值

配送货物价值的高低会直接影响配送成本的大小。随着所配送货物价值的增加，每次物流活动的成本都会增加，运费在一定程度上反映了货物移动的风险。一般来说，配送货物的价值越大，对其所需要的运输工具要求就越高，其分拣、配装、流通加工所花费的成本也会增加。

3. 易碎性

易碎的货物在配送时对运输、包装、储存等提出了更高的要求，自然会增加成本。

4. 特殊要求

有些货物在配送过程中有特殊要求（如加热、制冷等），这些都会增加配送成本。

（三）市场因素

1. 配送距离

运输成本是构成配送成本的主要内容，而距离则是影响运输成本的主要因素。距离越远，也就意味着运输成本越高；同时，运输设备需要增加，送货员工也需要增加。

2. 外部成本

配送经营时，有时还需要使用到配送企业以外的资源，而外部资源的使用成本是企业无法控制的，特别是一些垄断性的外部资源，配送企业在使用的过程中都会增加额外的成本开支。

配送成本在物流成本中占有很大比例，其核算是多环节的核算，是各个配送环节或活动的集成。配送成本费用总额是由各个环节的总成本组成的，即：

配送成本=配送运输成本+配送分拣成本+配送流通加工成本+配送配装成本

五、配送运输成本的核算

配送运输成本是指配送车辆在完成配送货物过程中所发生的各种车辆费用和配送运输间接费用。

1. 车辆费用

车辆费用是指从事配送运输生产而发生的各项费用，具体包括驾驶员及助手等的工资及福利费、燃料费、轮胎费、修理费、折旧费、养路费、车船使用税费等项目。

2. 工资及职工福利费

根据“工资分配表”和“职工福利费计算表”中分配给各车型分类成本的金额计入成本。

对于有固定车辆司机及其随车人员的工资及津贴，应由有关车型的运输成本负担，将其实际发生数直接计入运输成本的工资项目。按照工资负担对象和金额计算应计提的职工福利费，直接计入各分类运输成本的“职工福利费”项目。

对于没有固定车辆司机的工资及津贴应按营运车吨位或营运车日，分配计入有关车辆的分类运输成本，其分配计算公式为：

$$每运营车吨日工资分配额［元/（车·吨·日）］=\frac{应分配的司机工资总额}{总运营车·吨·日}$$

某车型应分摊的司机工资额（元）= 该车型实际总运营车吨日 × 每运营车吨日工资分配额

3．燃料费

营运车辆消耗的燃料应根据行车路单或其他有关燃料消耗报告所列的实际消耗量计入成本。燃料消耗计算的范围与期间应与车辆运行情况相一致，以保证燃料实际消耗量与当月车辆行驶总车千米和所完成的运输周转量相对应。

当月实耗数=月初库存数+本月领用数–月末库存数

营运车辆在本企业以外的油库加油，其领发数量不作为购入和发出处理的企业，应在发生时按照分类成本领用的数量和金额直接计入各分类运输成本。

4．轮胎费

营运车辆领用的内胎、垫胎及轮胎零星修补费用和轮胎翻新费用，按实际领用数和发生数计入各分类运输成本。外胎可以按领用轮胎实际成本计入当月运输成本，但在一次领用轮胎较多时，可以在一年内分月摊入各月运输成本。

大中型汽车运输企业，一般按每胎千米摊销额和月度内实际行驶胎千米数计入成本，其计算公式为：

千胎千米摊提额（元/千胎千米）=（外胎计划价格–计划残值）/

（新胎到报废行驶里程定额/1000）

5．维修费

营运车辆因维护和修理而领用的各种材料、配件费直接计入各分类成本的维修费项目；预提的车辆大维修费用可根据“预提大维修费用计算表”计入本项目。

营运车辆的大维修费用按实际行驶里程计算预提，特种车按使用年限计算预提，其计算公式为：

（1）按使用年限计提。

某车型月大维修费用提存率（%）=（预计大修理次数 × 每次大修理费用）/

（该车型平均原值 × 预计使用年限 × 12）× 100%

某车型某月大维修费用提存额（元）=某车型当月平均原值 × 该车型月大维修费用提存率

（2）按实际行驶里程计提。

某车型千车千米大维修费用预提额（元/千车千米）=（预计大修理次数 × 每次大修理费用）/

（该车型平均新至报废行驶里程定额 × 1000）

某车型营运车月大维修费用提存额（元）=该车型千车千米大维修费用预提额 ×

（该车型当月实际总行程/1000）

6. 车辆折旧费

营运车辆的折旧费按实际行驶里程计算，特种车、大型车按年限法计算列入本项目。不采取预提大维修费的企业，可不分大修和小修，所发生的修理费用直接计入本项目。

（1）按使用年限法计提折旧的计算。

某车型营运车月折旧率（%）=（1–残值率）/该车型预计使用年限×12×100%

某车型营运车月折旧额（元）=该营运车月初原值×该车型营运车月折旧率

（2）营运车辆按行驶车千米计提折旧的计算。

某车型营运千车千米折旧额（元/千车千米）=［车辆原值–（预计残值+清理费用）］/该车型折旧里程定额/1000

某车型营运车折旧费用（元）=该车型营运车当月实际行驶里程×该车型营运千车千米折旧额/1000

月终，根据“固定资产折旧计算表”将提取的营运车辆折旧额计入各分类运输成本的本项目内。

7. 养路费与运输管理费

养路费及运输管理费按运输收入的一定比例计算，应按不同车型分别计算应缴纳的养路费与运输管理费，计入各分类成本；按车辆吨位于月初或季初预先缴纳养路费与运输管理费的企业，应根据实际缴纳数分摊计入各分类运输成本的本项目内。

8. 车辆保险费

车辆保险费按实际支付的投保费用和投保期，并按月份分车型分摊计入各分类成本的本项目内。

9. 事故费

营运车辆在运营过程中因碰撞、翻车、碾压、落水、失火、机械故障等原因而造成的人员死亡、牲畜死伤、车辆损失、物资毁损等行车事故所发生的维修费、救援费和赔偿费，以及支付给外单位人员的医药费、丧葬费、抚恤费、生活补助费等事故损失，在扣除向保险公司收回的赔偿收入及事故对方或过失人的赔偿金额后，计入有关分类成本的本项目内。

10. 车队管理费

车队管理费应分配计入本车队各类车型的运营成本。为方便起见，通常先按车队发生的营运车辆的车辆费用和其他业务的直接费用比例，由运输业务和其他业务分摊，然后，再按各类车辆的直接费用比例或营运车日比例由各类运输成本分摊。

车队管理费初次分配的计算公式如下：

$$\text{车队费用分配率（\%）}=\frac{\text{当月车队费用总额}}{\text{运输业务直接费用}+\text{其他业务直接费用}}\times 100\%$$

运输业务应分摊车队费用（元）=当月运输业务直接费用总额×车队费用分配率

六、配送分拣成本的核算

分拣成本是指分拣机械设备和人工在完成货物分拣过程中发生的各种费用。

1. 分拣成本计算项目

分拣成本计算项目包括分拣直接费用和分拣间接费用。

（1）分拣直接费用。具体如下：

① 工资。工资指按规定支付给分拣作业人员的工资、奖金、津贴等。

② 职工福利费。职工福利费指按规定的工资总额和提取标准计提的职工福利费。

③ 维修费。维修费指分拣机械设备进行保养和维修时所发生的费用。

④ 折旧费。折旧费指分拣机械设备按规定计提的折旧费。

⑤ 其他费用。其他费用指不属于以上各项的其他直接费用。

（2）分拣间接费用。分拣间接费用是指配送分拣管理部门为管理和组织分拣作业，需要由分拣成本负担的各项管理费用和业务费用。

2. 分拣成本计算方法

配送环节分拣成本的核算方法是指将分拣过程中所发生的费用，按照规定的成本计算对象和成本项目计入分拣成本的方法。

（1）工资及职工福利费。工资及职工福利费根据“工资分配汇总表”和“职工福利费计算表”中分配的金额计入分拣成本。

（2）维修费。辅助生产部门对分拣机械设备进行保养和维修的费用根据“辅助生产费用分配表”中分配的分拣成本金额计入成本。

（3）折旧费。折旧费根据“固定资产折旧计算表”中按照分拣机械设备提取的折旧金额计入分拣成本。

（4）其他费用。其他费用根据“低值易耗品发出凭证汇总表”中分拣成本领用的金额计入分拣成本。

（5）分拣间接费用。分拣间接费用根据“配送管理费用分配表”计入分拣成本。

3. 分拣成本计算表

配送中心月末应编制“配送分拣成本计算表”，以反映配送分拣总成本（表13-1）。

表13-1 配送分拣成本计算表

编制单位: 年 月 单位: 元

项目	计算依据	合计	分拣品种			
			货物甲	货物乙	货物丙	货物丁
一、分拣直接费用						
工资						
职工福利费						

续表

项目	计算依据	合计	分拣品种			
			货物甲	货物乙	货物丙	货物丁
维修费						
折旧费						
其他费用						
二、分拣间接费用						
分拣总成本						

七、配送配装成本的核算

1．配装成本计算项目

配装成本计算项目包括配装直接费用和配装间接费用，具体如下：

（1）配装直接费用。配装直接费用包括以下几项：

① 工资。工资是指按规定支付的配装作业人员的标准工资、奖金、津贴。

② 职工福利费。职工福利费是指按规定支付的工资总额和提取标准计提的职工福利费。

③ 材料。材料是指配装过程中消耗的各种材料，如包装纸、包装箱、包装塑料等。

④ 辅助材料。辅助材料是指配装过程中耗用的辅助材料，如标志、标签等。

⑤ 其他费用。其他费用是指不属于以上各项的费用，如配装工人的劳保用品费等。

（2）配装间接费用。配装间接费用是指配送配装管理部门为管理和组织配装作业所发生的各项费用，即由配装成本负担的各项管理费用和业务费用。

2．配装成本计算方法

配送成本的计算方法是指将配装过程中所发生的费用按照规定的成本计算对象和成本项目进行计算的方法。具体计算方法如下：

（1）工资及福利费。工资及福利费根据“工资分配汇总表”和“职工福利费计算表”中分配的配装成本的金额计入成本。计入产品成本中的直接人工费用的数额是根据当期“工资结算汇总表”和“职工福利费计算表”来确定的。

（2）材料费用。材料费用根据“材料发出凭证汇总表”“领料单”及“领料登记表”等原始凭证中配装成本耗用的金额计入成本。

在直接材料费用中，材料费用数额是根据全部领料凭证汇总编制“耗用材料汇总表”确定的；在归集直接材料费用时，凡能分清某一成本计算对象的费用，应单独列出，以便直接计入该配装对象的产品成本计算单中；属于几个配装成本对象共同耗用的直接材料费用，应当选择适当的方法，分配计入各配装成本计算对象的产品成本计算单中。

（3）辅助材料费用。辅助材料费用根据“材料发出凭证表”“领料单”中的金额计入成本。

（4）其他费用。其他费用根据“材料发出凭证汇总表”“低值易耗品发出凭证”中配装成本领用的金额计入成本。

（5）配装间接费用。配装间接费用根据“配装间接费用分配表”计入配装成本。

3．配装成本计算表

配送中心月末应编制“配装成本计算表”，以反映配装总成本（表13-2）。配装作业是配送的独特要求，只有进行有效的配装，才能提高送货水平，降低送货成本。

表13-2 配装成本计算表

编制单位：　　　　　　　　　　　　　　　　年　　月　　　单位：　元

项目	计算依据	合计	配装品种			
			货物甲	货物乙	货物丙	货物丁
一、配装直接费用						
工资						
职工福利费						
材料费						
辅助材料费						
其他费用						
二、配装间接费用						
配装总成本						

八、配送流通加工成本的核算

1．配送流通加工成本计算项目

配送流通加工成本可按直接费用和间接费用两部分进行计算。

（1）配送流通加工直接费用。配送流通加工直接费用包括以下两个方面：

①直接材料费用。直接材料费用是指产品流通加工过程中直接消耗的材料、辅助材料、包装材料及燃料和动力等的费用。

②直接人工费用。直接人工费用是指直接进行加工作业人员的工资总额和按工资总额提取的职工福利费。

（2）配送流通加工间接费用。配送流通加工间接费用是指配送流通加工管理部门为组织和管理加工作业所发生的各项间接费用，主要指制造费用。

2．配送流通加工成本计算方法

（1）直接材料费用的计算。在直接材料费用中，材料和燃料费用的数额是根据全部领料凭证汇总编制“耗用材料汇总表”确定的，而外购动力费用是根据有关凭证确定的。

（2）直接人工费用的计算。计入产品成本中的直接人工费用的数额是根据当期“工资结算汇总表”和“职工福利费计算表”来确定的。

（3）制造费用的核算。制造费用是通过设置制造费用明细账按照费用发生的地点归集的。制造费用明细账按加工单位开设，并按费用明细账项目设专栏组织计算。

3. 配送流通加工成本计算表

配送中心月末应编制“流通加工成本计算表”，以反映配送总成本和单位成本（表13-3）。

表13-3　流通加工成本计算表

编制单位：　　　　　　　　　　　　　　　　　年　　月　　　单位：　元

项目	计算依据	合计	流通加工品种			
			货物甲	货物乙	货物丙	货物丁
直接材料费用						
直接人工费用						
职工福利费						
制造费用						
流通加工总成本						

九、配送成本控制的方法与途径

1. 配送成本控制的方法

配送成本控制是指在配送经营过程中，按照规定的标准调节影响成本的各种因素，使配送各环节生产耗费控制在预定的范围内。配送成本控制分为绝对成本控制和相对成本控制。

（1）绝对成本控制。绝对成本控制是指把成本支出控制在一个绝对金额以内。绝对成本控制从节约各种费用支出、杜绝浪费方面进行物流成本控制，要求把营运过程发生的一切费用划入成本控制范围内。

（2）相对成本控制。相对成本控制是指通过对比成本与产量、利润、质量及服务等寻求在一定制约因素下取得最佳经济效益，相对成本控制扩大了物流成本控制的领域，要求在降低物流成本的同时，注意与成本关系密切的因素，如产品结构、服务质量和管理水平等，目的在于提高控制成本支出的效益，即减少单位产品成本投入，提高整体经济效益。

日日顺物流推出“酷达”服务助力企业降本增效

2. 配送成本控制的途径

（1）利用标准成本法。

①制定成本控制标准。成本控制标准是控制成本费用的重要依据。物流配送成本标准的制定应按实际的配送环节分项进行。

②揭示成本差异。制定成本控制标准后要与实际费用比较，及时揭示成本差异。差异的计算与分析也要与所制定的成本项目进行比较。

③反馈成本信息。要将成本差异的有关情况及时反馈到有关部门，以便及时控制与纠正。

（2）使用现代化信息技术，提高作业效率。

①加强自动识别技术的开发与应用，提高进货和发货时商品检验的效率。配送中心可以通过加强自动识别技术的开发与应用来提高进货和发货时商品检验的效率，从而控制配送成本。

②使用自动化的智能设备提高保管、装卸、备货和拣货作业的效率。实行自动化备货作业后，各个货架或货棚顶部装有液晶显示装置，该装置显示商品的分类号及店铺号，作业人员可以迅速地查找到所需商品，提高保管、装卸、备货和拣货作业的效率，以控制配送成本。

③采用先进的计算机分析软件优化配送运输作业，降低配送运输成本。配送中心可以采用解析法、线性规划法或静态仿真法对配送中心选址进行合理布局；可以使用车辆安排程序合理安排配送运输的路线、顺序等来降低配送成本。

（3）实行责任中心管理制度。把配送中心作为一个责任中心来对待，并划分若干责任区域，指派下属经理——配送经理进行管理。企业实行责任中心管理制度的关键是制定一个业绩计量标准，包括制定决策规则、标准和奖励制度。企业利用这个标准明确作业内容，并对业绩进行判断和评价，从而达到控制配送成本的目的。

配送中心既要提高服务水平，又要降低配送运营的总成本，这是一个难题。所以，配送中心可以在整个物流企业的总成本目标和服务水平总体要求的指导下对配送成本进行合理的控制。

十、配送成本控制的策略

对配送成本的控制就是要在保证一定服务水平的前提下尽可能地降低配送成本。一般来说，要想在一定的服务水平下使配送成本最少可以考虑以下策略。

1. 差异化策略

差异化策略的指导思想是产品特征不同，客户服务水平也不同。当企业拥有多种产品线时，不能对所有产品都按同一标准的客户服务水平来配送，而应按产品的特点和销售水平来设置不同的库存、不同的运输方式及不同的储存地点。

2. 混合策略

混合策略是指配送业务一部分由企业自身完成，另一部分则外包给第三方物流企业完成。这种策略的基本思想是尽管采用单一策略易形成一定的规模经济，并使管理简化，但由于产品品种多变、规格不一、销量不等等情况，采用单一策略的配送方式超出一定程度不仅不能取得规模效益，反而会造成规模不经济。而采用混合策略合理安排由企业自身完成的配送和外包给第三方物流企业完成的配送能使配送成本最低。

3. 合并策略

合并策略包含两个层次：一个是配送方法上的合并，另一个则是共同配送。

（1）配送方法上的合并。配送方法上的合并是指企业在安排车辆完成配送任务时，充分利用车辆的容积和载重量，做到满载满装，这是降低成本的重要途径。

（2）共同配送。共同配送是一种产权层次上的共享，也称集中协作配送。它是几个企业联合集小量为大量共同利用同一配送设施的配送方式，其标准运作形式是：在中心机构的统一指挥和调度下，各配送主体以经营活动（或以资产为纽带）联合行动，在较大的地域内协调运作，共同对某一个或某几个客户提供系列化的配送服务。

4. 延迟策略

延迟策略的基本思想就是对产品的外观、形状及其生产、组装、配送的确定应尽可能推迟到接到客户订单后。一旦接到订单就要快速反应，因此采用延迟策略的一个基本前提是信息传递要非常快。

5. 标准化策略

标准化策略就是尽量减少因品种多变而导致的附加配送成本，尽可能多地采用标准零部件、模块化产品。采用标准化策略要求厂家从产品设计开始就要站在消费者的立场去考虑怎样节省配送成本，而不要等到产品定型生产出来后才考虑采用什么技巧降低配送成本。

任务二　配送绩效管理

为了客观评价物流配送绩效，在选取影响绩效评价结果的指标体系时要考虑制约指标体系的多层因素，建立的指标体系要科学、合理、有效，指标体系要有明确、可量化的指标。

一、配送中心绩效评价指标体系设立的原则与流程

配送中心配送绩效评价是配送中心战略管理的一个重要组成部分，是指采用特定的指标体系，对照一定的评价标准，运用一定的评价方法，对配送中心在一定期间内配送活动的优劣做出客观、公平和准确的判断。

（一）配送中心绩效评价指标体系设立的原则

建立一套绩效评价指标体系对配送中心的配送绩效进行判断、评价，从而为企业改善现行配送体系提供参考依据具有重要意义。为保证评价结果的有效性，在建立评价指标体系时应遵循以下原则。

1. 科学性原则

评价指标体系的设计要符合物流活动的客观规律，评价的方法、内容要和评价体系相适应，要能够获得客观、真实的评价结果。

2. 可行性原则

绩效评价应尽可能全面地反映配送中心配送活动的特征和规律，各指标的设立必须考虑评价所需各种资料、数据的可获性和收集的难易程度。评价指标体系的设计应与配送中心的统计指标、会计指标、业务核算指标相统一，以便各种数据资料的收集、加工和整理。

3．层次性原则

配送绩效评价要注意分清主次，评价指标的设计要有一定的层次性，在每个层次中要对关键绩效指标进行重点分析，力求客观、准确地评价配送中心的内外部环境，估算出配送中心所处的优势和劣势，从而为配送中心整体运营状况提供准确的评价。

4．目的性原则

评价指标体系的总体框架要围绕提高经济效益和服务质量的目的而建立。对储存、加工、包装、装卸等物流的静止状态遵循少停留、少耗费的原则；对搬运、运输等物流的流动状态要遵循距离短、时间快、费用省的原则。

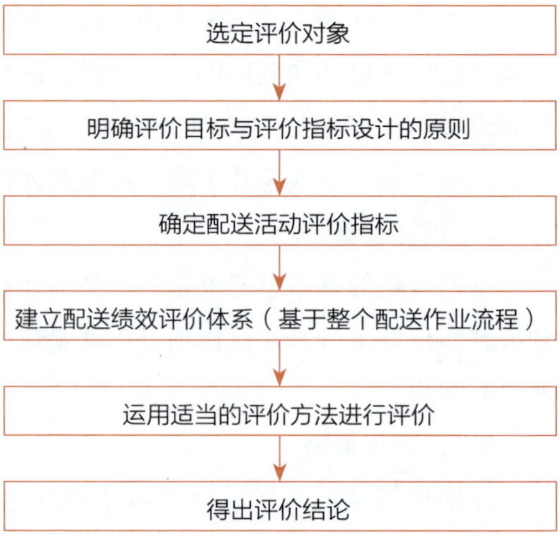

图13-1　配送中心绩效评价指标体系构建流程

（二）配送中心绩效评价指标体系构建流程

虽然各种类型的配送中心的经营策略和特点各不相同，但是，它们对绩效评价指标体系的构建流程几近相同，具体步骤如图13-1所示。

在该构建流程中，确定采购功能、库存功能、配送功能、服务效果等评价指标和建立基于整个配送作业流程的绩效评价体系是实际工作中的重点，而选择哪种评价方法进行评价则是难点。

二、配送中心绩效评价指标体系的内容

（一）经济效益指标

经济效益指标是衡量配送中心发展最客观的依据。它可以从经济效益的盈利能力、资产营运能力、偿债能力及发展潜力四个方面来进行评价。

1．盈利能力

盈利能力是衡量物流配送中心发展的首要条件。在盈利的条件下，企业会增大经济投入，扩大配送规模，从而达到规模效应。盈利能力评价指标如表13-4所示。

表13-4　盈利能力评价指标

评价要素	指标名称	度量方法
盈利能力	营业净利率	（净利润÷营业收入利润）×100%
	资本收益率	（净利润÷实收资本）×100%
	所有者权益率	（净利润÷所有者权益平均余额）×100%
	资产净利率	（净利润÷资产平均总额）×100%

2. 资产营运能力

资产营运能力反映企业对物流配送中心的营运效率，以发现与同类企业在资产利用上存在的差距，从而促进企业提高资产利用效率。资产营运能力评价指标如表13-5所示。

表13-5 资产营运能力评价指标

评价要素	指标名称	度量方法
营运能力	流动资产周转率	（销售收入÷平均流动资产）×100%
	总资产周转率	（销售收入÷平均资产总额）×100%
	总资产报酬率	（利润总额÷平均资产总额）×100%
	应收账款周转率	（销售收入÷平均应收账款）×100%

一般情况下，流动资产周转率越高，表明企业物流配送流动资产周转速度越快，利用率越高；总资产周转率越高，表明企业周转速度越快，企业全部资产的管理质量和利用效率越高；总资产报酬率越高，表明企业投入产出水平越高，企业的资产营运越有效；应收账款周转率越高，表明企业总资产的营运效率越高。

3. 偿债能力

企业的偿债能力强，可以降低财务风险。偿债能力评价指标如表13-6所示。过低的资产负债率表明财务杠杆利用不够充分；流动比率高，表明企业的可支配流动资产多，便于企业的经济投资。

表13-6 偿债能力评价指标

评价要素	指标名称	度量方法
偿债能力	资产负债率	（负债总额÷资产总额）×100%
	流动比率	（流动资产÷流动负债）×100%

4. 发展潜力

在激烈的社会竞争中，企业的发展潜力是企业生存的根本。发展潜力评价指标如表13-7所示。只有综合评估市场增长率与利润增长率，才能较真实地反映该企业的发展能力状况。

表13-7 发展潜力评价指标

评价要素	指标名称	度量方法
发展潜力	市场增长率	（本期收入－上期收入）÷上期收入×100%
	利润增长率	（本期净利润－上期净利润）÷上期净利润×100%

（二）时效性指标

时间是效率最直接的因素，时效性关系到配送中心能否及时提供满足客户需求的配送服务能力，最容易看出配送中心的整体配送服务能力。因此，配送中心要缩短客户从订货到取货的等待时间，争取在较短的时间内完成物流配送活动。

1. 订单响应时间

订单响应时间是指从配送中心收到订货指令到订单生成所需的时间。

2. 发货响应时间

发货响应时间是指从配送中心订单生成到使用运输工具开始向目的地运输的等待时间。

3. 取货等待时间

取货等待时间是指从配送中心开始运输货物到将货物送达客户手中所需要的时间。

4. 退货等待时间

退货等待时间是指客户对货物不满意或因其他原因将货物退回到配送中心所需要的时间。

（三）内部运作指标

内部运作是物流配送中心的核心部分，内部运作效率的高低影响着整个供应链，配送效率的高低主要取决于信息处理能力、物资完好率、进发货准确率、货物周转率等。

1. 信息处理能力

物流信息化在现代企业经营战略中占有越来越重要的位置。物流信息化不仅对物流企业活动具有支持保证的功能，而且具有连接整合整个供应链，使其活动高效化的功能。信息处理能力评价指标由信息化水平、信息及时率和信息准确率等内容组成。

$$信息化水平=\frac{信息化建设投入资本价值}{企业总资本价值}\times 100\%$$

$$信息及时率=\frac{信息活动及时次数}{信息活动总次数}\times 100\%$$

$$信息准确率=\frac{信息活动准确次数}{信息活动总次数}\times 100\%$$

客户在配送中心完成订单后需要对货物进行跟踪、查询，实时了解货物的位置信息，信息的及时性、准确性对客户了解货物显得至关重要。信息水平的高低间接影响了客户的满意度。

2. 货物完好率

货物完好是配送中心运行的前提。送达客户手中的货物应该是完好的。破损的货物会降低客户的满意度，有损企业在客户心中的形象。

$$货物完好率=\frac{一定时期内平均库存量-期内丢失、损坏、变质的货物总量}{一定时期内平均库存量}\times 100\%$$

3. 进发货准确率

$$进发货准确率=\frac{一定时期内吞吐量-出现差错量}{一定时期内吞吐量}\times 100\%$$

目前，客户收到与订单不同货物的情况时有发生，由于种种原因，产生了很多的利益纠纷。进发货准确率关系着客户能否收到订单的货物，事关消费者利益的维护，也关系到企业的形象。

4. 货物周转率

$$货物周转率=\frac{月初库存总量}{日平均在库存量}\times 100\%$$

货物周转率是衡量配送中心运行效率高低的一个重要指标。货物周转率高可以有效降低企业的库存，降低企业的仓储成本。

（四）作业质量指标

配送中心在保障供应能力的同时，必须提高物流配送的作业质量。物流配送中心作业质量的主要评估标准为物流服务一次合格率。作业质量评价指标主要有丢失货物率、货物损坏率、客户退货率和客户抱怨率，如表13-8所示。

表13-8 作业质量评价指标

评价要素	指标名称	度量方法
作业质量	丢失货物率	（丢失货物数量÷全部货物数量）×100%
	货物损坏率	（损坏货物数量÷全部货物数量）×100%
	客户退货率	（退货货物数量÷全部货物数量）×100%
	客户抱怨率	（客户抱怨次数÷订单数量）×100%

质量是企业赖以生存的关键，企业应加强对物流配送流程的监管，降低差错率，提高服务水平。

（五）人员指标

1. 客户满意度

从物流配送的流程来看，客户服务是所有物流活动的终端。客户服务水平是衡量物流系统为客户创造时间和空间效应能力的尺度。客户服务水平决定了企业能否留住现有客户及开发新客户的能力。客户作为物流企业的一项重要资产，物流企业必须善待客户，提高服务水平。

$$客户满意度=\frac{服务总次数-客户抱怨数}{服务总次数}\times 100\%$$

2. 客户保持率

客户保持率反映物流企业的市场保持状况，是指物流企业在一定时期内保留或维持与老客户业务关系的比例。

$$客户保持率=\frac{当前客户量-上期客户量}{上期客户量}\times 100\%$$

物流企业经营的绩效与客户满意水平有着直接的关系，客户保持率这一指标反映的是客户对企业的忠诚程度。客户满意水平越高，客户保持率就越高，企业的绩效也就越好。

3. 员工的基本素质

员工的基本素质关系到客户的稳定与增长，员工素质的高低直接影响物流配送流程的效率。员工的基本素质包括员工的文化水平、道德水平、技术水平、组织纪律性、参与企业管理的积极性及爱岗敬业精神等。

4. 员工的受教育程度

员工的受教育程度越高，对公司发展的贡献越大。我国专业性的物流人才匮乏，物流人才是企业成功的关键。员工的受教育程度可以用员工的受教育程度比例来衡量。

$$员工的受教育程度比例=\frac{某一学历层次的员工}{企业全体员工数}\times 100\%$$

人才是企业发展的动力，员工的学习培训、素质的提高、工作热情的调动直接影响着企业的未来发展潜力。企业应加强对人才的培养，为员工创造良好的环境，增强员工对企业的忠诚度。

三、配送中心绩效评价的方法

物流配送中心经营绩效评价的方法有很多，既有定性分析法，又有定量分析法。在评价时应采用什么方法，要根据评价的目的要求及所掌握的各种资料的性质和内容来确定。

德邦的战略绩效管理

（一）比较法

比较法也称对比分析法，是指通过指标的对比，从数量上确定差异的一种评价方法。常用的比较形式有实际指标与计划指标相比较；现在指标与过去指标相比较；本企业与同类企业或国内外先进企业相比较。这是物流配送企业最常用的定性分析法，但是这种分析方法太过于主观，大型物流配送中心一般不采用。

（二）比率法

比率法是一种通过计算各项指标之间的相对数比较各种比率的一种分析方法，其实质是将各项目的关系比率化，然后进行分析对比。常用的比率法有结构比率法和趋势比率法。结构比率法是指通过计算某项经济指标的各个组成部分占总体的比重来分析其构成内容的变化，从而掌握该项经济活动的特点与变化的一种方法。趋势比率法又称动态比率法，是指将不同时期的同类指标进行对比，求出比率，分析该指标的发展方向和增减速度，以观察经济活动变化趋势的一种方法。

（三）功效系数法

功效系数法是指根据多目标规划原理，将所要考核的各项指标对照不同的分类和分档标准值通过功效函数转化为可以度量计分的方法。它主要用于物流配送中心经营绩效定量指标的计算分析，是物流绩效评价的基本方法，其基本计算公式为：

$$\text{单项指标评价分数}=60+\frac{\text{该指标实际值}-\text{该指标不允许值}}{\text{该指标满意值}-\text{该指标不允许值}}\times 40$$

（四）综合分析判断法

综合分析判断法是指综合考虑影响企业物流经营绩效的各种潜在的或非计量的因素，参照评价参考标准，对评价指标进行印象比较分析判断的方法。

四、配送中心绩效改进的方法

随着商品市场的不断完善，配送中心的重要性也在不断增强，其所处的市场竞争环境不断发生变化，所需要的技术水平要求持续增加，工作效率需要继续改进。配送中心绩效评价也应随着市场的变化而不断提升。

层次分析法与模糊分析法

连锁企业配送中心的绩效分析

配送中心的绩效改进是基于配送中心质量管理的改进来实现的，所以质量改进的基本方法可以直接应用于配送中心绩效的改进。主要改进方法如下。

（一）PDCA循环法

PDCA循环法作为科学的工作程序，最早是由休哈特博士提出来的，后来由美国质量管理专家戴明博士带到日本，也称戴明循环。它是全面质量管理所应遵循的科学程序，物流配送中心绩效的提升也是全面质量管理的一部分，所以PDCA循环法可以改进物流企业绩效。

PDCA是英语单词Plan（计划）、Do（执行）、Check（检查）和Action（处理）的第一个字母缩写组成的。PDCA循环法就是按照这样的顺序进行质量管理的，并且循环不止地进行下去。

（1）计划。计划制订阶段制定方针、目标、计划书及管理项目等。

（2）执行。执行阶段按计划实地去做，去落实具体方案。

（3）检查。实施结果检查阶段检查计划的执行情况，分清哪里正确、哪里错误，明确效果，找出问题。

（4）处理。处理阶段，总结成功的经验，并将其予以标准化；对于失败的教训也要总结，以引起重视。对于没有解决的问题，应提交给下一个PDCA循环中去解决。

以上四个过程不是运行一次就结束的，而是周而复始进行的，一个循环解决一些问题，未解决的问题进入下一个循环，阶梯式上升。

PDCA循环法具有如下特点。

1．大环套小环，小环保大环，互相促进，推动大循环

PDCA循环法作为质量管理的基本方法，不仅适用于整个工程项目，而且适用于整个企业及企业内的各部门，乃至个人。各级部门根据企业总的方针目标都有自己的PDCA循环，层层循环，形成了大环套小环，小环里面又套更小的环，如图13–2所示。

这些循环把企业上下或工程项目的各项工作有机地联系起来，彼此协同，互相促进。

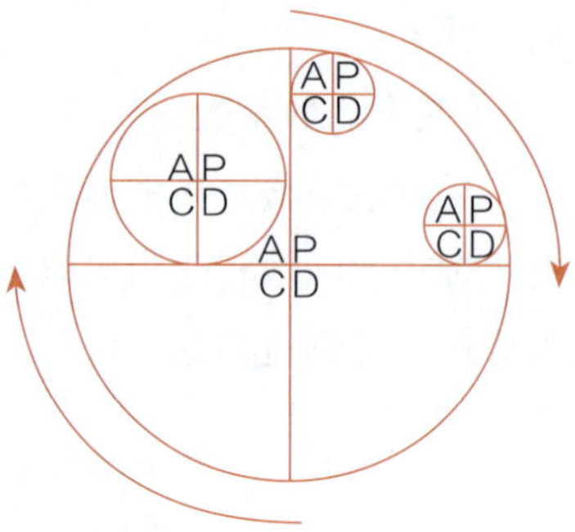

图13–2　大环套小环

2．不断前进、不断提高

PDCA循环就像爬楼梯一样，一个循环运转结束，相关质量就会有所提高，然后进行下一个循环，再运转、再提高，不断前进、不断提高。

3．阶段式上升

PDCA循环不是在同一水平上循环，每循环一次，就解决一部分问题，取得一部分成果，工作就前进一步，水平就提高一些。每次PDCA循环结束后，都要进行总结，提出新目标，然后进行第二次PDCA循环，使质量管理的车轮滚滚向前。

（二）六西格玛管理法

六西格玛管理是指一整套系统的、用于企业管理的理论和实践方法，是探寻同时增加客户满意度和企业经济增长的经营战略方法。六西格玛法是一项以数据为基础的管理方法，是在企业组织的现实工作实践中建立起定义（Define，D）—测量（Measurement，M）—分析（Analysis，A）—改进（Improvement，I）—控制（Control，C）模式（DMAIC），形成科学、规范、可操作的工作程序。

在运用六西格玛进行管理的过程中，对所有产品或服务细节都需要计量，所以运用六西格玛进行质量改进需要用数据表示所有的过程。六西格玛的管理流程如图13–3所示。

1．定义阶段

定义就是对所需要改进的过程或者对象的识别，并对改进过程制订计划。

（1）对各个业务流程的关键因素进行辨别，选择配送中心内部业务活动的质量为对象并进行改进，根据评价值的高低和公式选择货物完好率为对象，主要考察一定时期内损坏、变质或丢失的货物为数据测量的对象。

（2）针对测量数据编制改进计划，对整个过程有系统的描述，这是对单个业务质量的改进。对整个业务流程质量的评价和改进，将业务流程作为测量的对象，结合整个物流配送中心供应链的目标要求和组织发展战略进行改进。

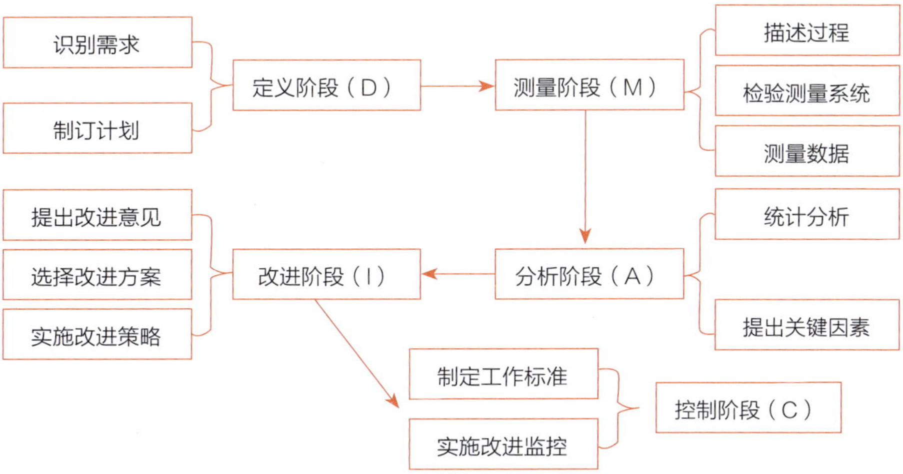

图13-3　六西格玛的管理流程

2．测量阶段

测量就是对数据获取对象的数据参数按照一定的周期进行记录，对所获得的数据进行归类，以便于分析。测量的具体实施主要从两个方面展开：一是对近期或者改变前的业务绩效进行评估，确定西格玛值；二是对流程利用改进的方法进行改进之后确定流程的西格玛值。将前后两方面的值进行比较，然后利用改进的方法进行持续的评价。

3．分析阶段

对获取的数据运用直方图、饼状图等统计方法进行统计分析，找出影响这一过程绩效的主要原因和关键因素，并分析与竞争对手之间的差距。在此阶段，要结合整个组织团队成员的能力对此业务流程的过去、当前和想要取得的成果进行分析，确定问题所在和改进的置信区间。对影响此业务流程的绩效关键因素的分析是一个不断循环、持续改进的过程：结合所有的影响因素分别进行改进；建立因素的整体模型；运用相关的分析方法将影响因素与所需要取得的成果进行统计分析；确定最终的关键影响因素。

4．改进阶段

改进是对上述分析过程的延伸，针对关键影响因素确立改进方案，进行逐步的业务流程质量改进。在这个过程中，需要根据统计分析的结果进行改进方案的确定，同时也需要对关键因素进行实时的调整。所有的过程都是在业务流程精确结果形成的模型基础上进行的。所以，改进阶段就是在分析基础之上，找出最佳解决方案，然后拟订行动计划，确定执行。这个步骤需不断测试，看看改善方案是否真能发挥效用，减少错误。

5．控制阶段

控制过程是对改进过程的延伸，是指对产品质量和业务流程进行持续性改进。定期评价改进的结果，根据评价结果对改进方案进行实时调整。在这一过程中需要适当引进相应的技术测量方法，关注关键影响因素的数据，制订严格的控制计划，监控工作的业务流程，并统计所遇到的突发事件，确定应对突发状况的应对措施。

以上的所有流程不是单独存在的，是相互关联的统一整体。

（三）流程再造法

业务流程再造（Business Process Reengineering，BPR）是对企业的业务流程进行根本性再思考和彻底性再设计，从而使得绩效在成本、质量、服务和速度等方面有巨大的变革，以便企业能最大限度地适应以“客户、竞争和变化”为特征的现代企业经营环境。

BPR的管理思想就是跳出固有的思维方式，评审配送中心的现有业务流程，整改业务流程的长度，删改不必要的枝叶末节，设计出新的业务流程并进行新的评审，从根本上解决因为业务流程问题造成的配送中心绩效持续走低的问题。

1. 战略准备阶段

首先进行组织定位。配送中心业务流程再造小组工作人员在确定了配送中心业务流程的基础上，要确定哪些流程划入可能开展再造的范围，同时提出再造要求与目标。然后，进行初步的业务分析，并进行审议。首先要审议分析项目可能涉及的业务流程，对业务流程进行评析，然后依据组织改造的目标，对所有涉及的业务流程进行综合考量，分析出改造前后对目标的影响，对前后成本、效益等的对比进行分析确定。

2. 设计阶段

（1）开始配送中心业务流程的再造工作。对成本、增值、收入、工作流程、前后货物的货损率等进行统计，重点是厘清它们的相互关系，对每个影响因素进行赋值。需要注意的是，要把成本收益和货损率作为首要的因素，设计合理的模型对其进行评判；同时，要弄清楚旧的流程存在哪些问题，这些问题在改进后的流程中能否得到解决。

（2）设计备选方案。对上一步所罗列的问题进行归纳总结，并结合总目标重新设定工作流程，设计出备选方案。

（3）对每个流程的重要程度设置相应的权数。对每个备选方案的成本收益进行预估，为选取最终方案做预算。

（4）根据预算结果选择一个可以实施的、所有人员都认可的方案，进行下一步的具体实施。

3. 具体实施阶段

实施上一步所选定的方案，同时，要准备好应对突发事件的措施。

4. 检查和改进阶段

检查方案的实施情况，找出实施中出现的新问题。针对新问题继续进行再造设计，进行持续改进。

配送中心绩效持续提升的最终目标是实现配送中心绩效最大化。提升措施的实施对象主要包括两个方面：对配送中心本身的改进及对配送中心运营流程的改进。对配送中心本身的改进是全体成员共同努力的技术性改进，这种改进可以提高组织的管理质量、降低企业管理成本及促成绩效创新。对配送中心运营流程的改进是对配送中心业务流程环节和运营过程中遇到的各类问题进行协商解决并进行逐步改进。这一改进也会产生多种结果：服务质量的提升、服务成本的降低及绩效的提升。

配送中心绩效评价的主体包括与配送中心业务相关的所有人员，包括供应商、客户、配送中心的工作人员等。提升配送中心的绩效，特别是涉及内部运营业务流程的改进时，需要同与配送中心业务相关的所有人员共同协商，提升配送中心绩效水平。

• 项目小结

配送成本具有效益背反规律和隐蔽性。按配送成本的特征分类，配送成本可分为固定成本和变动成本；按成本计入营业成本的方式分类，配送成本可分为直接成本和间接成本。影响配送成本的因素包括配送管理因素、配送货物自身的因素及市场因素。配送中心成本的核算主要包括配送运输成本的核算、配送分拣成本的核算、配送配装成本的核算及配送流通加工成本的核算。

配送中心建立评价指标体系时应遵循科学性原则、可行性原则、层次性原则及目的性原则。配送中心绩效评价指标体系的内容包括经济效益指标、时效性指标、内部运作指标、作业质量指标及人员指标。配送中心绩效评价的方法主要包括比较法、比率法、功效系数法、综合分析判断法。提升配送中心绩效的方法包括PDCA循环法、六西格玛管理法及流程再造法。

重点概念：配送成本　配送运输成本　配送中心绩效评价　配送中心绩效评价指标体系　PDCA循环法　六西格玛管理法　流程再造法

• 知识巩固

一、不定项选择题

1. 物流配送中心的评价指标体系的设计要符合物流活动的客观规律，评价的方法、内容要和评价体系相适应，这属于配送中心绩效评价指标设立的（　　）。

A. 科学性原则　B. 可行性原则　C. 层次性原则　D. 目的性原则

2. 以下属于经济效益指标的是（　　）。

A. 盈利能力　B. 订单响应时间　C. 信息处理能力　D. 作业质量

3. 以下不属于经济效益指标中的资产营运能力的是（　　）。

A. 流动资产周转率　B. 总资产周转率　C. 总资产报酬率　D. 所有者权益率

4. 以下不属于内部运作指标的是（　　）。

A. 客户反映信息　B. 信息化水平　C. 信息及时率　D. 信息准确率

5. 以下属于资产营运能力指标的是（　　）。

A. 总资产周转率　B. 资本收益率　C. 所有者权益率　D. 资产净利率

6. 以下属于严格意义上的时效性指标的是（　　）。

A. 订单响应时间　B. 信息收取时间　C. 发货响应时间　D. 取货等待时间

7. 配送中心对客户供应能力的评价标准是作业质量的好坏，配送中心在保障供应能力的同时，必须提高配送的作业质量。以下不属于作业质量指标的是（　　）。

A. 丢失货物率　B. 货物损坏率　C. 客户投诉率　D. 客户抱怨率

8. 物流企业员工素质关系到客户的稳定与增长，员工素质不包括（　　）。

A. 文化水平　　B. 政治敏锐度　　C. 道德水平　　D. 技术水平

9. PDCA循环法中的A指的是（　　）。

A. 计划　　B. 执行　　C. 检查　　D. 处理

10. 下列物流企业绩效评价的具体方法中不属于定量分析法的是（　　）。

A. 比较法　　B. 功效系数法　　C. 层次分析法　　D. 模糊分析法

二、判断题

1. 配送中心绩效评价定量分析法主要包括比较法和比率法。（　　）

2. 对储存、加工、包装、装卸等物流的静止状态遵循少停留、距离短的原则。（　　）

3. 对搬运、运输等物流的流动状态要遵循少耗费、时间短的原则。（　　）

4. 在激烈的社会竞争中，企业的发展潜力是生存的根本。属于发展潜力指标的是市场增长率和利润增长率。（　　）

5. 偿债能力反映了企业对财产的风险控制能力，属于偿债能力指标的是资产负债率 和流动比率。（　　）

三、简答题

1. 简述配送中心绩效评价指标的定义。

2. 配送中心绩效评价指标体系设立的原则有哪些?

3. 配送中心绩效评价指标体系的内容包括哪些方面?

4. PDCA循环法的概念是什么？其步骤是什么?

5. 简述流程再造法。

• 技能实训

一、实训目标

深入当地的一家配送中心，了解其配送成本的基本情况，了解其成本核算方法和管理现状；如有可能，为该企业提出可行的降低配送成本的途径和措施。通过实训，使学生能够熟悉配送中心的成本核算方法，掌握配送中心降低配送成本的方法。

二、实训步骤

1. 熟悉配送中心配送成本的类型和构成，通过实地调研分析，掌握当地配送中心成本的核算方法和管理现状。

2. 具体步骤：

（1）学生自由组合成小组，每组约为8个人。

（2）明确每个人的职责，分析配送中心的配送成本构成。

（3）明确配送成本核算方法，计算配送成本。

（4）提出可行的降低配送成本的途径和措施。

三、实训要求

1. 了解本次实训的目的。
2. 学生在实训过程中应做好记录。
3. 形成实训报告。
4. 进行实训考评。

四、实训评价

评分表

考评人		被考评人	
考评地点			
考评内容			
考评标准	具体内容	分值	实际得分
	配送中心配送成本构成分析	20	
	成本核算方法分析	20	
	成本核算结果分析	20	
	配送中心成本管理调研报告	30	
	团队合作和职业素养表现	10	
合计		100	

五、实训报告

实训报告

班级		姓名		时间	
实训目的					
实训步骤					
实训内容					
我的做法					
我的结论					
我的想法					

项目十四　配送中心客户及营销管理

【知识目标】

1. 了解配送中心市场定位的概念与类型
2. 熟悉配送中心市场定位的步骤与策略
3. 熟悉流通型、储存型、加工型、综合型配送中心的经营策略
4. 熟悉配送中心客户服务的概念、影响因素、特点及内容
5. 掌握配送中心最佳服务半径的概念与影响因素

【技能目标】

1. 能制定配送中心市场定位方案
2. 能区分流通型、仓储型、加工型、综合型配送中心的经营策略
3. 能划分配送中心的最佳服务半径

【素质目标】

1. 培养学生良好的职业素养和职业能力
2. 提高学生的创新思维和创新能力，在岗位上能树立爱岗敬业的职业精神

思维导图

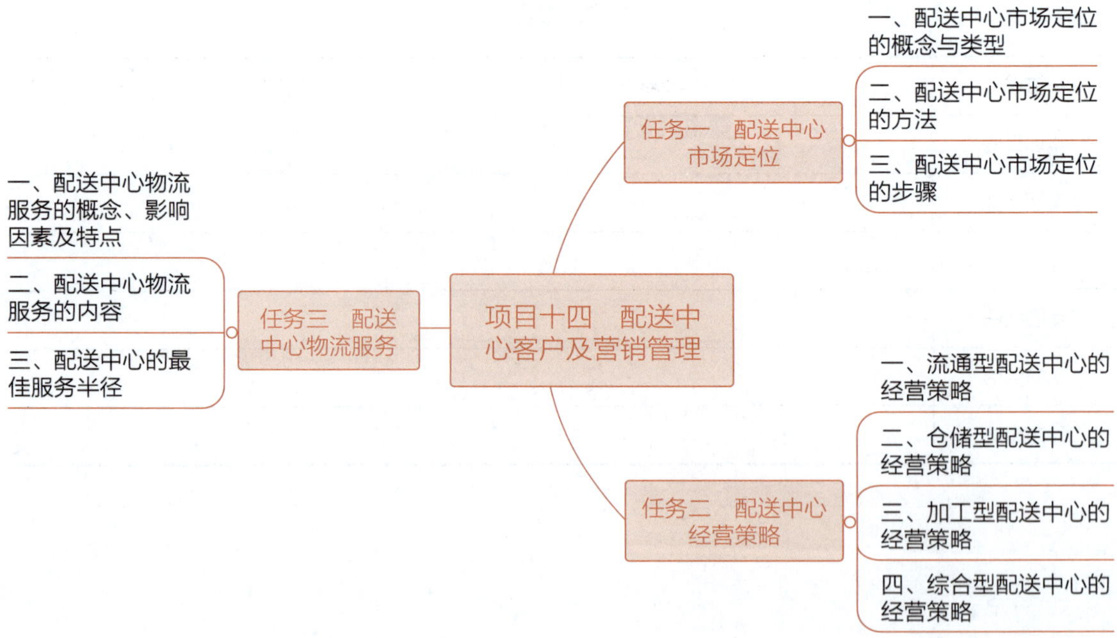

案例导入

快递物流企业在疫情下如何营销？

1. 转变思维，树立正确的营销理念

满足客户需求通常需要转变思维。对品牌而言，这意味着要跳出自身产品和服务的框架去思考，在快递物流市场发展的今天，网点公司运营成本越来越高、总部政策管控越来越严格，同行竞争越来越激烈、生意越来越难做。而品牌塑造与推广价值尤为凸显，这需要系统的营销思维和手段作支撑，为客户提供更加全面的服务。

快递物流行业，做的是服务，必须树立“服务就是产品”的理念。需要精细化管理，服务才能让客户满意。客户满意了业务才不会流失，客户的发货量才会增加，客户才愿意帮我们宣传。很多公司多年下来业务增长就是突破不了瓶颈，因为客户流失率很高。

2. 跨行业客户洞察

快递物流企业及网点公司管理者如果将视野仅局限于自身行业，则难以从全面的角度了解客户。为全方位的分析出客户行为及潜在需求，获取客户行为及反馈信息，可通过以下两种方式为客户定制化服务：

第一，通过社交聆听不断变化的需求。社交不仅能收集客户信息，还可以直接让我们了解到客户群体在使用快递物流时的需求。

第二，邀请客户参与。邀请客户到公司考察，到分拨现场观察，到末端网点体验等。

由此，通过结合客户在跨行业交集处的需求洞察，企业可制定出相应的解决方案来预测和应对不断变化的需求。

（1）做透市场调查，打造核心竞争力。现在大家都在进行同质化竞争，同一区域内快递物流价格越来越低，公司的各项运营成本却越来越高，这样就形成了恶性循环。而大家的共识是公司没有钱赚，怎么可能提供更好的服务？但是没有好的服务，客户必然会流失。

做透市场调查。充分了解市场状况、客户情况、竞争对手等，利用品牌优势把自己的核心业务放大以适应竞争，把公司存在的短板问题逐步解决掉，这样公司的竞争优势才会显现出来。秉持以优质服务为主要手段，在终端提供个性化服务，以增加客户对公司的黏性，形成自己的核心竞争力。

（2）掌握物流销售技巧。有人说销售是一门艺术，但销售更是一门科学的工作，系统的规划、适当的实施才能取得最大的效果。而完成了“寻找到目标客户”，甚至完成对目标客户的情况了解、分析工作，仅仅是个开始，在销售系统中可能仅仅只算完成了10%不到的进度，物流销售工作如果细细说来，每个销售经理人都会有自己的观点、办法和思考。服务业的“产品”，摸不着，事先也看不全，所依赖的是企业的品牌、业内的口碑，另一关键在于销售人员自身的综合技能。这个问题的主旨，聚焦于“寻找目标客户”，那么，先要清楚企业目标客户的首要任务是厘清企业的实况，确立目标市场和潜在的客户群落，有的放矢。

（3）开展全员营销模式。品牌营销不属于企业公司内部某一个部门，与公司每个员工都有关。每个人的行为与形象都代表着企业，对品牌塑造都有影响。这也是我们看到很多快递物流企业都有自己统一的工作服、工作牌。制定“全员营销模式”方案，调动大家利用工作之余，为公司发展业务与客户，在行业内，我们经常能看到京东、顺丰等大品牌就是全员营销。这对于公司和员工来说，都是好事情。

（4）物流营销推广。

① 互联网平台。现在是互联网时代，借助一些专业物流推广平台发布推广信息。

② 微信公众号平台。在公司微信公众号平台，发布结合公司产品及物流方面的软文推广。

③ 微信朋友圈。公司可以组织全体员工，经常发一些与业务有关的内容。当然，公司要制定相应的奖励方案和考核方法，这也是全员营销方案中的一个重要组成部分。

④ 车身广告及其他方式。公司车身统一形象广告，也是营销的重要组成部分，条件允许的可以做一些路面招牌广告或其他媒介广告。

⑤ 圈子活动。俗话说："老板的格局，决定企业的结局。"对中小快递物流企业老板而言，有目的性地参加一些行业活动，既不耽误日常经营管理，又能提升自己的眼界和能力。

成功的营销，可以帮助中小快递物流企业在竞争中获得客户的青睐，取得更大的市场占有率。面对同质化竞争，如果你是一个强势品牌，那你就会有溢价，就会摆脱价格战。

任务一 配送中心市场定位

配送中心作为配送的中心场所，在配送体系中占据着十分重要的地位。科学合理地确定配送中心的市场定位，不仅对于配送体系的完善和发展有着重要的作用，而且对于配送中心的经营活动也有着十分重要的意义和作用。现代物流配送中心在战略上必须明确其市场定位，针对企业实际及客户需求特征做出整体规划。

一、配送中心市场定位的概念与类型

（一）配送中心市场定位的概念

配送中心可根据自身的物流服务对象、服务功能、货物类别、物流职能及配送能力的大小等特点进行差异化定位，以达到获取竞争优势的目的。

配送中心的市场定位是指确定配送中心的服务功能、服务范围、客户对象和市场地位等，以树立企业形象，取得有利的竞争地位。

（二）配送中心市场定位的类型

配送中心在战略上必须明确其发展定位，针对企业实际，以及各地区的需求特征，做出整体的规划；在策略上，依据配送中心的资源状况、规模经济水平、技术条件、管理水平、功能及服务网络等方面的不同优势，进行客观科学的市场定位。配送中心市场定位包括横向定位、纵向定位、系统定位、服务对象定位和功能定位。

1．横向定位

从横向来看，与物流配送中心作用大体相当的物流设施有仓库、货栈、货运站等。这些设施都可以处于末端物流的位置，实现资源的最终配置。不同的是，物流配送中心是实行配送的专门设施，而其他设施可以实行取货、一般送货，而不是按照配送要求有完善组织和设备的专业化流通设施。

2. 纵向定位

如果将物流过程按纵向顺序划分为物流准备过程、首端物流过程、干线物流过程、末端物流过程，那么商业物流配送中心处于末端物流过程的起点。它所处的位置是直接面向客户的位置，因此它不仅承担直接对客户服务的功能，而且根据客户的要求，起着指导全物流过程的作用。

3. 系统定位

在整个物流系统中，物流配送中心在系统中处于核心位置，有助于提高整个系统的运行水平。在包含着物流配送中心的商业物流系统中，物流配送中心对整个系统的效率提高起着决定性作用。所以，在包含了配送体系的大商业物流系统中，物流配送中心处于核心的位置。

4. 服务对象定位

物流配送中心的主要服务对象包括有店铺经营和无店铺经营的商业经营组织。有店铺经营的组织主要包括百货商店、超级市场、便利店、仓储式商店、购物中心、专业商店及专卖商店等零售业态；无店铺经营的组织主要包括自动售货机、电视购物、电话购物、目录零售以及电子商务性质的网上商店等业态。无论上述哪一类服务对象，都是物流配送中心必须明确的主要目标服务对象。

5. 功能定位

物流配送中心的功能是通过配货和送货完成资源的最终配置。物流配送中心的主要功能是围绕配货和送货而确定的，如有关的信息活动、交易活动、结算活动等虽然也是物流配送中心不可或缺的功能，但是它们必然服从于配货和送货这两项主要功能。

课堂讨论

快人一步的市场定位抢占先机，骏通能达到怎样的高度?

吊装行业，三四线品牌一直在走低价竞争路线，因此减配也就成了顺理成章的事情。作为“后起之秀”的骏通，短短两年时间在小吨位吊车市场风靡全国，很大程度上取决于其迅速抢占了市场定位——不走低价竞争的路线，产品对标一线品牌。

小吨位产品利润点薄弱，“三大家”对小吨位重视度不够；而三四线品牌减配的产品，无论从研发技术的投入，还是产品配置的考虑，都在走低价竞争的线路，无法与骏通对标一线品牌的产品媲美。因此，一个空白的市场领域，被骏通先行抢占。纵观骏通汽车吊产品，高出一线的配置贯穿着整个产品序列，如东风康明斯发动机、法士特变速箱、伊顿马达、大小钩、三联泵等配置，完全对标甚至超出一线品牌。同吨位产品高于竞品2万～3万元的配置，不仅使得性能上有保障，也让用户拥有更好的议价能力。更值得一提的是，在小吨位的主力机型如8吨、12吨产品上，骏通很是下功夫，将其做成了一款打口碑的产品，尤其是双卷扬等配置更是深得一批老师傅的心，而在起重机用户特别关注的底盘性能上，骏通也与国内主流底盘厂家，特别是陕汽、重汽等进行了深度合作。

问题：骏通高端产品的定位能否持续占领市场？今后将如何满足目标市场人群的产品定位需求？

二、配送中心市场定位的方法

（一）根据具体的产品特色定位

产品特色定位是根据其本身特征，确定它在市场上的位置。这时广告宣传应侧重介绍它的特色或优于其他产品的性能，使之与竞争产品区别开来。在具体定位时，可以把构成产品内在特色的许多因素作为定位的依据，如产品质量、档次、价格、特色等。例如，中海北方物流有限公司组建的同时拥有普货、冷藏货班列、冠名为“中国海运一号”的五定班列。

（二）根据所提供的利益和解决问题的方法定位

产品本身的属性及由此衍生的利益、解决问题的方法以及重点需要的满足程度也能使顾客感受到它的定位。例如，物流行业中的人性化专业物流服务的定位，“满足客户需要、做到客户想要的、发现客户将要的”服务理念。

（三）根据产品的专门用途定位

为老产品找到一种新用途，是为该产品创造新的市场定位的好方法。例如，物流的概念未传入我国之前，类似物流的行业在我国已经存在。但是进一步完善市场经济之后，就需要我们重新对物流行业进行定位，完善现代物流产业，呼唤具有现代物流运作的物流企业，以满足市场经济的发展。

（四）根据使用者的类型定位

这是指把产品指引给适当的潜在使用者，根据使用者的心理和行为特征及特定消费模式塑造出恰当的形象。例如，中海北方物流有限公司把物流同农业生产联系到一起，为物流产业获得了适宜的形象：中海人以先进的现代物流理念，率先在国内物流界推出了以“现代化物流产业服务于现代农业”的经营方针。

（五）根据竞争定位

这是指根据竞争者的特色与市场位置，结合企业自身发展需要，将本企业的产品，或定位于与其相似的另一类竞争产品的档次，或定位于与竞争产品直接有关的不同属性或利益。

以上定位方法往往是相互关联的，物流企业在进行市场定位时可在综合考虑各方面因素的基础上，将各种方法结合起来使用。

三、配送中心市场定位的步骤

物流配送企业需要在了解市场需求和竞争对手的状况及自身条件的基础上进行市场定位，制定竞争战略。物流配送中心的市场定位主要包括确定目标市场和进行服务功能定位。市场定位过程可按以下步骤进行。

（一）分析客户需求

配送中心不仅要了解客户的当前需求，还要了解客户的运行状态、行业特点、客户需求与本企业所提供的物流服务水平之间的差距、服务需要改善或提高之处，发现客户的潜在需求。

（二）竞争对手分析

进行竞争对手分析的目的是通过了解竞争对手的信息，获知竞争对手的发展策略以及行动，以做出最适当的应对。配送中心要了解当前各类细分市场上提供物流服务的竞争对手的数量、规模、实力、服务水平、价格水平等相关信息，比较自身与竞争企业或优秀企业服务水平的差距。

（三）细分市场，选择目标市场

从根本上来说，任何一个物流企业，无论其规模和能力多大，服务如何多样化，都无法满足所有企业的所有需求，而只能满足一部分市场的需求。因此，物流企业必须将物流市场依据一定的标准进行细分，根据自身的条件来选择一部分客户作为目标市场，确定适当的服务组合策略，以更好地满足它们的需求，使企业在激烈的市场竞争中得以生存和发展。

（四）定位服务功能，构造核心竞争力

物流服务定位是为了强化或放大某些物流功能，从而形成独特的企业形象，其实质在于通过差异化的服务策略来取得在目标市场上的竞争优势，确定本企业在目标市场上的适当位置，以吸引更多的物流需求。因此，物流企业的服务定位是物流企业战略中的重要组成部分，能否制定出有效的物流服务战略，往往影响到具体物流服务的绩效及由此带来的客户满意度，对于提高物流配送企业的竞争力具有重要的意义。

任务二　配送中心经营策略

不同类型的配送中心有自身的特点，因此要根据自身特点选择合适的经营策略。

一、流通型配送中心的经营策略

（一）建立快速响应机制

快速响应关系到配送中心能否及时提供满足客户需求的配送服务。时间是衡量效率最直接的因素，最容易看出配送中心的整体作业能力。流通型的配送中心是连锁企业门店最重要的流通物流机构，是客户与门店之间以货物连接的纽带。信息技术的应用使配送中心提高了在较短的时间内完成作业和尽快交付客户所需物品的能力，配送中心借助信息技术把作业的重点从过去根据预测储备大量的货物转移到了根据客户需求进行配货和送货方面上。

（二）确定最低库存指标

库存是物流配送运作的助推剂，库存持有成本是物流配送成本中最大的部分。流通型配送中心的库存成本应当是配送中心库存指标中最低的，最理想的状态是无限接近于零，也就是说货物一到配送中心入库后即被提走。当然，这是只能无限接近而不能达到的指标。库存持有成本较容易确定，货物的库存量、仓库利用率、库存周转率等都会影响库存成本。

另外，产品可得性也是衡量客户服务水平相当重要的一个方面，产品的短缺会影响客户需求的满足程度，改变企业的物流配送计划，从而影响企业响应客户需求的速度。保持最低库存的目标就是要把存货配置减少到与配送服务目标相一致的最低水平，以实现最低的配送成本。

（三）达到事件最小变异

变异是指破坏系统稳定的任何意想不到的事件。最小变异用来衡量配送活动的服务质量有无达到客户满意的水平。客户的最大担心是害怕供应得不到保证，因此配送重要的一点是必须提高对客户供应的保障能力。具体来讲，如果供应保障能力过高，超过了实际的需要，就会增加成本，这也属于不合理，所以配送中心的供应保障能力是有限度的。

二、仓储型配送中心的经营策略

（一）积极发展代理制和连锁经营

1. 代理制

代理制作为一种现代的商业经营方式，对配送中心的经营和发展有着重要的作用。在发展代理制的过程中，对于仓储型配送中心来说，一是要合理选择客户；二是要根据自己的实际情况，合理确定自己的物流服务项目和区域范围；三是要根据客户的需要及自身提供物流服务的类型，在兼顾客户利益的条件下，制定合理的收费标准；四是要选择合理的代理方式。

2. 连锁经营

连锁经营作为现代零售商业的组织形式和经营形式，在近几年取得了较大的发展。作为一种独特的经营方式，连锁经营也同样适用于配送中心的经营，而且这种方式更能有效地发挥配送中心服务的优势。在发展连锁经营的过程中，对于配送中心来说，在组织形式上，可以以功能、区域连锁为主，开展共同配送；在服务对象上，要以企业作为提供配送服务的重点；在方式上，配送中心可以根据自己的实际情况和其他配送企业的特点，分别采取直接连锁、自愿连锁和特许连锁的形式；在数量上，要注重规模效益；在质量上，要注意连锁企业的实力及服务水平；在空间上，要注意连锁经营的地域范围。

（二）采取差异化的策略

1. 产品价格定位差异化

根据不同客户的配送规模制定不同的服务价格。对于大的客户，应尽量降低配送的服务价格。同时，在具体制定服务价格的过程中，也要考虑每次提供服务的批量。一般来说，少品种、大批量的配送，服务价格应低一些；多品种、少批量的配送，服务价格可高一些。

2. 服务差异化策略

服务差异化策略指的是服务企业提供与竞争企业有所不同的差别化的优质服务，以在与其竞争之中取得优势，从而赢得客户的策略。社会的发展，科技的进步，产品的差异化越来越难，消费者的要求在提高，挑选产品的眼光也越来越高。在这种社会现实环境下，采用服务差异化策略的企业越来越多，服务差异化策略也成为取得渠道竞争优势的一种有效方法。

3. 人事差异化策略

人事差异化策略是差异化战略的形式之一，是指通过聘用、培训及用工特点形式的不同，选择和培养更为优秀的人员，以获取差别优势。训练有素的员工应能体现出下面的六个特征：胜任、礼貌、可信、可靠、反应敏捷、善于交流。企业需要培养专业的技术人员、管理人员和销售人员，从而增强企业整体的软实力。

（三）实行配送中心的信息化

配送中心通过计算机和互联网技术的应用，有效地实现对配送活动的实时控制，使配送中心能科学合理地配置配送资源，提高配送作业的效率，降低配送作业的成本，为客户提供更好的服务。

三、加工型配送中心的经营策略

加工型配送中心的经营策略

1．规模化采购

加工型配送中心比较有代表性的就是生鲜食品配送中心。配送中心通过规模采购，一是可以享有优惠价格。生鲜食品原材料，如大米、蔬菜等的采购都属于大批量的采购，配送中心通过统一采购能够享有价格优惠，降低原材料的成本。二是可以降低管理费用。配送中心统一采购不仅可以减少采购费用，还可以实现统一化、集中化和专业化的管理，在降低管理费用的同时提高管理质量。三是减少库存占压资金。配送中心通过统一采购、集中库存、集中供货可以减少库存，进而实现零库存，从根本上改变库存管理机制，提高货物的利用率，使生鲜食品生产加工企业走出库存高、资金利用率低的困境。

2．混载运输

混载运输是指把不同客户的性能、不相抵触的货物混合装在一个整车或一个集装箱里，在同一个流向为众多客户提供配送服务，提高车船标重利用率和容积利用率。有资料表明，通过混载运输，装车的运杂费比零担节约60%左右，而且待运期短，流通速度快。

3．规模流通加工

一些生鲜食品生产企业在自行加工和包装时，材料利用率很低，给企业造成了很大的资源浪费，而加工型配送中心统一采购、加工、包装后，实行套裁的方式，边角余料都能得到利用，大大降低了材料成本，收到了规模效益，提高了加工设备的利用率。

4．产业链信息透明化

在市场经济条件下，由于生鲜类食品的市场需求日益呈现出“多品种、小批量、更新快”的特点。因此，其生产模式必须富有弹性，构建弹性生产系统或柔性生产系统，按市场需求安排生产，使产品能迅速销往市场。而这种弹性生产系统必须建立在及时获得市场信息的基础上。

5．降低损坏率和退货率

随着全球经济一体化进程的加快和知识经济时代的到来，所有行业都面临着前所未有的挑战。不进行生产效率改善就会被淘汰，不降低成本就会没有获利的空间，不提高服务质量就会丧失竞争力。在配送环节中，配送中心要按照食品的保鲜标准储藏和运输，定期进行检查，在搬运装卸过程中也要避免对食品造成损坏，从而降低食品的退货率。

6. 增强问题处理能力

加工型配送中心由于货物的特殊性，可能客户的投诉率会比较高，对这些问题的处理能力也是十分重要的。客户不满意的原因和目的各不相同，但是诉求都几乎一样，就是希望相关问题能够得到妥善处理，所以配送中心的工作人员在遇到问题后应意识到服务工作尚有漏洞，遵循真心诚意帮助客户解决问题的原则，对所出现的问题应尊重事实，不推卸责任，从整体利益出发，及时提出令客户满意的补救办法并妥善解决问题，减少矛盾的产生。

四、综合型配送中心的经营策略

1. 保证配送中心的总体效率

对物流管理人员来说，把货物按时发出是其基本需求。在电子商务领域，如京东商城，每天订单量达到几十万，要及时发出货物是件非常困难的事情。因此，作业效率就尤为重要，这也成为大型物流配送中心的难点之一。大型物流配送中心由于作业量很大，流程衔接紧凑，更增加了对总体效率保障的难度。影响系统总体效率的环节很多，如果把这些环节都处理好，系统发货效率的达成就成为顺理成章的事情。

2. 保证配送中心运作的准确性

关于准确性问题，有很多指标。但关键指标只有几个，如收货的准确性、拣选的准确性、补货的准确性、发货的准确性等。虽然准确性指标在很大程度上取决于系统的基本性能和技术手段，但与管理水平也有很大关系。需要重点指出的是，保证拣选准确性的一个重要前提是收货（包括退货上架）准确。

3. 保证配送中心的正常运行

保障系统的稳定性和可用度是非常关键的，但是所有的系统或设备均有发生故障的可能。越是复杂的系统，这种可能就越大，而在复杂系统下，物流作业对系统的依赖性却更高。除了选择更好的设备和更稳定的系统外，保证系统稳定运行的关键是按计划保养设备和准备必要的备件。

4. 改进绩效考核

量化是大多数物流中心采取的考核方式，只是实施的方式各有侧重而已。有些岗位的量化很容易，如打包复核；但有些却比较难，如维护保养。对此可采用库存准确性指标、拣选准确性指标、系统可用度指标等去考核业务经理和维修部门。实践证明，量化对于大幅度减少员工、提高作业效率非常有效。员工由“要我劳动”变成了“我要劳动”，这是化被动为主动十分典型的成果。

5. 降低成本

降低成本是每个企业的核心关注点。对于大型综合物流配送中心来说尤其如此。年配送额达100亿元的配送中心，如果其物流费率下降1%，那么其成本将降低1亿元。

任务三　配送中心物流服务

物流配送中心在进行运输、仓储、订单处理和配送等物流作业时都会存在一定的能力约束。超过生产型企业生产能力的生产计划无法按期完工，同样，超出配送中心服务能力的物流配送计划也无法按照客户的要求准时履行。因此，配送中心需要研究自身的服务能力来为制订计划提供客观可靠的依据。

一、配送中心物流服务的概念、影响因素及特点

（一）配送中心物流服务的概念

配送中心提供的物流服务可以分为传统服务和增值服务两个方面。配送中心是专门从事货物配送活动的经济组织，也是集加工、理货、送货等诸多功能于一体的物流节点，是集货中心、分货中心和加工中心的统一体。配送中心的物流服务是指物流服务提供主体配送中心所开展的一系列以满足客户需求的综合行为。配送中心的物流服务能力与其自身的设施设备、组织计划、员工素质等紧密相连，此外，其开展物流业务范围的大小同样对其物流服务能力有着重要影响。

（二）配送中心物流服务的影响因素

影响配送中心物流服务的因素多样而复杂，其中有来自配送中心内部的因素，也有外部因素。在这些因素中，有的属于技术因素、有的属于社会因素，有些起直接作用、有些起间接作用。下面主要叙述一些比较有影响力的因素。

1. 外部因素

（1）客户的地理位置（服务半径）。配送中心的客户离配送中心的距离越远，配送所需花费的时间越长，配送中心对于客户的响应时间越长。

（2）客户订单频率及货物种类。客户订单到达的时间对配送中心的服务能力有影响。在所需配送量一定时，订单到达时间均匀，配送中心的基础设施设备能得到充分利用，配送中心处理订单就越迅速；反之，易形成滞留等待现象，订单处理速度慢。货物对配送中心服务能力的影响主要表现为货物种类、特性、批量、包装形式、单件重量、运输形式等方面。

（3）供应商的供货。供应商对于配送中心发出的订货申请能及时满足，一方面，配送中心能降低库存量，减少库存成本；另一方面，配送中心降低了缺货的可能性，对客户的需求响应也越及时。

（4）交通条件。交通条件是影响物流配送中心服务效率的重要因素。交通不便利，一方面，向供应商进货比较困难；另一方面，也不便于对客户配送。所以，配送中心一般都会选择交通方便的高速公路、国道及快速通道附近。如果以铁路和轮船作为运输工具，则通常都会靠近火车编组站和港口。

2. 内部因素

（1）基础设施设备。配送中心的基础设施设备是配送中心提供服务所需的各种仓储设备、运输工具、包装工具等，是配送中心提供服务的工具与手段。它们的数量和规模、性能和技术状态是影响配送中心客户服务能力的重要因素。

（2）配送中心的总体布局。配送中心的内部工作区域主要包括接货区、储存区、配货区、发货待运区、流通加工区、管理指挥区。接货区和发货待运区设置不合理，进出车辆易发生堵车现象。储存区、配货区设置不合理，拣选速度低下，备货时间过长。

（3）信息化程度。信息化程度主要反映的是配送中心收集、传递和处理信息的能力。配送中心要做好集货、分拣、配货、配装、运输、送达服务、加工等各环节的组织协调工作，离不开信息技术和信息系统的支持。

（4）员工素质。物流作业人员直接参与到物流服务中，在整个服务过程中起着主导作用。他们的技术水平和积极性的发挥程度及体力情况都会直接影响到配送中心的客户服务水平。

（5）管理水平。管理水平包括企业的管理组织、管理制度、管理手段与方法、经营决策、配送中心内外工作的协调程度等。在拥有相同基础设施设备的条件下，管理者对各项物流活动的计划、组织与控制直接影响到配送中心提供物流服务的作业效率。

影响因素如图14-1所示。

（三）配送中心物流服务的特点

配送中心的物流服务是配送中心这一物流主体开展物流服务、满足客户需求的综合体现，有以下特点。

1. 多样性

影响物流服务的因素是多种多样的，包括仓储、运输、装卸搬运、包装、配送、流通加工、信息处理、增值服务等诸多方面，因此配送中心的客户服务能力不是由某一种或者几种因素决定的，而是整个物流系统中相关要素共同作用的结果。

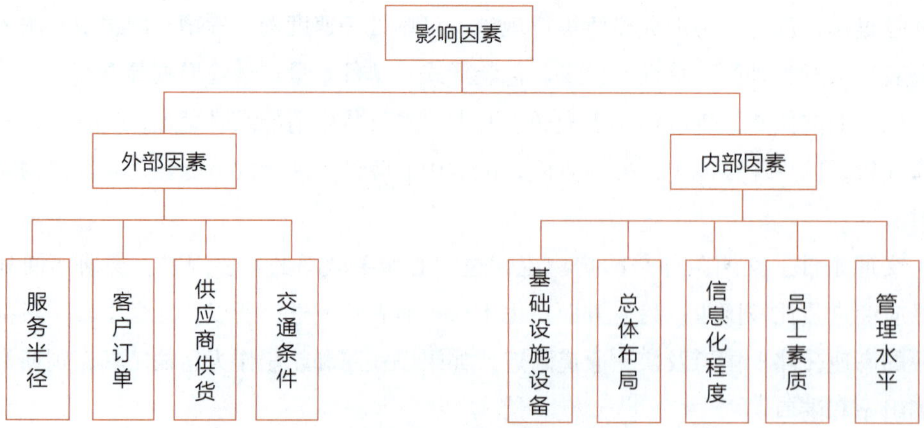

图14-1 影响因素

2. 层次性

对于配送中心这一物流企业而言，物流服务可以划分为战略层物流服务、策略层物流服务和运作层物流服务三个层次。各个层次有不同的视角，物流服务是三个层次的有机结合。同一项物流作业可以贯穿于三个服务层次中。

3. 网络性

配送中心的物流系统不是单一的点线结构，只有充分发挥物流服务网络的作用才能最大限度地降低物流成本，提供高质量的服务。

节点是指某配送中心或仓库等物流据点，是开展物流活动的最基本单元，也是研究物流服务的起点，节点物流服务具体表现在储存、装卸搬运、包装、拣选等物流环节中。

4. 客户导向性

配送中心这一物流主体所提供物流服务的最终目标是通过对客户提供满意的服务实现自身效益，故物流服务的开展始终要以客户需求为前提，即客户需求驱动物流服务的提升。

5. 组织协调性

配送中心的物流服务不仅是物流作业场地、机械设施设备、资金、劳动力、生产效率、作业时间等各种资源要素的简单加和，而且需要物流管理者通过计划、组织、管理等手段协调内外部环境，优化物流资源配置，以适当的成本提供高水平的物流服务。物流服务的运作能力是体现物流服务差异化的关键因素，对配送中心物流服务水平的提高具有重要作用。

二、配送中心物流服务的内容

从客户、配送中心及客户与配送中心交流的角度，配送中心的物流服务内容分为以下四个方面。

（一）产品可得性

客户满意是一个主观性较强的指标，产品可得性是客户最关心的一个方面。它包括数量充足、品种齐全、品质合格、交货及时准确等几个方面。

1. 数量充足

数量充足包含两个方面的含义：一是配送的货物不能缺斤短两；二是配送中心有充足的货物来满足客户需求。

2. 品种齐全

随着经济的飞速发展，特别是由于配送中心的客户大部分是连锁经营企业，其所需货物的品种十分繁杂，进而导致配送中心经常发生数量够而品种不对或不齐全的情况。

3. 品质合格

货物品质包括其各种成分、包装及其他质量要求。

4. 交货及时准确

许多大型连锁经营企业的一个重要盈利点是商品库存量少，甚至达到零库存。当连锁经营企业的某种或某些商品短缺时，配送中心应及时、准确地将货物送达。提前送达则占用连锁经营企业的经营空间；推迟送达则会造成商品短缺，从而影响连锁经营企业的经济效益。

（二）经济性

经济性是配送中心的一个重要评价指标。经济性包括以下三个因素：一是配送货物的总价值（即配送量）；二是配送费用总额（即配送成本）；三是这两者的比率（即费用比率）。其中，配送成本包括仓储成本、装卸成本及运输成本。

（三）信息性

从客户是否满意的角度来看，信息的交流和通信系统的反应速度是非常重要的一个方面。配送中心不仅要加强与客户的交流，而且要提供实时信息，提供货物的位置与状态，以确保各方面能够高效率运作。

（四）安全性

对于危险品，配送中心要严格遵守危险品运输、保管的规定，杜绝恶性事故；对于一般货物的运输、保管，要保证不发生工伤和损伤事故。仓库防火、防盗、防潮、防锈、防虫等均符合规定的要求。一般而言，从货物安全和人身安全两个方面来评价配送中心的安全水平。

三、配送中心的最佳服务半径

配送中心作为一个物流实体，如何为客户提供高效、节能的物流服务，如何配合客户的柔性生产要求是配送中心进行服务策略研究的首要问题。配送中心的具体服务策略多种多样，但是，现阶段配送中心使用较多的是配送中心最佳服务半径。

（一）配送中心最佳服务半径的概念

所谓的配送中心服务半径是指配送中心所服务的需求点的地理覆盖范围，其覆盖范围越大，说明配送中心的服务能力越强，其服务半径越大：相反，若覆盖范围小，则配送中心的服务能力相对较弱，其服务半径也较小。

因此，配送中心最佳服务半径是指实现配送能力最高使用效率时，配送中心所服务需求点的地理覆盖范围，是其配送能力和配送需求的最佳匹配点。

（二）配送中心最佳服务半径的影响因素

影响配送中心最佳服务半径的因素有两个：配送能力和配送需求特征。

1．配送能力

配送中心一般具有集货中心和分货中心的功能，为了实现更有效、更高水平的配送，配送中心往往还有比较强的流通加工能力。因此，配送能力是指配送中心的存储能力、加工能力和运输能力，包括配送中心的硬件条件和软件条件。

（1）集运能力。集运能力是指配送中心的硬件条件，如配送中心的仓库面积、设备配置、运输车队水平等。一般而言，配送中心设施设备的使用寿命较长，必须尽量提高设施设备的利用率。

（2）技术和管理水平。技术和管理水平是配送中心的软件条件，主要是指配送中心的机械化、自动化和信息化水平以及管理水平和专业化人才队伍状况。在现有设施的条件下，先进的技术和管理水平能大大提高配送中心的运行效率，增强配送中心的服务能力。

配送能力越强，说明配送中心越有能力服务较大范围的客户。考虑到技术设备的革新和商业运营模式的日新月异，配送中心应尽量提高设施设备的利用率。

2. 配送需求特征

配送需求特征同样对配送中心最佳服务半径有重要影响。例如，百货零售业商品品种繁多，且要求频繁及时供应，批量少而批次多；而家电制造业品种相对少，批量大。这两个行业的配送需求迥异，其配送中心最佳服务半径也不同。一般而言，配送需求特征主要包括以下两个方面：

（1）需求的稳定性。需求的稳定性是指配送需求的时间分布特征，如配送需求持续、稳定，则配送中心最佳服务半径较易确定，有利于配送中心确定规模合理的配送网络体系。

（2）需求量和需求的均衡性。需求量和需求的均衡性是指需求的品种批量特点和空间分布特征等。如果配送需求空间分布比较集中，配送运输线路确定就相对简单，有利于简化配送工序，提高整车装载率和配送加工效率；配送中心的覆盖能力强，其最佳服务半径相对较大。

配送能力和配送需求特征相互作用，两者共同决定了配送中心最佳服务半径。

• 项目小结

配送中心的市场定位是指确定配送中心的服务功能、服务范围、客户对象和市场地位等，以树立企业形象，取得有利的竞争地位。配送中心的市场定位有横向定位、纵向定位、系统定位、服务对象定位及功能定位5种。配送中心市场定位的步骤包括：分析客户需求；了解竞争对手；细分市场，选择目标市场；定位服务功能，构造核心竞争力。配送中心市场定位的策略包括：完善配送中心的作业标准；发展产业集群，推进配送的规范化；促进配送中心的信息化；加强政府的作用。流通型配送中心、仓储型配送中心、加工型配送中心、综合型配送中心的经营策略各不相同。配送中心的物流服务是指物流服务提供主体配送中心所开展的一系列以满足客户需求的综合行为。配送中心物流服务的影响因素包括外部因素和内部因素两个方面。配送中心物流服务的特点为多样性、层次性、网络性、客户导向性及组织积极性。配送中心物流服务的内容包括产品可得性、经济性、信息性及安全性。配送中心最佳服务半径是指实现配送能力最高使用效率时，配送中心所服务需求点的地理覆盖范围，是其配送能力和配送需求的最佳匹配点。配送中心最佳服务半径的影响因素包括配送能力和配送需求特征。

重点概念：配送中心市场定位　配送中心物流服务　配送中心服务半径

• 知识巩固

一、不定项选择题

1. 与物流配送中心有关的信息活动、交易活动、结算活动等定位，属于配送中心市场定位中的（　　）。

A．横向定位　　B．纵向定位　　C．服务对象定位　　D．功能定位

2．物流配送中心对百货商店、超级市场、便利店、仓储式商店、购物中心、专业商店及专卖商店等零售业态的定位属于配送中心市场定位中的（　　）。

A．横向定位　　B．纵向定位　　C．服务对象定位　　D．功能定位

3．进行市场定位时，不仅要分析客户的当前需求，还要对（　　）进行分析。

A．过后需求　　B．客户行业特点　　C．竞争对手需求　　D．竞争心理

4．配送中心市场定位过程步骤可按分析客户需求、细分市场，选择目标市场、定位服务功能，构造核心竞争力和（　　）进行。

A．资金核算　　B．市场调查　　C．竞争对手分析　　D．需求分析

5．仓储型配送中心采取差异化的策略有：服务差异化策略、人事差异化策略和（　　）。

A．企业差异化策略　　B．产品价格定位差异化策略

C．个性差异化策略　　D．品牌差异化策略

6．通过混载运输，装车的运杂费比零担节约（　　）左右，且待运期短，流通速度快。

A．30%　　B．40%　　C．50%　　D．60%

7．以下不属于生鲜类食品市场需求的是（　　）。

A．品种少　　B．小批量　　C．多品种　　D．更新快

8．配送中心的服务半径属于配送中心物流服务影响因素的（　　）。

A．外部因素　　B．内部因素　　C．决定因素　　D．根本因素

9．配送中心货物品质合格属于配送中心物流服务的（　　）内容。

A．产品可得性　　B．经济性　　C．信息性　　D．安全性

10．需求的品种批量特点和空间分布特征是配送中心最佳服务半径决定因素中的（　　）。

A．集运能力　　B．技术和管理水平

C．需求的稳定性　　D．需求量和需求的均衡性

二、判断题

1．在整个物流系统中，物流配送中心在系统中处于核心位置，有助于提高整个系统的运行水平，属于纵向定位。（　　）

2．功能定位中，物流配送中心的主要服务对象包括有店铺经营和无店铺经营的商业经营组织。（　　）

3．代理制作为一种现代的商业经营方式，对仓储型配送中心的经营和发展有着重要作用。（　　）

4．配送中心的市场定位主要包括确定目标市场和进行服务功能定位。（　　）

5．影响配送中心最佳服务半径的因素有两个：配送能力和配送水平。（　　）

三、简答题

1. 简述配送中心市场定位的类型。

2. 配送中心市场定位的步骤有哪些？

3. 简述流通型配送中心的经营策略。

4. 简述加工型配送中心的经营策略。

5. 什么是配送中心最佳服务半径？

四、论述题

1. 论述市场定位对配送中心起到的作用。

2. 试分析宝洁公司旗下洗发水品牌（飘柔、海飞丝、沙宣）的市场定位。

• 技能实训

一、实训目标

假定你是当地的一家综合型配送中心市场营销部经理，分析研究“谁是你的客户”，找准你的目标市场，实施市场定位策略。通过实训，要求学生能够知晓背景行业的主要目标市场，并分析各主要目标市场的特征，确定产品定位和企业定位策略。

二、实训步骤

1. 通过对配送中心市场定位的学习，能掌握市场定位的过程，能运用所学知识对现有产品的市场定位进行分析，基本能够对配送中心的市场定位进行策划。

2. 具体步骤：

（1）学生自由组合成小组，每组大约6个人。

（2）列出综合型配送中心想要进入的主要目标市场。

（3）分析主要目标市场的特征。

（4）准确选择综合型配送中心的相对竞争优势。

（5）分析综合型配送中心在目标市场中的地位。

（6）根据综合型配送中心在目标市场中的地位，选择市场定位策略。

三、实训要求

1. 综合型配送中心主要目标市场分析。

2. 设计目标市场进入策略和市场定位方案。

3. 撰写市场定位策划书。

4. 进行实训考评。

四、实训评价

评分表

考评人		被考评人	
考评地点			
考评内容			
考评标准	具体内容	分值	实际得分
	营销调研技能	20	
	市场分析能力	20	
	策划创意能力	25	
	营销策划文案写作能力	25	
	团队合作和职业素养表现	10	
合计		100	

五、实训报告

实训报告

班级		姓名		时间	
实训目的					
实训步骤					
实训内容					
我的做法					
我的结论					
我的想法					

全书课后习题答案

参考文献

［1］丁立言，张铎．仓储规划与技术［M］．北京：清华大学出版社．2020.

［2］现代物流管理课题组．物流库存管理［M］．广州：广东经济出版社．2019.

［3］现代物流管理课题组．保管与装卸管理［M］．广州：广东经济出版社．2019.

［4］李永生，郑文岭．仓储与配送管理［M］．北京；机械工业出版社．2019.

［5］周万森．仓储配送管理［M］．北京：北京大学出版社．2019.

［6］张远昌．仓储管理与库存控制［M］．北京：中国纺织出版社．2020.

［7］刘俐．现代仓储运作与管理［M］．北京：北京大学出版社．2018.

［8］周云霞．仓储管理实务［M］．北京：电子工业出版社．2018.

［9］田源．仓储管理［M］．北京：机械工业出版社．2019.

［10］邬星根．仓储与配送管理［M］．上海：复旦大学出版社．2018.

［11］谢欣．配送管理实务［M］．成都：西南交通大学出版社．2022.

［12］沈文天．配送作业管理［M］．4版．北京：高等教育出版社．2022.

［13］刘晓燕．配送管理实务［M］．北京：机械工业出版社．2021.

［14］王效俐．物流运输与配送管理［M］．北京：清华大学出版社．2021.

［15］张荣．仓储与配送管理［M］．北京：电子工业出版社．2020.

［16］申纲领．配送管理［M］．北京：清华大学出版社．2020.

［17］季敏．仓储与配送管理实务［M］．北京：清华大学出版社．2018.

［18］王海英．配送管理实务［M］．北京：中国石油大学出版社．2016.